JN072517
Y.S.LINE
ДОСТОЙНО
ВСТРЕТИМ
XXV
СЪЕЗД
КПСС!

75
PRINCE
SEP • 75 • E

右頁上右●フィフィ。バラトン湖に向かう列車の中で
右頁上左●フィフィの姉と。フィフィ邸の前
右頁下●スイスの列車の中、イタリア人の子どもと
上●モスクワ、クレムリンの「鐘の王様」

AUTÓKIJÁRAT
JAPAN
MASARU SATO

十五の夏　下

佐藤　優

幻冬舎文庫

十五の夏　下

目次

上巻　目次

いてあった。しばらく時間をつぶさなくてはならないのだろうか。送迎係が「まず、インツーリスト（ソ連国営国際旅行公社）に行きましょう」と言って、僕をロビーのカウンターに連れていった。キエフのドニプロ・ホテルでは、インツーリストは独自の部屋を持っていたが、このホテルではカウンターの一角に窓口があるだけのようだ。

東京で組んだ予定だと、飛行機で昨日のうちにモスクワに着いているはずだった。しかし、どういう事情かわからないが、キエフからモスクワへの移動は夜行の寝台列車になっていた。宿泊券が1日分余る。モスクワのホテルはスイートルームなので、80ドルが戻ってくる。日本に戻れば、僕の半年分の小遣いになる。そのためには、宿泊しなかったことを明記したスプラーフカ（事情変更証明書）をもらわなくてはならない。僕はインツーリストの職員に、「スプラーフカを発行してくれないか」と頼んだ。インツーリストの職員は、「それはできません」と答えた。

「なぜですか」

「昨日から、あなたの部屋を留保してあるからです」

「しかし、インツーリストの都合で、私は飛行機に乗ることができず、夜行列車でモスクワに着きました」

「それは重要な違いではありません。あなたは、今から、部屋に入って、休むことができます。また、午後2時からは、3時間の観光ツアーが組み込まれています。ガイドも準備していますので、こちらの指示に従っていただくとありがたいです」

ここで言い争っても仕方がない。

「わかりました。あなたのおっしゃる通りにします」と僕は答えた。

窓口の中年の女性は、初めて微笑みを浮かべて「どうもありがとうございます」と言った。

「どういたしまして。20日のサマルカンド行きの飛行機は、午後10時に空港を出ますが、チェックアウトは午前11時です。出発まで、ホテルの滞在を延長することはできないでしょうか」

「ちょっと待ってください。今、チェックインの手続きをするとともに滞在延長が可能か調べてみます。あなたのパスポートを貸してください」

僕は彼女にパスポートを渡した。インツーリストの職員は席を外し、30分くらいして戻ってきた。

「これがホテルカードです。鍵は、階のジェジュールナヤ（鍵番）が持っています」

「キエフのドニプロ・ホテルで慣れています」

「それでは、詳しい説明は省きます。それまでは、部屋にいてくださって結構です」

「追加料金はいくらになるでしょうか」

「必要ありません。あなたが、スプラーフカはいらないと譲歩してくださったので、ホテルの滞在延長については、追加料金を取らないようにホテルと交渉してきました」

どうも僕がスプラーフカを要求して、払い戻し手続きをすることをインツーリストは相当嫌がっていたようだ。僕が、あっさりと折れたので、インツーリストとしても感謝の気持ちを表しているのだろう。

「どうもありがとうございます」

「飛行機は、ドモジェードボ空港から出発します。この空港はここから45キロメートル南東にあります。車ならば1時間見れば確実に着くので、心配しないでください」

「わかりました」

駅から僕を案内してきた送迎係はいつのまにかいなくなっていた。その代わりに白い制服を着たホテルの客室係が横にいた。客室係は、「荷物はポーターに運ばせます。まず、部屋に案内します」と言って、僕をエレベーターの前に連れていった。

旧式のエレベーターが、ものすごい音を立てて扉を開けた。

「あなたの部屋は4階になります」と客室係が言って、エレベーターの扉を手で閉めて、4というボタンを押した。エレベーターが動き始めたが、とても遅い。階段を上った方がずっと早く4階に着く。

エレベーターのそばに、ジェジュールナヤの女性が座っているので、ホテルカードを渡すと、代わりに鍵をくれた。部屋は、ジェジュールナヤの比較的近くにあった。

このホテルは天井が高い。3メートル以上ある。僕が案内された部屋は、60平方メートルくらいある2間続きのスイートルームだった。寝室とリビングは、扉ではなく、映画館の緞帳のような大きなカーテンで仕切られている。家具やベッドも年代物だ。もしかすると帝政ロシア時代から使われているものかもしれない。風呂とトイレが一緒になっているが、6畳くらいの広さがある。こんな高級なホテルに泊まるのは生まれて初めてだ。ポーターが荷物を持ってきたので、チップを1ルーブル渡そうとすると、「インツーリストに支払った料金に含まれています」と言って受け取ろうとしない。そこで、日本製のボールペンを渡すと「スパシーバ（ありがとう）」と言って、喜んで受け取った。

客室係は、「何かわからないことがあれば、ジェジュールナヤに相談するか、フロントに電話してください」と言って部屋を出ていった。早速、風呂に入ってみることにした。湯をためようとしたが、湯船に栓がない。石鹸もない。僕は、『コンサイス和露辞典』で、栓（затычка）と石鹸（мыло）を引いて、メモに写し、ジェジュールナヤに見せた。すぐにわかったようだ。「モメント（ちょっと待ってください）」と言って、ジェジュールナヤのそばにある部屋に消えた。彼女は、身長は僕と同じ163センチくらいだが、体重は90キロくらいありそうだ。年齢は50歳くらいであろうか。太っているので歩くのが少し辛そうだ。それから、5分くらいして、手に風呂の栓と石鹼を持って戻ってきた。石鹼は、肌色をした、マッチ箱大のものが2つだ。ジェジュールナヤは、栓と石鹼を僕に渡しながら、「チャイ、イリ、コーフェ（紅茶かコーヒーか）？」と尋ねた。僕は英語で、「ノー・サンキュー」と答えた。

部屋に戻って、湯の蛇口をひねるとすごい勢いで熱湯が出てきた。あわてて、水の蛇口をひねった。3〜4分で大きなバスタブが湯で一杯になった。まず、バスタブに入って、思い切り足を伸ばしてみた。午後1時にガイドが来るので、モスクワ放送局に行くことを頼んでみようと思った。風呂にあるタオルを取ってみたが、糊が利いている上にアイロンをかけてある。なぜ、タオルに糊づけやアイロンがけが必要なのだろうか。僕は不思議に思った。タオルを湯船につけたが、まるで防水加工をしているように水をはじく。湯船の中でタオルを擦っていると、ようやくやわらかくなった。石鹼をつけるが、なかなか泡立たない。それに石鹼がなかなか減っていかない。それでも執拗に石鹼をタオルにこすりつけて、擦っているうちに、泡立ってきた。全身をていねいに洗った上で、最後に石鹼で髪の毛を洗った。湯船の中で、石鹼を落とし、風呂の栓を抜いて、水を流した後、シャワーを浴びた。さっぱりした。

ハンガリーでフィフィの家にいたときにはリラックスすることができた。しかし、メトロポールのこの部屋は贅沢な造りになっているが、なぜかリラックスできない。ソ連に友だちがいれば、少し違うのかもしれないと思った。

観光ガイドが来るまで、まだ2時間以上ある。ここはボリショイ劇場や「赤の広場」のすぐそばなので、周囲を散策してみることにした。ジェジュールナヤに鍵を渡すと、ホテルカードを戻してくれた。外国人にとっては、このホテルカードがパスポートの代わりになる。ホテルを出て、右の方に歩いていった。石造りの像がある。マルクスの半身像だ。台座に、

ПРОЛЕТАРИИ
ВСЕХ　СТРАН,
СОЕДИНЯЙТЕСЬ!

万国のプロレタリア団結せよ！　と書いてある。ソ連共産党中央委員会機関紙『プラウダ』やソ連政府機関紙（官報）『イズベスチヤ』の1面右上に掲げられているスローガンだ。『共産党宣言』の末尾から取られている。この像を見て、社会主義国の本拠にやってきたということを実感した。カメラで写真を撮った。振り返ると、ボリショイ劇場の全景が見えるので、これも写真に収めた。

道路を渡ってボリショイ劇場に行こうとしたが、横断歩道や信号機が見あたらない。交通

量は少ないが、車は時速80キロ以上のスピードで走っている。路上を横断している人はまったくいない。みんな地下道を使っているようだ。ホテル・メトロポールの角に地下道の入口があるので、そこから下に降りていった。地下道は混んでいた。誰もが手に袋か鞄を持っている。リュックサックを背負った人もいる。地方からモスクワに買い出しに来ているようだ。地下道の外に出て、ボリショイ劇場に近付いていった。劇場には、今日行われる演目が掲げられているが、ロシア語なのでわからない。

中年の男性が近付いてきて、「切符が必要ですか」と英語で話しかけてきた。ダフ屋だ。僕は「ノー・サンキュー」と答えた。すると今度は、「両替をしませんか。ドルを持っていませんか」と話しかけてくる。闇屋のようだ。関わり合いになって、面倒なことに巻き込まれると嫌なので、「ノー・サンキュー」と言って、僕は地下道を通って、再びホテルの角に戻った。ソ連にも米ドルやジーンズを買い取る闇屋がいるという話をガイドブックで読んだし、また五木寛之の小説『さらばモスクワ愚連隊』には、闇商売をする不良少年たちのことが書かれていた。まさか、自分が闇屋に声をかけられるとは思わなかった。胸がどきどきしている。

気を取り直して、「赤の広場」に向かうことにした。ガイドブックを見ると、マルクス像の反対側にある地下鉄駅の横の道を通ると「赤の広場」ということだ。ホテルの角から

7〜8分で「赤の広場」の入口に着いた。ほんとうに大きな広場だ。地面は石畳になっている。長さは695メートルもある。幅は平均130メートルだ。小型機ならばこの広場で離着陸することができる。「赤の広場」の「赤」は、共産主義を意味するものではない。帝政ロシア時代から「赤の広場」と呼ばれていた。ロシア語の古語では、「赤い」と「美しい」は同じ形容詞を使っていたという。「赤い広場」とは色を意味するものではなく「美しい広場」という意味だ。15世紀末にイワン3世が居城であるクレムリン周辺の区画整理をしたのがこの広場の起源と言われている。最初は、「市の広場」と呼ばれていた。ここで定期市が行われていたからだ。その後、「三位一体広場」と呼ばれるようになったが、1571年にタタール人に襲撃され、火をつけられた後は、「火事の広場」と呼ばれていたようだ。その頃までは、石畳になっていなかった。17世紀後半に石畳が敷かれ、整備がなされた後「美しい広場」すなわち「赤の広場」と呼ばれるようになった。どうもロシア語では、「赤」という言葉には、肯定的なニュアンスがあるようだ。

毎年11月7日の革命記念日にはこの「赤の広場」で軍事パレードが行われる。それをレーニン廟の上に立ったソ連の指導者が観閲する。西側のジャーナリストやクレムリン・ウオッチャーは、このときの並び方で、ソ連の権力者の力関係を判断する。僕は、レーニン廟の方に歩いていった。

レーニン廟は四角い箱のような造りをしている。ロシア正教会では、聖人は死んでも腐らないと考える。だから聖人をミイラにして教会の下に埋める。1924年にレーニンが死ぬと、全国から多くの労働者や農民が弔問に訪れた。そこでソ連当局はレーニンの遺体に防腐処理を施した。そして、木造の暫定的なレーニン廟を造った。1924年にロシア・アバンギャルド建築家であるコンスタンチン・メーリニコフが、新しいレーニン廟の設計図を発表した。古代エジプトのジェゼル王の階段式ピラミッドやアケメネス朝ペルシャのキュロス2世（キュロス大王）の霊廟も参考にしているという。レーニン廟は、ソ連型共産主義という新しい時代にふさわしい、新建築と見なされた。ソ連人は、真冬でも、レーニン廟を参拝するために、数時間の行列につく。ロシア正教の聖人崇拝の伝統が、このような形でソ連に引き継がれたのだと思う。

1953年にスターリンが死ぬと、その遺体も防腐処理がされて、レーニンの隣に並べられた。レーニン廟は、レーニン＝スターリン廟と改称された。1956年2月に開催されたソ連共産党第20回大会の最終日にフルシチョフ第一書記は、スターリンを批判する大演説を行った。演説の内容は極秘にされたが、共産党の指導で、ソ連社会からスターリン色を一掃する作業がはじまった。このときは、レーニン＝スターリン廟に安置されているスターリンの遺体はそのままにされた。1961年10月に行われたソ連共産党第22回大会で、非スターーリン化が強化されることになり、レーニン＝スターリン廟からスターリンの遺体が運び出され、廟の裏とクレムリンの壁の間にある英雄墓地に葬られた。廟は、再びレーニン廟に改称された。

レーニン廟の周囲に観光客が集まり始めた。時計を見ると11時50分だ。毎時00分にレーニン廟を守る衛兵の交替が行われる。衛兵は、足を高く上げる独特の歩き方で、5分くらいかけて、スパスカヤ塔横の衛兵詰め所とレーニン廟を往復する。レーニン廟の衛兵は容姿が端麗であるだけでなく、一切、まばたきをしないことでも有名だ。衛兵が動き始めた。観光客が近寄って写真を撮る。ストロボを使う人もいるが、2人の衛兵はあたかも何事もなかったかのごとく歩いている。僕はレーニン廟の正面で、衛兵の交替を見ることにした。00分になるとスパスカヤ塔の鐘が鳴る。その瞬間に衛兵が交替する。1秒もかからない。何か魔法を見ているような感じだ。衛兵が交替し、動き出すと、観光客は去っていく。僕もそろそろお腹が空いたので、ホテルに戻ることにした。

ロビー階に着いて、大きなレストランに入ろうとしたら、ウエイターから「ここは朝食専用会場です。昼は隣のレストランに行ってください」と言われた。隣に行くと、フロアマネージャーが、「ご宿泊のお客様ですね」と言って、僕を窓際の席に案内した。さっき訪ねたボリショイ劇場がよく見える席だ。

「お勧めは何ですか」と僕が尋ねると、「今日はとても良質のサーモンとアセトリーナ（チョウザメ）が入っています。前菜にお勧めします」と言った。

「インツーリストの食券でも注文できますか」

「もちろんです。ウオトカ、ワイン、キャビアを取ることもできます」

「酒は飲みません。その代わりにキャビアを注文します」

「わかりました。いま、ウエイターを呼んできます」

すぐにウエイターがやってきた。このホテルでは、フロアマネージャーだけでなく、ウエイターもタキシードを着て、蝶ネクタイをしている。

「ソフトドリンクは何がありますか」

「ボルジョミとペプシがあります」

ボルジョミは、グルジア産の炭酸入りミネラルウオーターだ。キエフからモスクワに移動する寝台列車の中で飲んだが、少し塩辛い。温泉水のような味がする。

「ボルジョミとペプシを両方ください」

「キャビアはいかがですか」

「取ります」

「イクラもいかがですか」

「取ります」

「ブリンで食べることをお勧めします」

ブリンとは、ロシア風パンケーキのことだ。ショーロホフの小説『人間の運命』に出てきた。


「よろしくお願いします」

「6枚でいいでしょうか」

「お委せします」

パンケーキを6枚も食べると、お腹が一杯になってしまうのではないかと心配になったが、そのときは残せばいい。

「冷たい前菜は、肉の盛り合わせにしますか、それとも魚の盛り合わせにしますか」

「先程、フロアマネージャーから今日は魚がおいしいという話を聞きました」

「それでは、サーモンとスモークしたアセトリーナを持ってきます。蟹はいかがですか」

「そんなにお腹に入るでしょうか」

「大丈夫だと思います。もっとも温かい前菜で、蟹のジュリアンもできます。そちらにすることをお勧めします」

「そうしてください」

「サラダ・スタリチュナヤはいかがですか」

「ポテトサラダは少し重いです。もう少し軽いサラダはないでしょうか」

「新鮮な野菜があります」

「それにしてください」

「スープはどうしますか」

「飛ばしてください」

「メインは？」

「何がありますか」

「キエフ風カツレツ、フィレステーキ、グルジア風焼き鳥、シャシリク（串焼き）、ビーフストロガノフがあります」

「どれがお勧めですか」

「今日は、ラムのいい肉が入っています。シャシリクをお勧めします。コーヒーとアイスクリームはいかがですか。ケーキもあります」

「これだけ食べて、デザートまで行きつくかどうかわからないので、メインを食べたところで注文します」と僕は答えた。

注文をしながら、僕は「日ソ友の会」の篠原利明会長から、「ロシア人は実によく飲み、よく食べるよ。飲み食いすることを何よりも楽しんでいるよ」と言われたことを思い出した。篠原さんは、旧日本陸軍の大尉だった。満州国でソ連軍の捕虜になった。シベリアに数年、抑留されていたようだ。僕は不思議なルートで篠原さんと知り合った。その経緯について説明したい。

僕は小学6年生のときに電話級アマチュア無線技師（ハム）の免許を取った。父親に買ってもらった無線機は50メガヘルツ（6メーターバンド）だったので、専ら超短波放送で無線を楽しんでいた。超短波では、電波の届く距離が限られているので、関東地方での通信しかできない。アマチュア無線に深入りすると、どうしても短波無線機が欲しくなる。しかし、短波無線機は、テレビと混信しやすい。僕の家族は団地に住んでいるので、僕が短波無線を始めて、近所のテレビに電波障害が出ると、面倒なことになる。だから、父は、僕が短波無線を使うことは認めてくれなかった。その代わり、ソニーの「スカイセンサー5800」というラジオを買ってくれた。これは、通常のラジオが流れるAMの中波やFMだけでなく、AMの短波ならば28メガヘルツまで受信できる無線機に近いラジオだった。値段も2万円もした。

父がこのラジオを買ってくれたのは、確か中学1年生の秋だった。このラジオだと、ヨーロッパや北米、中南米の放送もよく聴こえた。放送を聴いた報告書を書いて放送局に送ると、放送局からベリーカードという受信証明書を送ってくる。短波放送を聴いていると、ベリーカードを集めることが楽しくなってくる。あるときモスクワ放送局に報告書を出すと、ベリーカードだけでなく、ソ連製の酸っぱい臭いがする便箋に、紫色のインクで、モスクワの近況と、放送を聴いてくださって感謝するという手紙が添えられていた。印刷ではなく、直筆だ。また、ソ連の案内に関する日本語と英語の本を船便で送ったので、到着に注意してほしいと記してあった。

手紙が着いてから1カ月くらいして、ソ連地図、モスクワ案内に関する日本語の冊子、ソ連の15共和国ごとの英語の小冊子が入った荷物が着いた。中学校に持っていって、英語の早川剛先生に見せると「英語を母国語にする人の書いたしっかりした英語だ。佐藤は英語が好きなのだから、辞書を引きながら読み進めてみると勉強になるよ」と言われた。早速、家に帰って、辞書を引きながら本を読もうとしたが、知らない単語ばかりで、1頁あたり50回くらい辞書を引かないと読み進めることができない。そこで、読書の達人である山田義塾の国語の先生に相談することにした。

国語の先生は、「確かに英語を母語にする人が書いたものだが、内容はソ連事情についてかなり詳しい知識がないとわからない。英語のレベルは高校1年生か2年生くらいなので、佐藤君も少し背伸びをすれば、読むことができる。しかし、この本の内容を理解するには、ソ連の歴史と地理、さらに少数民族の歴史に関する知識が必要だ」と言った。

「どうすればそういう知識がつくのですか」と僕が尋ねると、先生は「ソ連史については、山川出版社から出ている本を図書館で借りて読めばいい。それ以外は、どういう方法がいいか、考えてみる」と答えた。翌週、先生は、「ナウカ書店で、『ソビエトグラフ』という日本語の雑誌を買うといい。値段も安い」と教えてくれた。早速、ナウカ書店に「ソビエトグラフ」を注文すると、年間1000円の購読料で、毎月、モスクワから雑誌を直接送ってくるようになった。

この雑誌を読んでいるうちに、ソ連への知的好奇心が高まってきた。ナウカ書店から、ときどきソ連の定期刊行物に関する広告が送られてくる。その中から、「モスコー・ニューズ」という週刊新聞とソ連版「ニューズウイーク」と称する「ニュータイムズ」を講読することにした。どちらも年間購読料が送料込みで2400円だったので、中学生の小遣いでも十分賄える額だった。そうして、ソ連に関する情報を集めているうちに、モスクワ放送が面白くなってきた。ソ連の少数民族の様子や、また、国際情勢に関する解説が面白かった。最初、モスクワ放送は、ソ連のプロパガンダを一方的に流すだけだと思っていたが、どうもそうではないようだ。日本人リスナーの心理に配慮しているのであろうか、日本を非難することはほとんどない。中国がいかに危険な外交政策を取っているかを解説する番組が多かった。また、リクエスト音楽や聴取者からの便りを紹介する時間も充実していた。僕もときどきモスクワ放送局に手紙を書くようになった。モスクワ放送は、番組の企画と編成をかなり早く決めているようで、僕のリクエスト音楽がかかったり、手紙が紹介されるときは、2〜3週間前に、放送時刻を伝える手紙が届いた。

中学校では、僕以外にもモスクワ放送を熱心に聴いている生徒がいるようで、ラジオで僕の名前が読まれると「放送を聴いたよ。僕は何度も手紙を出したけれど、全然、取りあげられない」と言っていた。モスクワ放送では年末にクイズ大会がある。放送をかなり熱心に聴いていないと、答えられない難問ばかりだ。解答を手紙で送った。2週間後の放送で、僕を含め2人だけが全問正解だったと放送された。特別のプレゼントを贈ってくれるという。2週間後にモスクワから、トレチャコフ美術館の豪華な画集、未使用記念切手のセット、ソ連のポップ歌手のLPレコードが2枚送られてきた。僕の心の中で、モスクワ放送はとても近い存在になった。

あるとき、僕はロシア人と会ってみたいと思った。アメリカ人ならば、塾の英語の先生に知り合いがいる。しかし、ロシア人についてのある人は、僕の周囲にはいない。そのときモスクワ放送から来た手紙に、「何か質問があったらいつでも連絡してください」とモスクワ放送東京支局の住所と電話番号が書いてあったのを思い出した。

ある日、学校から帰ると思い切って電話をした。男の人が低い声で「アリョー」と言った。

「日本語を話せますか」と尋ねた。

「日本特派員ですから、上手ではありませんが、日本語を話します」と電話に出た男性は答えた。

27

僕は、モスクワ放送のリスナーで、埼玉県の中学校に通っていると自己紹介した。ソ連に関心があり、ロシア語の勉強をしたいので、資料があったら欲しいと言った。

「あなたは東京に出てくることができますか」とロシア人は上手な日本語で尋ねた。

「東京のどこでしょうか」

「新宿駅東口から徒歩15分くらいのところです。新宿区余丁町になります」

「新宿だったら、僕の家から1時間半くらいで行けます」

「それでは、都合のよいときに訪ねてきてください」

「今からでもいいですか」

「構いません」

まさかこんなにすぐに時間を作ってくれるとは思わなかった。このロシア人はなかなか親切そうだ。

「それではこれからお邪魔します」

「わかりました。お待ちしています。もしわからなかったら、電話をしてください」とロシア人は言った。

母に「これからソ連に関する資料をもらいに、新宿のモスクワ放送東京支局まで行ってくる」と言った。母は、心配そうに「大丈夫なの」と尋ねた。僕は「大丈夫に決まっているじゃないか」と言って、家を飛び出した。

大宮駅までのバスは、中山道が渋滞していると1時間以上かかることがある。しかし、この日は大宮競輪もなく、道路が空いていたので20分で着いた。普段ならば京浜東北線に乗るのだが、時間を節約するために高崎線に乗って赤羽まで行き、赤羽線と山手線を乗り継いで新宿に出た。新宿駅はいつも混雑している。東口の地図で余丁町のモスクワ放送東京支局の場所をチェックした。駅から10分ほど歩くと閑静な住宅街に出た。モスクワ放送東京支局は、洋風の高級住宅で、庭に駐車場があり、大きな車が駐まっていた。庭の門が開いていたので、玄関のインターフォンを鳴らした。

「ダー」という男の声が聞こえた。

「先程、電話した埼玉県の中学生の佐藤優と申します」

「ちょっと待ってください。いま行きます」という声が聞こえた。

1分もしないうちに扉が開けられた。中から、茶色い髪で、身長が180センチメートル近くある体格の良い男性が出てきた。男性は、僕に握手を求めてきた。

「モスクワ放送東京支局長のアナトリー・オフシャニコフと申します」

「佐藤優と申します」

「お会いできて光栄です」

「こちらこそ、すぐに時間を作ってもらえるとは思いませんでした」

「私たちにとってリスナーはいちばん大切です。日本のリスナーから放送に関する感想を聞くことはとても重要な仕事です。どうぞ上がってください」

オフシャニコフさんは、僕を応接間に案内した。

「日本語がお上手ですね」と僕は感想を述べた。

「お世辞に感謝します」

「お世辞ではありません。ほんとうに上手です」

「日本語はロシア人にとってとても難しい言葉です。一生懸命に勉強していますが、なかなか上手になりません」

「日本に留学したのですか」

「いいえ。モスクワで勉強しました。ソ連と日本の間には、文化協定がないので、学生の交換留学の制度がありません」

「文化協定？」

「そうです。文化協定ができると留学が可能になります」

「その文化協定はいつできるのでしょうか」

「よくわかりません。残念ながら、近い将来にはできないと思います。家内がモスクワに帰っているので、今は私1人しかいません。コーヒーにしますか、紅茶にしますか。紅茶ならば、ソ連産があります」

「それでは、紅茶をください」

「お茶を準備する間、資料に目を通していてください」

そう言って、オフシャニコフさんは、本を何冊か渡した。すべて新書サイズだ。『CCCPソビエト社会主義共和国連邦：結成50周年記念』『ソビエト社会主義共和国連邦50周年について：ソ連共産党中央委員会書記長エル・イ・ブレジネフ同志の報告』『ルムンバ大学：

プロレタリア国際主義の学校』は、日本で印刷されている。版元は「アジア書房」という初めて見る出版社だ。それから、モスクワの「プログレス出版所」から出版された本が何冊かあった。『ソ連SF小説集　よくできた惑星』『同志としての、人間としてのレーニン』『ソ連という国：ソ連基礎知識』だ。『同志としての、人間としてのレーニン』が面白そうなので、飛ばし読みをした。レーニン夫人のクループスカヤ、作家のゴーリキーなどがレーニンの思い出について書いている。

5分くらいして、トレーに紅茶ポットとカップを載せて、オフシャニコフさんが戻ってきた。

「どうぞ」と言って小皿に載ったカップを僕の前に置いた。角砂糖を2つ入れて、スプーンでかきまぜた。オフシャニコフさんは、砂糖を入れずに紅茶を飲んでいる。日本の紅茶と比べ、香りがほとんどない。

「どうですか」とオフシャニコフさんが尋ねた。

「この紅茶は香りがしない」とは言えないので、「おいしいです」と答えた。

「家内はもっと上手に紅茶を淹れることができるのですが、私は不器用なのできっとおいしくないと思います」

「そんなことはありません。ソ連ではよく紅茶を飲むのですか」

「一日に数回は飲みます。中央アジアでは、緑茶を飲みます。こういう紅茶カップではなく日本の茶碗のようなカップで飲みます」

「中央アジアの人たちは、僕たちと似た顔をしているといいますが、ほんとうでしょうか」

「あなたは目が大きく、鼻が高いですね。あなたのような顔をした人はモスクワにもいます。ソ連は多民族国家なので、日本人に似た顔つきの人もたくさんいます」

「オフシャニコフさんはロシア人ですか」

「そうです。モスクワ出身のロシア人です」

「ところで、プログレス出版所では、日本語の本を出しているのですか」

「数は多くありませんが、出しています。モスクワのプログレス出版所は、外国語の本をロシア語に訳して出版し、ロシア語の本を外国語に訳して出版しています」

「ここにある本は、どこに行けば買えますか」

「多分、神田神保町のナウカか日ソ図書で売っていると思います。よろしければ、ここにある本は、全部持っていってください」

「お金を払います」

「必要ありません。モスクワ放送のリスナーの皆さんに配るために準備している本です」

「どうもありがとうございます。アジア書房というのは日本の出版社ですか」

「そうです。主にソ連大使館広報部やノーボスチ通信社の本を出しています。広報部に行ったことはありますか」

「いいえ。狸穴(まみあな)にあるのですか」

「大使館は狸穴にありますが、広報部は五反田にあります。ソ連関係で必要な資料があれば、五反田の大使館広報部が無料で領けてくれます。『今日のソ連邦』という雑誌を知っていますか」

「『ソビエトグラフ』ならばとっています」

「『ソビエトグラフ』はモスクワで出ている雑誌です。『今日のソ連邦』は、ソ連大使館広報部が東京で出している雑誌です。雑誌自体は無料で、送料を払えば、毎月2回、自宅に郵送します。ソ連に関する情報は、この雑誌がいちばん多く掲載しています」

「どうやって申し込めばいいのでしょうか」

「ソ連大使館広報部に葉書を書けば、手配してくれます」

「早速、とります」

ソ連は、自国の事情についての宣伝に力を入れているようだ。

「日本の中学生でモスクワ放送を聴いている人はどれくらいいますか」

「僕のクラスには、4～5人います。1250キロヘルツならば、普通の中波ラジオでもよく聴こえます」

「どういう番組を聴きますか」

「ニュース番組や解説が多いです。友だちで音楽番組が好きな人もいます。リクエスト音楽で名前が読み上げられるときは、葉書で事前に連絡が来るので、うれしいです」

「しかし、ソ連の歌謡曲は日本人にはあまり馴染みがないでしょう」

「確かに最近の歌謡曲は、日本では知られていないものばかりです。ロシア民謡は、学校でも習うし、聞いたことのある歌が多いです。それから、ザ・ピーナッツの『恋のバカンス』のロシア語版があることを知って驚きました」

「『恋のバカンス』は、ソ連人ならば誰でも知っています。私は、ソ連で日本の歌謡曲がもっと紹介されればいいと思っています。モスクワにも、日本で流行している歌謡曲や、日本人の日常生活に関する報道を送るように心がけています」

ソ連のジャーナリストは、政治を重視していると思ったが、オフシャニコフさんはどうもそうではないようだ。文化交流を重視しているようだ。どうしてなのだろうか。

「オフシャニコフさんは、政治の話よりも文化交流の話を重視しているようですが、どうしてでしょうか」

「政治や経済の話も大切です。しかし、私はソ連人と日本人が、人間としてお互いにもっとよく知り合うことが必要と考えます。例えば、ソ連人は日本の中学生がどういう生活をしているかについて知りません。例えば、あなたの学校では、毎日、『君が代』を歌わせますか」

「いいえ。入学式や卒業式でも、『君が代』ではなく、校歌を歌います」

「ソ連では、日本政府が学校で『君が代』を歌うことを強制しているというニュースが大きく報道されました」

「確かに、僕が住んでいる大宮市でも『君が代』を生徒に歌わせる学校があります。しかし、僕の学校ではそういうことはありません」

「私が今日、あなたに会うことがなければ、日本の中学校では『君が代』を歌うことが強制されていると信じてしまうところでした。あなたから、本当のことを聞いたので、私は間違った情報を修正することができました。こういう風にして、少しでも正しい情報を報道することがジャーナリストの仕事だと私は思っています」

オフシャニコフさんは、僕の生活について尋ねた。日課について話すと、学習塾に通っていることについて強い関心を示した。

「学校の勉強だけでは十分ではないのでしょうか」

「十分です。しかし、難しい高校に合格するためには学習塾に通って、一生懸命勉強しなくてはなりません」

「ソ連には学習塾がないので、具体的なイメージが湧きません。学校との違いはどこにあるのでしょうか」

「まず、学習塾では、成績順にクラスが編成されます。だから、難関校を狙うクラスでは優秀な生徒が切磋琢磨します。学習塾の授業は、入試問題の演習が中心です」

「中学校の推薦書によって、優秀な生徒が難しい高校に進むのではありませんか」

「確かに内申書と呼ばれる推薦書がありますが、難関校の場合、入学試験の成績ですべてが決まります」

「学習塾は有償ですか」

「もちろんです」

「1カ月にいくらくらい支払うのですか」

「8000円です」

「それは大きな支出です」

「確かに両親の負担は大きいと思います」

「どれくらいの比率で生徒は学習塾に通っているのですか」

「中学校の僕のクラスは43人ですが、20人は学習塾に通っています」

「ソ連の場合、教育はすべて無料なので、それだけたくさんのお金を出して学習塾に通うということを理解することが困難です」

オフシャニコフさんは不思議そうな顔をしている。

「佐藤さんは、ロシア語に関心がありますか」

「あります」

「NHKテレビのロシア語講座は見ていますか」

「いいえ。学習塾の時間と重なることが多いので、見ていません」

「あの番組には、ゴステレラジオ（ソ連国家テレビ・ラジオ委員会）から、私たちの同僚の女性アナウンサーが出演しています。ロシア語だけでなく、ソ連事情についても知ることができるよい番組です。ところで、日本向けモスクワ放送でも来年からロシア語講座が始まることを御存じですか」

「いいえ。初めて聞きました」

「モスクワから教科書が送られてきたので、今、持ってきます」

オフシャニコフさんは、席を外して、2階に上がり、本を取って降りてきた。

「この本です。まだ1部しかありませんが、佐藤さんに差し上げます」と言って、A5判で300頁くらいの本を僕に渡した。鼻を突くような酸っぱい臭いがする。

「製本の糊が臭いですけれども、有害ではありません」

「ナウカや日ソ図書で慣れているので気になりません」と僕は答えた。

「ロシア語講座を開始するとともに、モスクワ放送のリスナーズクラブを作る計画がありま す。関心がありますか」とオフシャニコフさんは尋ねた。

「もちろんあります」と僕は答えた。

「今日はもう少し時間がありますか」

「あります」

「ちょっと待ってください。今、電話をします」

そう言ってオフシャニコフさんは、応接間から電話をかけた。ロシア語で話している。

「サトウさん」と言っているので、僕について、何か言っているようだ。

オフシャニコフさんは、メモ用紙に何かを書き留めている。

「ここから徒歩10分くらいのところに『日ソ・テレビ』という会社があります。そこのクサカ社長にあなたが訪ねていくので、モスクワ放送のリスナーズクラブについて説明してくださいとお願いしておきました。これが住所と電話番号です」と言って、オフシャニコフさんは、僕にメモを渡した。メモには百人町の住所と電話番号が書かれていた。

「日ソ・テレビ株式会社」は、雑居ビルの2階にあった。呼び鈴を押すと50代の男性が出てきた。身長160センチメートルくらいで、痩せても太ってもいない体型で、茶色のスーツを着ている。

「日ソ・テレビ社長の日下敬助です」と自己紹介し、名刺を僕に渡した。僕も自己紹介をした。日本のテレビ番組をソ連に輸出し、ソ連のテレビ番組を日本に輸入する仕事をしているという。

「失礼ですが、日本共産党の方ですか」と僕は尋ねた。

「いいえ。共産党とはまったく関係がありません」と答えて、日下さんは笑った。そして、こう続けた。

「私は政治には関心がありません。しかし、日本人とソ連人は、お互いをあまりに知らなすぎる。これは隣国関係として不自然と思います。それから、これまでの友好団体は政治の影響を受けすぎています」

そう言って、日ソ協会が共産党、日ソ親善協会が社会党、日ソ交流協会が自民党の影響下にあることを説明した。

「自民党も日ソ友好運動をしているのですか」

「そうです。自民党の人たちはシベリア開発に関心を持っています」

「3つの団体で、一番活発なのはどこですか」

「日ソ親善協会です。ただし、政治家や労働組合幹部が中心で、国民にあまり知られていません。その点では、日ソ交流協会も同様です」

「日ソ協会はどうでしょうか」

「日ソ協会には、大衆的な広がりがあります。ただし、共産党関係者で占められているので、思想的に狭い範囲の人々しかいません。しかも、日本共産党とソ連共産党の関係が良くないので、友好運動としての影響力は限定的です」

「ソ連側はどの団体を重視しているのですか」

「ソ連側の窓口は、ソ日協会で、日本の3団体とは等距離で付き合うという建前です。実際には、経済協力とつながる日ソ交流協会を重視していると思います」

ソ連が、社会党系や共産党系の団体よりも、自民党系の団体を重視しているとは、不思議な感じがした。

「モスクワ放送のリスナーズクラブは、どの団体に所属することになるのでしょうか」

「いずれの団体にも所属しません」

「それで、ソ連との交流ができるのですか」

「今までになかったことを試みようと思います。従来の日ソ友好3団体は、いずれも政治色が強いです。しかし、ロシア文学やロシア語、あるいはソ連の歴史、シベリア開発などに関心を持っている日本人の大多数は政治に関心がありません」

「確かにそうです」

「そういう人々がソ連について知る機会はほとんどありません。モスクワ放送のリスナーの大多数も、ソ連の政治体制に共鳴しているわけではありません。ソ連やロシア人について知りたいという好奇心から聞いているのだと思います」

「僕自身がそういうリスナーの一人です」

「ですから、ソ連について知りたいと考える人々が気楽に参加できる団体があってもいいと思って、モスクワ放送のリスナーズクラブを作ろうと考えています。幸い、モスクワ放送東京支局長のオフシャニコフさんがこの構想を支持しているので、ゴステレラジオがソ連側の窓口になってくれます。ソ連について知る講演会を行ったり、ソ連人の講師を招いてロシア語教室を行うことを考えています。あるいは、ソ連への視察旅行団を組んでもいい」

「ソ連への留学生の派遣も考えていますか」

「考えています。以前は、ルムンバ民族友好大学が日本からも留学生を募集していましたが、現在は中止しています」

「どうしてですか」

「中ソ対立の影響が及んだからです。日本からの留学生で、中国共産党に共感を持つ人がモスクワでトラブルを起こして、それからルムンバ民族友好大学は日本人学生の受け入れを止めました。大学では、きちんと勉強すればいいのに、浮ついた政治活動をするような学生が多いのは困った現象です」

「ソ連は日本からの留学生を受け入れていないのですか」

「近く、東海大学とモスクワ国立大学の間で、留学生の交換が行われます。それ以外は、外務省の留学生しかいません」

「外務省の留学生？」

「外交官は特別の協定があって、日本の外交官はモスクワ国立大学に、ソ連の外交官は東京外国語大学にそれぞれ留学しています。また、日本の商社からの留学生をレニングラード国立大学が受け入れています。いずれにせよ、日ソは隣国であるにもかかわらず、自由に留学できないというのは、不正常な状態です。とにかく日ソ両国がお互いにもっとよく知り合うことが重要です」

日下さんもオフシャニコフさんも文化交流をとても重視している。

「日下さんはどこでロシア語を勉強したのですか」

「旧陸軍でです」

「旧陸軍」

「そうです。旧陸軍でロシア語を専門にする将校でした。しかし、実地でロシア語を勉強したのは、収容所でです」

「収容所」

「満州でソ連軍の捕虜になって、5年近く、シベリアに抑留されていました」

「たいへんな経験をされたのですね」

「いろいろなことがありました。あの国の嫌な面もたくさん見ました。しかし、シベリア抑留の経験を踏まえ、日本はソ連と決して戦争をしてはいけないと思うようになりました。そのためには、日本人がソ連についてもっとよく知る必要があります」

「日本人がソ連について、よく知るようになると、戦争がなくなるのでしょうか」

「戦争が完全になくなるかどうかはわかりません。しかし、誤解によって戦争が起きることは避けられます。日本には英語を勉強する人はたくさんいるし、アメリカに留学した経験のある人も珍しくありません。日本人がアメリカについてよく知るようになると、アメリカと戦争しようと考える人はいなくなります。ソ連についても、同じだと私は考えています」

「モスクワ放送のリスナーズクラブはいつ頃できるのでしょうか」

「来年初めには立ち上げたいと思います」

「僕もメンバーになることはできますか」

「もちろんです。歓迎します。住所を残してくだされば、後で案内を送ります」と日下さんは言った。

モスクワ放送東京支局だけでなく、日ソ・テレビも訪れたので、思ったよりも時間がかかった。帰宅は夜の10時少し前になった。家に帰ると父が缶ビールを飲みながらテレビを見ていた。母は風邪気味なので、2階で寝ているということだった。僕は父にオフシャニコフさん、日下さんとのやりとりについて、かいつまんで話した。

「ソ連は、世界で初めて人工衛星を打ち上げた国だ。科学技術の水準も高い。それなのにソ連のことは、日本ではほとんど知られていない。共産国だと過剰に恐れている。お父さんは、そういう態度は間違っていると思う。お父さんは、銀行に勤めているけれど、技術者だから、政治には関心がない。優君がソ連について関心を持つのはいいことだと思う。ただし、学校の勉強を放り出して、ソ連についていろいろ調べることはよくない。ソ連について知ることも、プラモデル作りやアマチュア無線同様の趣味と考えることだ」

「わかっています」

「優君はしっかりしているから、学校の勉強について、お父さんは全然心配していない。それから、日下さんの話はとても興味深い。その人は他人に言えないような苦労をしていると思う」

「どういうこと」

「お父さんが知っているシベリアに抑留された経験がある人は、例外なくクセがある」

「どういうクセ？」

「猜疑心が強い。ソ連を憎み、日本政府のことも恨んでいる人が大多数だ。しかし、少数だけど、抑留経験を通じて、ソ連や中国など、体制の異なる国との関係を改善しなくてはならないと考える人もいる。日下さんは、旧陸軍の将校だと言っていたんだね」

「そうだよ」

「多分、陸軍士官学校を卒業した情報将校だと思う」

「情報将校？」

「そうだ。ロシア語を勉強し、ソ連に関する情報を収集し、戦争で重要な役割を果たした人たちだ。こういう人たちは、戦犯容疑がかけられるので、シベリアにかなり長期間抑留されたはずだ」

「5年近く抑留されたと言っていました」

「それほど長くない。将校なので、兵隊のような強制労働はさせられない。しかし、シベリアで相当苦労をしているはずだ。それでもソ連関係の仕事を選んだというのは、何か強い信念があるはずだ。そういう人の経験からは、優君もよく学んだらいい」

「どうやって学ぶの」

「話を聞いて、わからないことについては質問すればよい。日下さんの経験を聞くことで、それを自分の経験の一部にすることが重要だ」

父の言うとおりにしてみようと思った。年が明けて、10日程経ったところで日ソ・テレビに電話をした。日下さんは不在だった。電話に出た男性が「日下はモスクワに出張していま す。戻りは月末になります」と言った。2月になって日ソ・テレビに電話をしたら、日下さんは今度も不在だった。「モスクワ放送のリスナーズクラブは設立されたか」と尋ねると、電話に出た男性は「あれは日下が個人的にやっていることなので、私たちにはわかりません」と答えた。冷淡な感じがしたので、その後は電話をかけなかった。

いずれモスクワ放送のリスナーズクラブ設立を伝える案内状が届くだろうと思ったが、いつまで経ってもそのような手紙は届かなかった。

28

1975年初め、僕宛に一通の手紙が届いた。差出人は、「日ソ友の会」中央本部となっていた。封を切ると、横書きのタイプ打ちでこんな手紙が入っていた。

〈入会のおすすめ

本会は「今日のソ連邦」の読者、並びに「モスクワ放送」を聞いている多くの人々の熱心なご希望にお応えするため、「日ソ友の会」を設立いたしました。

日ソ両国は政治、経済、教育の構造や、文化、言語、気候風土の相違はあっても、地理的に隣国であり、交わりは久しく、親しみ深い歴史をもっています。今後両国が相互に立場を尊重しつつ平和互恵の精神で、理解と友情を深めていくならば、互いに繁栄し両国の平和は勿論、必ず世界の平和に貢献できることを信じます。

そのため「日ソ友の会」は、各種の展示会をはじめ、規約第7条にかかげる多くの事業を皆さんのご希望に応じ実施する計画です。

この「日ソ友の会」は日ソの親善を願う人なら誰でも入会できます。それのみか一人でも多く入会されて、世界恒久平和の礎となることを願います。

◆会員特典◆

① 会費払込した会員にはバッジ、会員証を加入後2カ月以内に送ります。

② モスクワ放送時刻表、ベリーカード、「今日のソ連邦」等を毎月送ります。

③ 正会員にはソビエトのスポーツ誌及び書籍を定期的に送ります。

④ ロシア語学習のためモスクワ放送講座のテキストを正会員には無料、普通会員には郵送

料のみにて送ります。また、学習希望者が一定数になればロシア語学習会及び通信教育を行います。

⑤ロシア民謡及び内外の音楽レコード等を会員には市価より割引価格にて斡旋販売致します。

⑥映画鑑賞会を開催し、ソビエトの各民族の文化風俗、言語その生活する実態などを紹介します。正会員には70％引き、普通会員は50％割引きにて入場できます。

⑦ソビエトの学生等との絵画等の交換通信を取り扱います。

⑧必要に応じて年1～2回全国集会を行い会員相互の親善をはかり、パーティーや講演会を開催します。

⑨会員が1000人をこえた時点で機関誌を発行します。

⑩会員及び父兄が東京にて進学試験その他の連絡を必要とする所用がある場合は、本部にお申し込み下されば、いかなる事でも出来うる事は便宜を取り計らいます。

⑪会員各位が会の運営向上のため、いろいろな希望がありましたら文書にて申し出て下さい。

日ソ友の会中央本部〉

「それのみか一人でも多く入会されて……」とか「連絡を必要とする所用がある場合は、

本部にお申し込み下されば、いかなる事でも出来うる事は便宜を取り計らいます……」というのは、こなれていない日本語だ。原文はロシア語で、誰かが翻訳したのだろうか。ソ連の本やレコードが手に入るのはありがたい。ソ連映画も見てみたい。それに学習会が行われるならば、本格的にロシア語を勉強することができる。正会員は入会金1000円、年会費が6000円、普通会員（高校生）は入会金800円、年会費が4000円、普通会員（小中学生）は入会金500円、年会費が2500円だ。少し高いけれど、正会員になろうと思った。

きっと1年程前に日ソ・テレビ社長の日下敬助さんが説明してくれたモスクワ放送のリスナーズクラブ創設計画が、「日ソ友の会」という形で発足することになったのだろう。僕はこの手紙に書かれている中央本部に電話した。

「日ソ友の会中央本部ですか」

「そうです」

「日下敬助さんをお願いします」

「日下は今日は来ていません。失礼ですが、どちらさまでしょうか」

「佐藤優と申します。埼玉県大宮市に住む中学生です」

「ちょっとお待ち下さい」

そう言って、別の人が電話に出た。

「あなたは日下の知り合いですか」

「日下さんは、覚えていないと思いますが……」と言って、僕は1年程前にモスクワ放送東京支局長のオフシャニコフさんから日下さんを紹介されたときの話をした。

「そうですか。失礼しました。日下も『日ソ友の会』の仕事を、側面から支援しています。しかし、中心的な事務は私たちがやっています」

話を聞いて、僕の頭の中で好奇心が膨らんだ。高校受験が近いので、学校の授業が半日しか行われない日がときどきある。今日もそれで昼過ぎに帰宅した。今からならば、東京に行っても、午後7時半から始まる上尾（あげお）の塾の授業に間に合う。

「『日ソ友の会』について、話を聞かせてほしいのですが、これからお邪魔しても構いませんか」

「どうぞ。それでは午後4時に来ていただけないでしょうか」

今は1時過ぎなので十分間に合う。手紙に書かれた住所は私書箱だ。

「日ソ・テレビに行けばよいのでしょうか」

「違います。日ソ・テレビの反対にあります」

「花園神社の先でしょうか」

「そうではなくて、新宿駅西口から小田急バスに乗ってください。西新宿になります。あるいは地下鉄丸ノ内線の中野坂上駅からでも歩いてくることができます。バスだとマンションのすぐ前に停まります」

「何という名前のマンションですか」

「エントピア新宿です」

しゃれた名前だ。新宿駅西口からバスに乗り、指定されたバス停で降りると、目の前にえび茶色の大きなマンションがあった。エントピア新宿という看板が掛かっている。エレベーターに乗って8階のボタンを押した。廊下に出ると目の前に「日ソ友の会」中央本部と書かれた表札が見えた。インターフォンのボタンを押した。

「先程電話した佐藤優です」

「ちょっと待ってください」とさっき電話で聞いた男性の声がした。

すぐに扉が開いた。身長175センチくらいで、しっかりした体型の男性が出てきた。男性は「どうぞ」と言って、僕にスリッパを勧め、窓際の部屋に案内した。

「『日ソ友の会』の世話人をつとめている篠原利明です」

「誰が会長になるんですか」と僕は尋ねた。

「3月の『日ソ友の会』設立大会で、恐らく私が」と篠原さんは答えた。

住居用のマンションだが、事務所に造り替えているようだ。日ソ・テレビの事務所が古い雑居ビルの1室だったのと比べると、かなり環境が改善されている。「日ソ友の会」を本格的な組織にしようとする意気込みが伝わってくる。窓から富士山が見える。

「あれは富士山ですか」と僕は尋ねた。

「そうです。きれいでしょう」と篠原さんは答えた。

「いつも見えるのですか」

「午前中はいつも見えます。夕方まで富士山が見えるのは、晴れて風が強い日だけです」

そう言われてみると、今日は風が強い。

「新築のマンションですか」

「おととしの2月にできたので、ほぼ新築といっていいと思います」

「部屋はいくつあるんですか」

「3LDKです。事務所として使うには十分な広さです」

「分譲マンションですか」

「そうです」

恐らく値段は1000万円を超えるだろう。「いくらですか」と聞きたかったが、それは失礼だと思ってやめた。事務所には、篠原さんと同年配の人がいる。どうも篠原さんの部下のようだ。僕と篠原さんにコーヒーを持ってきた。

「日下さんは『日ソ友の会』の仕事はしないのですか」

「テレビの仕事が忙しくなって、『日ソ友の会』に関与している余裕がなくなったので、私に仕事が回ってきました。日下とは、満州からずっと一緒だった。シベリアでも」

「シベリア？」

「そうです。私たちは、全員、シベリアに抑留されていました」

確か、日下さんも前回会ったときにシベリアに抑留されていた話をしていた。

「旧陸軍で一緒だったのですか」

「まあ、そんなところです。日下は、現在、モスクワに出張中ですが、週末には帰ってきます。来週、一緒に会いましょうか」

「是非、お会いしたいです」

「ただし、佐藤さんは受験生ですよね。勉強に支障はないですか」

「支障が出ないようにします」

「志望校はどこですか」

「浦和高校と早稲田大学高等学院です」

「成績が良いんですね」

「悪くはありません」

「両方受かったらどちらに行こうと思っていますか」

「高等学院です」

篠原さんは、ちょっと顔を曇らせた。

「どうして、高等学院で勉強したいと思うのですか」

「第二外国語としてロシア語を選択することができるからです」

「ロシア語だったら『日ソ友の会』の学習会でも勉強することができます。高等学院でロシア語を勉強しても、プロとして使えるようにはなりません。もし、ロシア語を本格的に勉強したいのならば、東京外国語大学に進学することを考えた方がいいです」

「早稲田のロシア文学科よりもレベルが高いのですか」

「ロシア語力については、東京外国語大学のロシア語学科を卒業した人の方が、早稲田の露文科卒業者よりもはるかに高いです。商社、新聞社、テレビ局などソ連関係の仕事は、東京外大出身者で占められています。将来、ソ連関係の仕事をしたいならば、浦和高校に進んだ方がいい。その方が選択の幅が広がります」

篠原さんは、ソ連関係の貿易やジャーナリズムの事情に通じているようだ。この人の話は参考になると思った。

「わかりました。考えてみます」

「今は、『日ソ友の会』のことよりも、浦和高校への入試に力を集中してください。『日ソ友の会』が本格的に動き出すのは、今年の春以降のことになります。佐藤君は浦和高校に入ってから、うちの活動に加わればいいと思います」

「しかし、日下さんには会いたいです」

「それでは、来週、電話をください。日程を調整しましょう」と篠原さんは言った。

その日、学習塾の授業を受けて、午後10時過ぎに帰宅した。父親に、篠原さんから聞いた話をした。

「優君が今日会った篠原さんという人も旧陸軍の情報将校だったと思うよ。きっと優秀な人だ。ソ連を相手にする仕事をしたいならば、浦和高校から東京外国語大学に入った方がいいというアドバイスも適切だと思う。来週、篠原さん、日下さんと会うときは、お父さんからだと言って、ジョニ黒とジョニ赤を1本ずつ持っていきなさい」

父親は、自分で飲むのと贈答用にジョニーウォーカーの黒と赤をいつも何本かストックしている。翌週、篠原さんに電話をして、アポイントを取りつけた。エントピア新宿を訪ねると、篠原さん、日下さん、さらに先日の事務員と、篠原さんや日下さんよりは少し年上の髪の白くなった人がいた。篠原さんが、「茨城大学で経済学を教えている佐藤教授だ。あなたと同じ名字だ」と紹介してくれた。

「佐藤先生も陸軍とシベリアで篠原さん、日下さんと一緒だったのですか」と僕は尋ねた。

「だいたいそんなところです」と答えて佐藤先生は笑った。

僕は「父からです」と言って、ジョニ黒とジョニ赤を篠原さんに渡した。

「これは恐縮です。お父さんによろしくお伝えください。せっかくだから飲みましょう。ジョニ黒は佐藤君が浦和高校に合格したときの祝いにとっておき、ジョニ赤にしましょう」と言って、篠原さんは栓を開けた。事務員が冷蔵庫を開けて、チーズ、ピーナツ、さきいかなどのつまみを出してきた。篠原さんたちは、ここでときどき飲み会をしているようだ。篠原さんは、僕にもウイスキーを注いできた。

「20歳までお酒は一切飲まないことにしています」と言って断った。

「そうそう佐藤君が未成年者だということを忘れていた」と言って、篠原さんは笑った。

事務員は一切、酒を飲まない。篠原さん、日下さん、佐藤教授は、酒が相当強いようであっという間にジョニ赤1本が空になった。

「焼酎を飲もう」と言って、篠原さんが台所の棚から一升瓶を取り出してきた。もっぱら話をするのは篠原さんで、日下さんと佐藤先生は黙って聞いている。僕はこの機会にいろいろな質問をした。

「中ソ対立はどうなりますか。中ソの主張のどっちが正しいのですか」

「中国はアメリカに接近している。この傾向は今後も変わらない。中国が考えているのは、毛沢東体制を維持することだけだ。中ソ論争など、くだらない」

「くだらない？」

「そうだ。くだらない。共産主義イデオロギーで考えると物事の本質を見誤る。いいか、佐藤君、ソ連に関心を持つことと、ソ連にかぶれることは違う。ソ連かぶれには絶対になってはいけない。ロシア人は共産主義イデオロギーにかぶれている日本人を信用しない」

「どうしてですか」

「簡単だ。ロシア人が共産主義を信じていないからだ。だから、共産主義にかぶれた外国人を利用することは考えるが、決して尊敬しない」

「ソ連は、日本共産党が言うことを聞かないから、志賀義雄たちの『日本のこえ』グループに梃子（てこ）入れしているのではないでしょうか」と僕は尋ねた。

「それは表面だけだ。むしろ日本共産党がソ連から自主性を示したので、ソ連共産党は一目置くようになった。ロシア人はいいなりになるような日本人を信用しない」と強い調子で日下さんが言った。

「そう、日下は国会でもきちんと証言しているからな」と篠原さんが言った。

「国会での証言⁉」と僕は思わず大きな声になった。

「そうだ。戦争が終わって5年くらいかな。日下が日本に帰ってすぐのことだったな。確か参議院だった。国会の議事録にも残っているはずだ」と篠原さんは言った。

「どんな証言なのですか」と僕は日下さんに尋ねた。

「四半世紀も前のことなので、よく覚えていない」と答えて、日下さんは、話題を変えた。午後6時過ぎに篠原さんの奥さんが鮨の折詰めを持って訪ねてきた。おいしい鮨を御馳走になって、僕はマンションを出た。

　その日、家に帰ってから記憶を整理してみた。日下さんが話をそらした、国会での証言というのが気になった。国会議事録は浦和の埼玉県立図書館に所蔵されているはずだ。明日、時間を見つけて調べてみようと思った。

　翌日、中学校の授業が午前中で終わったので、浦和の県立図書館に行った。1950年4月28日（金）第7回国会の参議院在外同胞引揚問題に関する特別委員会で日下さんが証言している記録を見つけた。

〈○委員長（岡元義人君）　次は日下証人にお尋ねいたします。日下証人にお尋ねしたいのは、ハバロフスク地区に、あなたの知っておられる範囲におきまして、いわゆる関東軍罪状暴露署名運動というものが行われたということを我々委員会でも聞いておるのですが、これがどのように行われたか。そうしてそれは一体誰がやらしたのか、その点をできるだけ要約いたしまして御証言を求めます。

○証人（日下敬助君）　只今委員長から、関東軍罪状暴露署名運動という言葉で言われましたが、署名運動じゃありません。関東軍罪悪暴露史の編輯であります。それは私は四十八年にチタからハバロフスクに参りました。ハバロフスクの十八分所にいたことがあります。いた期間は九月三日から翌年の一月四日まで、四十九年一月四日に私は送還されました。それまでハバロフスクの十八分所におりました。その際の委員長は倉田、その倉田さんから各アクティヴに、アクティヴから各人に対して、前職としての関東軍の罪悪を暴露し、それを一冊の暴露史に編纂するというので、十八分所の各人に、持っておる罪悪を暴露するという名の下に一枚の紙が渡されて書きました。暴露史の編輯は当時の十六地区の本部、ビューローとか何とかいう名前でありました。そのビューローから特別に人が来まして、十八分所の委員会の方に泊っておりました。その人と十八分所から委員が出て、それで編纂したのであります。〉

「アクティヴ」とは、共産主義に共感する活動家のことだ。日下さんは、関東軍が犯した悪事に関係していたのだろうか。

〈○委員長（岡元義人君）　尚、今の暴露史につきまして、それによって署名提出した者等が、そういうことを今ビューローという言葉を使われましたが、もう少しそこのところをどういうふうな関係の人達がこれに署名させたか、そうして署名された者はどういう結果になったかというところまで証言して頂きたいと思います。

○証人（日下敬助君）　その具体的な内容につきましては、先ず会の始まる前に、日本新聞紙上に関東軍の罪悪を暴露せよという大きな見出しの下に、関東軍は如何なる機構を持ち、如何なる攻撃準備をしていたかということが書き出されました。そうして各人には関東軍がそれは行動に出る出ないにせよ、攻撃準備としてやる、ソ連に対する攻撃を準備しておった。その下において、あらゆる行動が全部罪悪に匹敵するというテーマで各人に徹底されておった。従ってその前に前職者の吊上げカンパということが各分所を通じて行われたのでありま す。十八分所におきましても、その吊上げがありました。例えば特務機関と名が付いた場合には、たとえ情報を書いた者及びそれを書いた者から機関長の下に運んだ者、単に伝令の役目に当った者まで攻撃準備である、或いは情報蒐集行為である、或いは諜報行為であるという工合にみなされた。それから機関長の当番、そういうものも機関長に対してそれだけの支持をしたというような名の下にこれも罪悪、及び機関長の食事を作ったという、これも機関長に対してそれだけの罪悪をさせる援助を与えたという名の下に、これも罪悪、卑近な例は厩当番、それも罪悪、それから警察官で国境にいて、上におる飛行機を見て、飛行機が飛んでいますよと言ったことも、これも罪悪、ラジオ、電信士、これもソ連に対する攻撃を援助したということでこれも罪悪、あらゆるものが関東軍罪悪史という日本新聞によって出された記事の下に一緒に罪悪視されて来たということであります。それが関東軍罪悪史の前に出された準備カンパの内容であります。準備カンパは各部屋、各人に紙が支給されました。その前に自分のやっていた具体的な実例を書けという名の下に罪悪史を書いたわけであります。罪悪史或いは自己暴露史という名の下にその紙が配給された、それを書いたものは、それが一応委員会の方に纏まり、委員会の方から直接政治部員の方に提出され、政治部員から向うのいわゆるオーペルと言っております工作部員という……、工作部員というものの内容はこれは人を挙げる方であります。簡単に申しますと人を挙げる方であります。普通政治部員と申しますのは補導部員と工作部員と二つに分れております。工作部員は陰におり、補導部員の方は直接反ファシスト委員会というものに出席をしており、補導官といわゆる警察官、警察関係の者、この二つに分れております。今の罪悪暴露史は、反ファシスト委員会を通じて、そこで編纂されております。併しそれは直接に補導委員を通じたか、通じないかは別問題といたしまして、工作部員の方にそれは廻っております。出た内容につきましては、工作部員の方がその中から人名を拾って、あとでその本人を呼びます。書いた本人を呼んで、お前はこういうことを自白したのではないか、こういうことを自分で書いたではないか、認めているではないか、書いたものでありますから、私は特務機関の当番として特務機関長にそれだけの攻撃するための準備を与えました。情報を蒐集するためのそれだけの余裕を与えました。それだけの援助をいたしましてということが明瞭に自分の罪悪史の中に出ておる。それに従って向うは裁判を招集し、裁判に付し、実は私の第六分所には、今尚向うに残っておりますが、伝令とか或いは当番であるとか、或いは召使であるとか、或いは電信を操縦しておった電信士であるとか、そういう者が多数残っております。〉

どうも日下さんは、ソ連で戦争犯罪人として扱われたようだ。共産主義に共感するアクティヴではなかったようだ。

〈○委員長（岡元義人君）　大体今そういうあなたの通って来られた収容所等に、そのために残されたという者はどのくらいあると思いますか。

○証人（日下敬助君）　そのために残されたのは大部分であります。

○委員長（岡元義人君）　どれくらいの……、あなたが知っておられる数は……

○証人（日下敬助君）　三百六十九名が現在この六分所におります。〉

先を読んでみると日下さんの罪状に関する記述があった。

〈○委員長（岡元義人君）　只今の日下証人に御質問ありませんか。

○北條秀一君　日下さんは向うでソ連刑法によって体刑を受けたものでありますか。

○証人（日下敬助君）　私は刑を受けました。
○北條秀一君　どういう刑の名目で何年の刑を受けて……
○証人（日下敬助君）　発言します。私は前職によって刑を受けました。即ち昭和十九年から二十年に亘る間、特務機関の宣伝及び彼らの放送局の対白系及び対蒙古、これは国内であります、これらの放送を指導し及び放送劇団を持っておりました。それでその附近のハイラル以外の附近に在住する蒙古人及び白系露人に対して宣伝を行なっておりました。その行為のうち、放送局に関する事項、これが向うに分っておりました。これに対してブルジョアジー援助、資本主義援助の名の下に十年の刑を受けました。これはソ連刑法第五十八条第四項です。〉

父の推測は正しかった。日下さんは、関東軍の特務機関員で、宣伝工作に従事していたのだ。

〈○北條秀一君　それではあなたは十年の刑を全部完了せずに帰って来られたのですが、帰って来られるときに、なぜ刑は完了しないのに帰すか、こういうことについて当然疑問が起ったと思うのですが、それについては何か説明があったのでしょうか。
○証人（日下敬助君）　私は刑に服しましたのが一月四日からです。
○北條秀一君　いつ……何年の……

○証人（日下敬助君）　四十九年一月四日です。従って四月十日まで大体一年で、残った九年というものは全然服しておりません。まだ九年残っております。勿論収容所にいるときに、これは帰すということになれば私は当然それに対して疑問を持ち、向うに質問するところだったと思います。収容所から来るときまで私はそれに対して、当然私は帰されないから、帰すとだまして、よその分所に送るのだろうという工合に考えておりました。それは今まで何回となくそういうことをやって、五年間を、凡そロシア人の言われたことは全然信用できないというような考えを持っておりました。向うではどこかへ移動させるときは当然そういうことを言ってから移動させる。従って特別に向うに対して、なぜ俺を帰すかということに対しては説明を求めはしませんでした。併しながら引続いて申しますが、恐らく帰すだろうというようなことは向うで言っておりました。なぜ帰すかということに対して私が質問しましたが、向うでは、それは俺達の関係外のことである、上からの命令であると、具体的になぜ帰すかということについては説明をいたしませんでした。

○北條秀一君　あれですか、あなたと一緒に刑を受けた人が三百六十九名あったということですが、それは元の戦争終了前の罪のある人は勿論分りますが、捕虜になって後、ソ連の刑法によって体刑に処せられたという人はありましたでしょうか。

○証人（日下敬助君）　現在残っておる者の中には、ソ連に入ってからの刑に該当して残っておる者はありません。

○北條秀一君　ない……

○証人（日下敬助君）　ありません。前に六分所に自分達がいた当時、その数は確かにありました。

○北條秀一君　その前の、六分所では相当おったと思うのでありますが、そういう人はどのくらいおったかということも、どういうふうな大体刑罰と言うか、理由で処刑されたか、そういうことについてあなたが事情を知っておられたらば、そこのところを話して貰いたいと思います。

○証人（日下敬助君）　それについて現在具体的に資料は持っておりませんから、詳しく逐一御報告申上げることはできません。併し今思い出すことだけ申上げます。私は出発する前、即ち四月十日現在で第六特別収容所、そこにおった数が四百八十名、そのうち大体罪に該当する者全部は大概前職者であります。特務機関関係及び憲兵の人及び特殊情報及び機動部隊など、大体それくらいが主な者です。〉

第6特別収容所というところに、日本のスパイとされる人々が収容されていたようだ。日下さん、篠原さん、佐藤教授は、ここで一緒だったのだろうか。あの人たちは旧日本軍のスパイだったのだろうか。僕は背筋が寒くなってきた。

29

参議院の議事録を読んで、僕はだんだん気持ちが沈んでいった。シベリア抑留には、何か途方もない闇が潜んでいるように思えてきたからだ。第6特別収容所にはどのような人たちがいたのだろうか。僕は議事録の続きを読んだ。

〈○北條秀一君　関連しまして……その刑を受けた者の中で一番軽い刑の人は何年であったか、一番重い刑の人は何年であったか、その点を……

○証人（日下敬助君）　今全般的な問題として私が知っている範囲についてお答え申します。これは六分所の者のみの入った監獄に入っておるときに聞いた者まで含めて、一番軽いのが五年、その五年というのは小松という男ですが、年は当時二十三歳。その人に会ったのは四十八年の三月四日です。その人の罪状は項目は忘れましたが、奉天にあったテロ事件について刑を受けたもの、奉天にテロ事件があったのは御承知だと思いますから、内容は略します。そのうちで小松さんは奉天にこういう事件が起るということを前以て知っておったにも拘わらず、それをソ連側に通知しなかったということによって判決を受けた。それが一番軽い。

○北條秀一君　長い方は……

○証人（日下敬助君）　長い方は二十五年、大部分は二十五年の刑を受けた。五年の刑を受けておったのは私が知っている範囲ではその人一人です。〉

日本では、無期懲役刑でも10年で仮出獄ができる（1975年時点）。25年も監獄に入れられるなどというのは、想像を絶する苦しみだ。しかもシベリアだから冬はマイナス30度以下になることもある。こんな環境では25年の刑期を終える前に死んでしまうことになる。日下さんは、10年の刑を言い渡されている。第6特別収容所にいた囚人の中では、軽い方なのだろう。

議事録には、収容所での生活に関する質疑も記されている。緑風会の小杉イ子議員の質疑に対して、日下さんはこう答えている。

〈○小杉イ子君　日下さんにお伺いいたします。ソ連には普通の捕虜でもひどい待遇を受けたように聞いておりますが、あなたは受刑中はどういうふうの待遇を受けられましたか。又どういうふうの仕事をなさっていらっしゃいましたか。

○証人（日下敬助君）　受刑された後について申上げます。

○小杉イ子君　受刑中でございます。

○証人（日下敬助君）　監獄に入ってからは、監獄中はロシア人の囚人と同じように収容されました。部屋の大きさは十メーターに四メーターくらいの広さのある部屋、そこに下に床が張ってあるのですが、大体六十名くらい収容されました。そのうちロシア人が三十名くらい、日本人が三十名くらい、それだけ収容されておりました。下の床板を自分達はナールと言っておりましたが、そこには毛布と藁布団と……。毛布が渡されておりましたが、その後は約六十名に対して二十枚くらい配給になっておりまして、我々日本人はあとから入って来た故でもあり、又向うはロシア人であるというために、自分達は犬小屋と称するその床下の下の方に自分の持っていった毛布を敷いて、それでその床下におった。朝の食事はパンが五百五十（グラム）とスープが小さいこのくらいの薄い食器ですが、入れてある、昼はスープといっても殆んど、日本流にソップソップと言いますが、その程度。夜も同様であります。殆んど新鮮な空気を吸うくらいが精一杯。一日に十五分乃至二十分表に出て散歩するというのが監獄における生活でした。受刑が終ったのが、監獄を出たのが五月の十三日だったと覚えておりますが、そのとき収容されたのはロシア人の第二収容所というところであります。この中には約八百名くらいのロシア人、それから自分達最初に行った七十名、そこに日本人が行きまして、一つ小さい家があけてありました。併し七十名だけ別個に収容されました。日本人が行ったのは五十八条、いわゆる政治犯関係の日本人であるということと、日本人とロシア人とは全然性質が違い、向うは完然な犯人であり、日本人は非常におとなしい、いじめられたら大変だというようなこともあり、又政治犯として言動が非常に注意されていた関係もあって、別個に収容されました。作業は道路工事に参りました。その当時は六ヶ月乃至四ヶ月、三ヶ月というような収容の後に作業に出ておりました。殆んど監獄にいた当時と給与も変っておりませんので、表を歩くのがやっとのような状態でした。我々はその当時を称しまして地獄谷時代と呼んでおりました。外に出て作業に参ります作業所は、自動車に乗って約四十分くらい行ったところの道路工事であります。その道路工事において昼にこちらから穀物四十五グラム貰って、乾燥馬鈴薯五十八グラム、油が四グラムというぐらいの糧秣を貰って現地で炊さんいたしました。その際にそれだけの物を食べていたんではとても身体が保ちませんし、足がふらついて持っている円匙も十分に振えない。若しもそこで十分に振えない場合には、パーセンテージに従ってそれだけの食事が尚且つ半分に減らされるというようなわけで、どうしても食わなければならんというので、丁度五月中馬鈴薯の種蒔が終った時ですから、道の下に落ちている馬鈴薯を拾ってスープに入れるというような状態を繰返しておりました。又附近にある「あかざ」或いは「たんぽぽ」というようなものを取って食べておりました。それが六月中旬までその生活が続きました。それから後日本人だけ別個の収容所に入れられ、別個の収容所に来てから今度は日本人だけになりましたし、比較的お互いの融和もできましたですが、給与は依然として変りません。いわゆる六分所と申しますのは日本人だけを収容されていた、一番最初のハバロフスクにおける受刑したものの収容所であります。そこから出た作業は大部分は土工作業です。土工作業においても殆んど足を上げて歩くのがやっとというような状態が続いた。そのためにその条件を向うと交渉し、或いは作業場において、向うの作業監督が、出た作業を完全に認めないというような状態が続いた。従って作業成績に対して配給される糧秣がぐんと減らされる状態が続いたし、殆んど栄養失調のような状態に皆なりました。死傷者はそういうときに出たのは一人でありましたけれども、全般的にひどく体格が低下いたしました。

○小杉イ子君　私が伺いたいことは、栄養失調にかかり足が上らない、目が何しなかったということを伺いたかったのでありますが、その間に馬鈴薯ができて、馬鈴薯が食べられたとおっしゃいましたが、そういうことが若し見付かっても別に罰しはいたしませんでしたか。

○証人（日下敬助君）　作業場内においてある場合には向うで罰するということはいたしません。〉

日下さんは、犬小屋のような監獄に入れられて、ろくな食事も与えられずに重労働をさせられた。普通ならば、こんな目に遭わされたならば、ソ連とは二度と関与したくないと思うはずだ。しかし、なぜソ連との仕事を選んだのだろうか。僕はよくわからなくなった。僕は、日下さんに関する議事録の内容を父に話した。父はしばらく考えてからこう言った。

「日下さんも篠原さんも、共産党には批判的だよね」

「そうです。共産党員ではないと言っていました。社会党という感じでもありません」

「恐らく、日下さんや篠原さんは、シベリア抑留を人生の原点にして、日本とソ連が絶対に戦争をしないような状況を作ろうとしているのだと思う。戦争体験が、その人の一生に決定的な影響を与えることがある。ちょっと待って」

そう言って父は、本棚から雑誌を数冊取り出してきた。雑誌のタイトルに『ネグロス』と書いてある。

「お父さんが、深川工業学校の夜間部で、机を一緒に並べた菅谷政夫のやっている会社（ネグロス電工）の雑誌だ。終戦直後、小さな電気工事店を始めたが、今は1000人を超える会社になっている。お父さんの同級生では、菅谷が出世頭だ」

「ネグロスってどういう意味なの。電気関係の専門用語なの」と僕は尋ねた。

「違う。フィリピン南部、セブ島の隣にある島だ。戦争中の激戦地だ」と父は答えた。

「お父さんは、昭和20（1945）年3月に召集されたじゃない。もうフィリピンでの戦闘は終わっていたでしょう。菅谷さんはなんでフィリピンに行ったの」

「昭和18（1943）年に召集年齢が20歳から19歳に引き下げられた。お父さんは、東大工学部の富岡研究室の下働きをしていたので、軍需産業関係者ということで召集が免除され、

（1945年）3月10日の東京大空襲までは赤紙（召集令状）が来なかった。菅谷は普通に召集されたので、フィリピンに送られた。お父さんも、普通の就職をしていたならば、菅谷と同じようにフィリピンに送られていた可能性が高い。フィリピンだけでなく南方に送られたら、生きて帰れないというのが当時の常識だった。お父さんは、召集で丹波篠山城に集められ、『教育は現地でやる』と言われて支給された軍服が、北方対応だったので、胸を撫で下ろした」と父は目を細めた。しばらく沈黙してから、父は話を続けた。

「菅谷は高射砲大隊に配置された。大隊には600人がいたが、生き残ったのは1割だった。戦闘で死んだ人よりも、疫病と飢餓で死んだ人の方が多かった。菅谷は、ネグロス島でこの世の地獄を見た」

「お父さんも戦争でこの世の地獄を見たんじゃないの」と僕は尋ねた。

「菅谷の戦争体験と比べれば、お父さんは苦労なんかしていない。第一、北京では、アメリカ軍の空襲がときどきあっただけで、戦闘らしい戦闘は一度もなかった。歩兵部隊だったら八路軍（共産党ゲリラ）との戦闘を経験しただろうが、お父さんは航空隊にいたので、実戦で銃を撃ったことが一度もない。菅谷は、ネグロス島で一度死んだと思って、戦後は仕事に邁進した。ソ連と戦争をした日下さんや篠原さんも、そのときの体験がその後の人生の根幹に据えられているのだと思う。こういう人たちから、優君はいろいろなことを吸収するといい」と父は答えた。

「それじゃ、『日ソ友の会』に入ってもいい？　会費は少し高いけれど」と僕が水を向けると、父は「いいよ。優君の小遣いとは別にお金を出して貰うようにお母さんに頼んでおく。ただし、今は受験勉強に集中してほしい」と父は釘を刺した。

翌日、僕は篠原さんに電話して、「両親から入会の許可を得ました。高校入試までは受験勉強に集中するので、その後、遊びに行きます」と伝えた。篠原さんは、「試験の結果は必ず教えてください。今度は、浦高生としての佐藤君に会いたいね」と言った。

１９７５年の埼玉県公立高校の入試は、３月１日の土曜日に一斉に行われた。合格発表は１週間後だった。僕は浦和高校に無事合格した。約束通り、僕は篠原さんに浦高合格を電話で伝えた。翌日、「日ソ友の会」と篠原さんの連名で祝電が届いた。父も母も祝電を見て、「よく気配りをする人たちだ」と喜んでいた。篠原さんに祝電のお礼の電話をした。篠原さんは、「一度、お祝いの会をしたいので、事務所に遊びに来なさい」と言った。卒業式まで、中学校の授業は一応行われたが、午前中だけで、教師の雑談か、校庭でサッカーの試合に切り替えになるかだったので、既に半分休み気分だった。春休みには北海道を一人旅する予定だったので、「日ソ友の会」には、合格発表があった数日後に挨拶に行った。事前に行くことを連絡していたので、篠原さんと事務員だけでなく、日下さんもいた。

「いや、ほんとうに良かった。佐藤君が浦和高校に合格して、僕は自分のことのように嬉しい」と篠原さんは言った。

「いや、早稲田大学高等学院に落ちてしまったので悔しいです。高等学院に行けば、4月から本格的にロシア語の勉強ができたので残念です」

「まあ、浦和高校に受かったんだから、それでよしとすべきだ。さて、前回、佐藤君のお父さんからいただいたジョニ黒を開けることにしよう。もう少し経ったら、家内が食べ物を持ってやってくる。それまでは、柿の種とさきいかで我慢してくれ」と篠原さんは言って、事務員に準備するように指示した。

事務員はグラスと氷、水、スライスしたレモン、ガラスの皿に柿の種とさきいかとチョコレート菓子を載せてきた。見たことのないチョコレート菓子だ。

「ソ連製のお菓子ですか」

「そうです。モスクワで買ってきました」と日下さんが言った。

「佐藤君も今日は、一杯飲め」と篠原さんが言った。

「酒は20歳まで飲まないことに決めています」と僕は答えた。

「それじゃ、無理強いはしない」と篠原さんは言って、グラスにウイスキーを注いで、「ロックにする人はいるか」と尋ねた。日下さんも事務員も首を横に振った。どうもストレートで飲むようだ。

「水割りにしないんですか」と僕は尋ねた。

「佐藤君、アルコールの度数が高い酒を造るのはたいへんなんだ。それをわざわざ水で薄める必要はない」と篠原さんが言った。

「ロシア人は、ウオトカやウイスキーを水割りにすることは絶対にありません」と言って日下さんが笑った。

「水じゃ淋しいから、冷蔵庫に何か入っているだろう」と言って、篠原さんが台所に行った。瓶入りのバヤリースのオレンジジュースを持ってきた。

「こんなんでいいか」と篠原さんが僕の方を向いて尋ねた。僕は「どうもありがとうございます」と答えた。

篠原さんが、「佐藤優君が埼玉県立浦和高等学校に合格したことを心からお祝いします」と乾杯の音頭を取った。篠原さん、日下さん、事務員はストレートのウイスキーを一気に飲み干した。前回は酒をまったく飲まなかった事務員もウイスキーを飲み干した。

「お酒を飲むんですか」と僕は尋ねた。

「普段は飲まないんですが、今日は佐藤君のお祝いなので飲みます」と言って笑った。

「いい酒だね」と篠原さんは目を細めて言った。

「私は、佐藤さんが高等学院でなく、浦和高校に行くことになってよかったと思っています。高校でロシア語を勉強し始めても、大学で始めても、違いはまったくありません」と日下さんが言った。

それに続けて、篠原さんが「確か前回、話したと思うけど、本格的にロシア語を勉強するならば、東京外国語大学のロシア語科に進んだ方がいい。あの学校は、戦前は陸軍と緊密な関係があった」と言った。

「陸軍ですか」と僕は尋ねた。

「そうだよ。陸軍はソ連を仮想敵国としていた。だから、ロシア語教育を重視した」

「日本は戦争中、敵性語だと言って、英語教育をしなかったという話を聞いたことがあります」

「佐藤君、それは大衆向けの話だ。アメリカを仮想敵国としていたのは海軍だ。海軍は英語教育にとても力を入れていた。陸軍幼年学校では、ドイツ語、ロシア語、フランス語に力を入れていた。陸軍士官学校（陸士）では、英語とともにロシア語とドイツ語が重視された。陸士でロシア語に特に適性があると認められた人は、東京外国語専門学校（東京外国語大学の前身）で陸軍派遣学生として勉強を続けた」

陸軍幼年学校は、幹部候補を純粋培養するために作られた全寮制の教育機関だ。旧制中学

1年の課程を修了した人に受験資格が与えられるが、2年修了後に受験する人も多かった。幼年学校で3年勉強すると陸軍士官学校予科に進学し、そこで2年勉強した後、半年、部隊勤務を経て陸軍士官学校に入学することになった。陸軍士官学校の修業年限は1年8カ月だったが、1941年に1年に短縮された。

「ただし、ロシア語を本格的に習得している将校は、例外なくハルビン学院出身者だった」と日下さんが言った。

「ハルビン学院？　初めて聞く名前です」

「満州国立大学で、この学校の学生は、ロシア人の家に下宿して、実地でロシア語を勉強しました」と日下さんが言った。

「そして、目一杯、ロシア人と遊んだ」と篠原さんが言った。

「ハルビンにはロシア人がたくさんいたのですか」と僕は尋ねた。

「たくさんいた。ロシア人の街という感じだった」と篠原さんが答えた。

「ロシア革命から逃げ出した白系ロシア人が多かったのですか」

「白系ロシア人だけでなく、ソ連系も多かった。また、白系ロシア人を装ったソ連のスパイも多かった。こっちもソ連にかなりの数のスパイを送り込んでいた。しかし、ロシア人はロシア人だ。白系もソ連系もない。ソ連軍が入ってきたら、白系ロシア人のほとんどがソ連側に寝返った。あれはいい勉強になった。日本人がロシア人を簡単に懐柔できるなどと考えない方がいい」

僕は少し考えてから、勇気を出して篠原さんに「篠原さんは、戦争犯罪人として監獄に入れられたんですか」と尋ねた。

篠原さんは、あっさりと「そうだよ。自由剥奪25年だった。日本的に言うと禁錮25年ということだ。もっとも死刑にならずに儲けものだったけどね」と言った。

「死刑になった人はいるんですか」

「外国人の戦争犯罪人に対して、ソ連当局は死刑を適用しなかった」

「何でですか」

「ソ連は人道的だということを宣伝するのと、教育で人間を改造することが可能であるという共産主義イデオロギーの要素が混在していたからだと思う」

「食事はひどかったんじゃないですか」

「僕の場合は、それほどひどくなかった。看守のロシア兵と同じ物を食べていた。これはどの監獄に収容されていたかによってだいぶ異なる」

「僕の場合はひどかった。しかし、人間の記憶は不思議なもので、悪いことは忘れるようになっている」と日下さんが言った。

僕は参議院議事録で読んだ、〈我々はその当時を称しまして地獄谷時代と呼んでおりました。外に出て作業に参ります作業所は、自動車に乗って約四十分くらい行ったところの道路工事であります。その道路工事において昼にこちらから穀物四十五グラム貰って、乾燥馬鈴薯五十八グラム、油が四グラムというぐらいの糧秣を貰って現地で炊さんいたしました。その際にそれだけの物を食べていたんではとても身体が保ちませんし、足がふらついて持っている円匙も十分に振えない。若しもそこで十分に振えない場合には、パーセンテージに従ってそれだけの食事が尚且つ半分に減らされるというようなわけで、どうしても食わなければならんというので、丁度五月中馬鈴薯の種蒔が終った時ですから、道の下に落ちている馬鈴薯を拾ってスープに入れるというような状態を繰返しておりました。又附近にある「あかざ」或いは「たんぽぽ」というようなものを取って食べておりました。〉という証言を思い出したが、それについて言及すると、篠原さんと日下さんの関係が気まずくなると思って黙っていた。

「容疑は何だったんですか」と僕は篠原さんに尋ねた。

「スパイ罪、資本主義幇助罪、住民虐待などいろいろあったよ」

「しかし、冤罪なんでしょう」

「必ずしもそうとは言えない」

「しかし、篠原さんが住民虐待をしたなどとは思えない」

「いや、スパイ容疑がかかった中国人については、始末した方がいいと指示したことが何度もある。住民の中にゲリラが潜んでいるからそういう対応をするしかない。日本人は憎まれていた。侵略戦争なんかするもんじゃない」

日下さんと事務員は黙って篠原さんの話を聞いている。

暫くすると、インターフォンが鳴った。鍵を開ける音がして、「遅くなりました」という女性の声がした。篠原さんの奥さんのようだ。

「ようっ！」と言って、篠原さんは手を挙げた。

奥さんは若い。30歳くらいだろうか。とてもきれいな人だ。女優ではないかと思ったが、尋ねなかった。

「お鮨を買ってきたわ。佐藤さん、高校合格、おめでとうございます」と奥さんは言った。

「どうもありがとうございます」と言って僕は頭を下げた。

3人前くらい入った鮨折りが2つある。

「皿に取り分けないでもいいわよね」と奥さんが言った。

「構わないですよ、奥さん」と日下さんが言った。

「女房が若いんで、驚いたか」と篠原さんが僕に尋ねた。

「驚いてはいません」と僕は答えた。

「新婚というわけじゃないけれど、僕は結婚が遅かった」

「子どもさんはおられるんですか」

「いない。シベリア暮らしが長かったんで、僕は子どもを作る能力を失っている。仕事には自信があるんだが、子どもを持てないことだけが残念だ。だから、日ソ友の会では、佐藤君をはじめ、若い世代の人たちを大切にしたいと思っている。日本の未来を担う現在の中学生や高校生にしっかりしてもらわないとならない」

「篠原さんは、日ソ友の会以外の仕事もしているのですか」

「いくつか会社を持っている」

「どんな仕事をしているんですか」

「ソ連とはまったく関係ない。しかし、それについて話すと面倒なので、言わないことにしている」

僕はこれ以上、この話には踏み込まない方がいいと考えた。

鮨は、特上のようで、蒸し海老、ウニ、イクラ、トロの他にアワビも入っている。

「おいしいですね」と僕は言った。

「評判のいいお鮨屋さんなんです」と奥さんは答えた。

「将来は、何になりたいと思っているの」と奥さんが尋ねた。

「まだ決めていません。いったいどんな仕事に向いているでしょうか」と僕は質問を篠原さんに振った。

「そうだな」と言って、しばらく考えた後、篠原さんはこう言った。

「ジャーナリストか外交官か商社員になるような気がする」

「僕は、この前まで、中学校の英語教師になって、伊豆諸島のどこかに赴任したいと思っていました。しかし、今はまったくわかりません」

「中学校の先生になるような感じはしないな。大学教授だったら十分ありそうな気がする。しかし、佐藤君は活動的だから、大学の仕事では満足できないだろう。戦前だったならば、陸軍将校や満州国の役人になれば、佐藤君のような人は面白い仕事をいろいろしたと思う」

「どうもイメージが浮かびません」

「僕にはよく浮かぶ。そうだよな」と言って、篠原さんは日下さんの方を見た。

「浮かびます。商社よりは、新聞記者の方が向いているように思います」と日下さんが言った。

「しかし、新聞記者なんかつまんないぞ。実際にソ連との関係を築いていくのは商社員や外交官だ。僕は佐藤君が総合商社に入って、シベリア開発をしてくれればいいと思う」と篠原さんは言った。

「この人たちは、自分たちができなかったことを佐藤さんに仮託しようとしているようね。言っていることを、真剣に受け止めちゃダメよ。自分の将来は自分で決めるしかないんだから」と奥さんが言った。

「とにかく、今は、いろいろなことを勉強するのが重要です。ロシア語を本格的に勉強するのは大学に入ってからでも遅くはない。もし今から本気で勉強するならば、ニコライ学院か日ソ学院、あるいはマヤコフスキー学院に通って、勉強した方がいい。ロシア語は難しい言語なので、独学では身につきません」と日下さんが言った。

「ロシア語なんか、必要に迫られれば何とかなる。それよりも、きちんと勉強して自分の頭で考えられるようになることだ。まず、あのアメリカが押しつけた変な憲法を改正しなくてはならない」と篠原さんが別の意見を言った。

「変な憲法？」と僕は尋ねた。

「そうだ。軍隊を持っていない国家は、独立国じゃない。しかも、アメリカ軍の基地が日本中にある。今も続く占領体制を打破しなくてはならないけど、負け戦を経験した僕たちの世代にそれはできないと思う」

「憲法9条にも反対なんですか」

「とんでもない条項だと思う。日本を二度と立ち上がることができないようにするためにアメリカが押しつけた条項だ」と篠原さんが吐き捨てるように言った。

「ほんとうにひどい憲法です。早く自主憲法を制定しなくてはならない」と日下さんも同調した。

この人たちは、ソ連との関係改善を考えているのに、憲法9条には強く反対している。平和主義者ではない。

「ソ連は憲法9条を評価しているんじゃないですか」と僕は尋ねた。

「それは、そうした方がソ連の利益に適うと考えているからだ。前にも言ったかと思うが、ロシア人と付き合うコツは、ソ連の思想にかぶれないことだ。あいつらは、ソ連にかぶれた日本人を利用はするが、決して信用しない。僕たちはそういう例を今までたくさん見てきた」と篠原さんは厳しい口調で言った。

30

「僕は、ソ連の社会主義は面白いと思います。ソ連について勉強したいと思っていますが、それは間違っているのでしょうか」と僕は篠原さんに尋ねた。

「間違ってはいない。ソ連についてよく知っておくことは重要だ。しかし、ソ連の思想にかぶれたらダメだ。ロシア人は共産主義なんか信じていない。共産主義ではなく、ロシア人の本質について知ることが重要だ。あいつらには底力がある。日本はソ連の力を侮って、あの無謀な戦争をした。日本政府もアメリカに近寄りすぎて、ソ連を意味もなく敵にしようとしている。日本は資本主義体制を取りながら、ソ連と協力することは十分にできる」と篠原さんは言った。

「具体的にどういうシナリオがあるのでしょうか」と僕は尋ねた。

「シベリア開発だ」

「シベリア⁉」

「そうだ。バイカル湖以東の東シベリアと極東の人口はわずか700万人だ」

「それしかいないんですか」

「そうだ。それにシベリアを開発する資金や技術も十分にない。また、中ソ国境地帯も緊張している。日本が東シベリアと極東に進出することをソ連は歓迎する。そうして、具体的な経済協力が始まれば日ソ関係も改善する」

「しかし、そうなると北方領土問題はどうなるのでしょうか」

「北方領土については、日本が声高に要求すればするほど返還が遠のく。ソ連との友好関係の構築を先行させた方がいい。そうすれば、問題解決の可能性が生まれる」

「日本が北方領土を諦めたら、どうなるでしょうか」

「そんなことをしたら絶対にダメだ。ロシア人に舐められるだけだ」と篠原さんは厳しい顔をして答えた。

　篠原さんは、北方領土は日本に返還されるべきだと考えているようだ。イデオロギー的にソ連に阿(おもね)る日本人を軽蔑している。

「あなた、そんな難しい話ばかりしていないで、食事がもう終わったなら、ケーキを食べましょう」と篠原さんの奥さんが声をかけた。

「おお、そうだな。コーヒーも淹れてくれ」と篠原さんが言った。

「ロシア人はコーヒーも飲むのですか」と僕が尋ねた。

「飲むよ。しかし、紅茶の方をずっとよく飲む。ロシアのコーヒーはとても濃い」

「ブラックで飲むんですか」

「ブラックで飲む人もいるが、大抵の場合、砂糖をたっぷり入れる。そうだよね」と篠原さんが日下さんに尋ねた。

「大抵の場合、砂糖をたくさん入れます。トルココーヒーのような感じですね」と日下さんが答えた。

「トルココーヒー？」と僕は尋ねた。

「コーヒーの粉と水を沸かして上ずみを飲むタイプのコーヒーです。ヨーロッパではときどき見かけます。ソ連には、日本のさらさらしたドリップコーヒーはありません。コーヒーに合わせて、ここにあるようなチョコレート菓子が出てきます」と日下さんが説明した。

奥さんが僕たちにイチゴのショートケーキを配った。

「ソ連でもケーキを食べますか」と僕が尋ねた。

「食べます。しかし、アイスクリームの方が好まれます。ソ連のケーキは、チョコレートケーキかメレンゲのケーキがほとんどです。このケーキのような軟らかくて、生クリームがのっているものはありません。いずれにせよ、ロシア人は甘い物をよく食べます」と日下さんが言った。

僕たちがケーキを食べていると、玄関のインターフォンが鳴った。奥さんが「今、ドアを開けます」と言って玄関の方に行った。

「早稲田でロシア演劇を専攻している学生を呼んだ。大学でのロシア語の勉強について様子を聞いたらいい」と篠原さんが言った。

身長170センチメートルくらいの痩せた青年が入ってきた。スーツを着てネクタイを締めている。篠原さんと奥さん、事務員とは親しげに話をしているので、この事務所にはよく出入りしているようだ。日下さんとは初めて会ったようだ。僕は、「早稲田大学高等学院に落ちてしまいました」と言って挨拶をした。

「浦和高校に入学したのだから、よかったじゃないですか。早稲田には浦高出身者がたくさんいますよ」と大学生は言った。

「大学でのロシア語の勉強について、どうなっているか佐藤君に教えてあげてくれ」と篠原さんが言った。

「ロシア語を専門とする場合と、第二外国語で勉強する場合では、全く異なってきます」

「どう違うんですか」と僕は尋ねた。

「まず、授業時間が全然違います。専門とする場合、毎日最低2コマ（90分授業が2回）はロシア語の授業があります。会話にも力を入れます。第二外国語の場合は、週2コマだけで、文法の骨子だけを勉強します。ロシア語はドイツ語やフランス語と比較して文法が複雑なので、1年では基礎文法を終えることができません」

「2年かけて文法を勉強するのですか」

「2年目の授業は、講読になりますが、最初の半年はプリントで、少し難しい文法事項について勉強します」

「3年目からは何を勉強するのですか」

「ロシアを専門に勉強する人以外は、一般教養の2年間で単位を取ればその後、ロシア語を勉強することはありません。第二外国語の勉強は、こつこつ単語を覚える人はあまりいないので、文法の骨子だけを摑んで、試験前の2～3日間に教科書を丸暗記して臨むので、試験が終わってしばらく経つと忘れてしまいます。率直に言って、第二外国語でロシア語を選択してもマスターすることはできません」

僕は、大学に真面目に通っていれば、ロシア語をマスターすることができると思っていたが、どうもそれは甘い考えだったようだ。

「ロシア語やロシア文学を専攻した場合はどうなりますか」

「その場合は、かなり集中的にロシア語を勉強することになります。もっとも早稲田の場合は、ロシア語は道具で、ロシアやソ連の文学や思想、あるいは演劇について研究することにウエイトが置かれています。純粋にロシア語の力を向上させるということならば、東京外国語大学か上智大学外国語学部で勉強したらいいと思います」

「東京外大はわかりますが、上智のロシア語教育はそんなに優れているのですか」

「商社や通訳では、上智大学出身者がたくさん活躍しています」と大学生は言った。

「上智には、ハルビン学院でロシア語を教えていた教師たちが移ってきたので、教育が充実しています」と日下氏が言った。

「ロシア語を習得することだけを考えるならば、大学の授業をあてにしない方がいいと思います。マヤコフスキー学院、ニコライ学院、日ソ学院、ミール・ロシア語研究所などの語学学校に通った方が確実に実力がつきます。実際に早稲田や東京外大の学生でも、ロシア語の通訳や翻訳者になりたいと考える人たちは、こういった語学学校に通っています」

「語学学校と大学では、どういう違いがありますか」

「違いは2つです。まず、学生たちのやる気がまったく違います。それから、教師陣が熱意を込めて教えるので、大学とは全然レベルが異なります」

「授業料はだいぶ高いのですか」

「学習塾とたいして変わりません」

「ソ連に行ったことはありますか」

「残念ながらありません。ただし、篠原さんが、『日ソ友の会』で訪ソ団を組織するということですから、そのときは、通訳兼ガイドということで、格安で連れていってもらおうと思っています」と大学生は言った。

「ソ連旅行はインツーリスト経由なので、値段が高すぎる。横浜からナホトカまで船を使っても、モスクワまで行くと20万円くらいかかる。ソ連には学生や青年を受け入れるスプートニクという旅行社がある。そこを使えば、現在の半額でソ連旅行ができるはずだ」と篠原さんは言った。

「半額ですか⁉」と僕と大学生が尋ねた。

「日本の大学生がヨーロッパに行くときには、値段が安いのでシベリアルートを取ることが多い。それでもヘルシンキまでだったら片道15万円くらいかかるんじゃないか」と篠原さんが、大学生の方を向いて尋ねた。

「もっと安いと思います。11万円くらいだと思います」と大学生が答えた。

この大学生は、ソ連旅行やモスクワ経由でヨーロッパに出ることについていろいろ調べているようだ。

「ハバロフスクからモスクワまでアエロフロートの国内線で移動して、同日、モスクワで国際列車に乗ることができたとしても、確かモスクワのホテルに2泊しなくてはならないことになっていたよね」

「そうです」と大学生は答えた。

「インツーリストはそれで外貨を稼ごうとしている。インツーリストのホテルは、ソ連人が使うホテルと比較すると10倍以上する。これだと東欧社会主義諸国や中南米やアジア・アフリカなど、ソ連の友好国の青年たちが、ソ連旅行をすることが経済的に難しくなる。ソ連では、外国人登録制度があるので、一般のホテルに外国人が宿泊することはできない。そこで、友好国の旅行団を廉価で受け入れる国際的な窓口としてスプートニクという会社を作った。この会社を経由すれば、スプートニク傘下の安いホテルを使うことができる」

「いくらくらいなのでしょうか」と僕は尋ねた。

「1000円くらいだと思う」

「1000円⁉　それじゃユースホステルと変わらないじゃないですか」と僕は言った。

「ソ連にユースホステルはないけれども、スプートニク傘下のホテルが青年用の格安旅行に対応している。インツーリストのホテルと比べれば、施設は見劣りするが、ソ連人が使うホテルよりはずっといい。今、ソ連側と折衝しているが、スプートニクのホテルの使用許可が出れば、東シベリア、極東ならば5万円以下、モスクワまで足を延ばしても10万円前後で旅行できるようになる。そうすれば、日本の若い人たちが、皮膚感覚でソ連とロシア人を知ることができるようになる。あの国には良いところもあれば、悪いところもある。しかし、隣国であるにもかかわらず、日本人とロシア人は、相手をまったく知らない。こういう状態は危うい。私が『日ソ友の会』の会長を引き受けたのも、今までの親ソ的な人々を増やすという友好団体とは異なり、ソ連を知る人を増やすという、より現実的な方針を取っているからだ」と篠原さんは言った。

篠原さんは、ロシア人には好感を抱いているが、ソ連の共産主義は嫌いだ。ただし、好き嫌いに関係なく、ソ連は力がある国家で、しかも日本は隣国なので、とにかくソ連についてよく知る人を養成しなくてはいけないと考えている。それには、これまでのさまざまなしがらみがある人々や団体を除いた、若い世代を集める新団体を創設することが必要と考えているようだ。この点では、篠原さんと日下さんの考えは完全に一致している。

「僕はこの夏休みにソ連と東欧を旅行しようと思っています」

「それはいい」と大学生が言った。

「どこを訪れてみたいか」と篠原さんが尋ねた。

「ほんとうはソ連、東欧を全部訪れたいのですが、アルバニアは日本からの観光客を受け入れていません。東ドイツは、手続きが面倒なので、ポーランド、チェコスロバキア、ハンガリー、ユーゴスラビア、ブルガリア、ルーマニアを回った後で、ソ連に入ろうと考えています」

「かなりの強行軍だな。ソ連にはどれくらいいるのか」と篠原さんが尋ねた。

「2週間の予定です。キエフから入って、モスクワに行って、その後、レニングラードやエストニア、ラトビア、リトアニアを回り、シベリアに出るか、モスクワから中央アジアに出て、シベリア経由で横浜に戻ってくるかを考えています」と僕は答えた。

「中央アジアに行ってみた方がいいと思います」と日下さんが言った。

「私もそう思う」と篠原さんも相槌を打った。

「どうしてそう思うんですか」と僕が尋ねると、日下さんが「ソ連がロシアだけではないということを皮膚感覚で知っておくことはとても重要です」と答えた。

「確か、数年前、ブハラが外国人に解禁されたはずだ。ブハラやサマルカンドを見ておくことは、大きな意味がある。あそこではイスラム教が生きている」

「ソ連は無神論政策をとっているんじゃないですか」

「そんなの表面だけですよ。ロシアではロシア正教、中央アジアではイスラム教が今も生きています。人間の生活習慣は50～60年では変化しません」と日下さんが言った。

「それじゃ中央アジアに行くことにします」

「それがいい」と篠原さんが言った。

「立ち入ったことを聞きますけれど、いくらくらいかかりそうですか。ソ連旅行のガイドブックと、日ソツーリストビューロー、日ソ旅行社、YSトラベルから取り寄せた資料だと、ソ連旅行部分だけで25万円くらいかかります。東欧を合わせて50万円くらい両親に準備してもらおうと思っています」

「結構、大きな金額になりますね」と大学生が言った。

「しかし、御両親がお金を出してくれるというんだから、それは甘えて、是非、思う存分、旅行をした方がいい。佐藤君は、今、何歳か」

「15歳です」

「15歳のときに、他の人にはできないような経験をしておくと、それは一生に大きな影響を与えることになる。カネの話をするならば、50万円よりも遥かに大きな成果を将来生み出す。佐藤君のお父さんにはそのことがわかっている。一見、子どもを甘やかしているように見えるが、そうじゃない。これは立派な教育投資だ」と篠原さんは大学生の方を向いて説明した。

父が教育投資としてこの旅行を考えているとは思えなかったが、僕は篠原さんの説明には特に異議を述べなかった。

「モスクワ滞在中には、モスクワ放送局を訪ねるといい。そうだ、オフシャニコフにレービンに宛てた紹介状を書いて貰うといい。オフシャニコフはレービンと親しかったよね」と篠原さんは日下さんに尋ねた。

「あの2人は友人です」と日下さんが答えた。

「レービンて誰ですか」と僕は日下さんに尋ねた。

「モスクワ放送国際課の日本課長です。日本語がとてもうまいです。ラジオを通して聞くと日本人と勘違いするくらい上手な日本語を話します」

「ときどき日本向け放送に出るのですか」

「今は管理職だから放送には出ません」と日下さんが答えた。

「『日ソ友の会』を軌道に乗せるに当たってレービンは鍵を握る人物だ」と篠原さんが付け加えた。

　4月になって高校の授業が始まった。僕は応援団と生徒会本部と文芸部に加わって、課外活動で忙しい生活を送るようになった。それと同時に東京のYSトラベルに通ってソ連、東欧旅行の準備を始めた。東京に出てくる機会が増えたので、ときどき「日ソ友の会」の事務所にも顔を出すようにした。篠原さんのところには、飛び込みでいろいろな人が訪ねてくる。篠原さんは、一人一人に「日ソ友の会」の意義をていねいに説明していた。その際、「ソ連の主張に同調する必要はまったくない。日ソ間には対立する事柄よりも、一致する事柄の方がずっと多い。お互いの利益になる分野を積極的に拡大していくことが重要だ。日本とソ連は、嫌い合っていても、引っ越すことはできない。隣人について、お互いにもっと知る努力をするという意識改革が必要だ」ということを篠原さんは熱心に説いていた。篠原さんの話には説得力があるので、「日ソ友の会」には、大学教授、翻訳家、商社員なども加わってきた。

　5月に新宿区内の公民館で、「日ソ友の会」の創設準備大会が開催された。篠原さんに誘われたので、僕も参加した。会場にはオフシャニコフさんがテレビカメラクルーを連れて取材に来ていた。

会合が終わった後、篠原さんが「これから飯を食うんで一緒に行こう」と言って僕に声をかけてくれた。「よろこんで」と答え、僕はついていくことにした。篠原さんは、「その前に一仕事しなくてはならない」と言って、オフシャニコフさんの方に近寄っていった。篠原さんは、流暢なロシア語でオフシャニコフさんに話しかけた。オフシャニコフさんは、「ダー、ダー」と言いながら、名刺を取り出して、ボールペンで何か書いている。

「佐藤君、ちょっとこっちに来て」と篠原さんが僕を手招きした。僕は篠原さんのところに行った。

「オフシャニコフさんが名刺にレービン課長に宛てた紹介状を書いてくれた。これをモスクワ放送局に持っていけば、面会できる」と篠原さんは言った。

「どうもありがとうございます。佐藤優と申します。現在高校1年生で……」と僕が自己紹介をしようとするとオフシャニコフさんは、「佐藤さん、よく覚えているので、自己紹介は必要ありません。去年、余丁町の支局に来られましたよね」

「覚えていていただいてうれしいです。ところでモスクワ放送局にはどうやって行ったらいいんでしょうか」と僕は尋ねた。

「インツーリストのガイドにこの名刺を見せて、ゴステレラジオに行きたいと伝えれば、案内してくれます」

「オスタンキノのテレビ塔のところですか」

「違います。もっとモスクワの中心にあります。わかりにくい場所なので、自分で探さずに、インツーリストのガイドに頼むことをお勧めします。あるいは（モスクワ放送の）日本課から、佐藤さんが泊まっているホテルまで迎えを出してもいいです。どのホテルに泊まるかわかっていますか」

「いいえ。ホテル・ペキンに泊まりたいとリクエストしていますが、どうなるかわかりません」

「最近、ペキンに泊まる日本人観光客はあまりいません。ウクライナ、ナツィオナーリ、メトロポールあたりに割り当てられると思います。それから電話でモスクワ放送と連絡を取るのはたいへんですから、やはりインツーリストのガイドに頼むといいでしょう」

「わかりました」

「佐藤さんがモスクワを訪れるのは8月後半の予定ですか」とオフシャニコフさんは尋ねた。

「まだ正確な日程は決めていませんが、初めに東欧諸国を回るので、モスクワに入るのは8月20日頃になると思います」

「それならば、レービンさんも夏休みを終えてオフィスに出てきています。ゆっくり話をするといいでしょう。それから、佐藤さんは、テレビに出たことはありますか」

「いいえ」

「テレビに出てみませんか」

「………」

「今、ここでです。今日の『日ソ友の会』の創設準備大会についての感想を聞かせてください」

「何を言ったらいいのですか」

「佐藤さんが感じたことを自由におっしゃってくだされば結構です」

「いや、テレビに出るなんて、荷が重すぎます」

「大丈夫。ソ連国営テレビに日本人が出る機会はあまりないので、是非、インタビューに応じたらいい」と篠原さんが言った。僕は「わかりました」と言って、インタビューに応じた。テレビ用のライトがあんなにまぶしいとは思わなかった。僕は「日本人もソ連人も隣人なのでもっと知り合う必要がある。特に若い世代の日本人が、自分の目でソ連を見て、ソ連人との交流を深めることが重要だと思う。『日ソ友の会』がそのための場を作ってくれることを期待する」という話をした。

オフシャニコフさんは、「完璧です。『日ソ友の会』の設立の必要性をわかりやすく説明してくださいました。モスクワの関係者の間でも反響を呼ぶと思います。佐藤さんは、ジャーナリストになる素質があると思います。その可能性も考えてみるといいと思います。今日の佐藤さんのインタビューは、日本向けのモスクワ放送でも流します」と言った。

こういう経緯から、僕はモスクワ放送の日本語課を訪れることになった。

篠原さんが、「さあ、これで仕事は終わりだ。これから中華料理屋に行こう」と言った。僕は「オフシャニコフさんや日下さんも行きますか」と尋ねた。篠原さんは、「もちろんだ」と答えた。するとオフシャニコフさんが「これから映像をモスクワに送らなくてはならないので、羽田空港に行きます。残念ながら、私は夕食会に参加することができません」と言った。オフシャニコフさんは、「それではまた」と言って会場を去った。

「あいつは仕事がほんとうに好きだ。ロシア人ならば、飲み会があると言えば、仕事を後回しにしてついてくるのが普通だが、トーリャ（アナトリーの愛称）は実に真面目だ」と篠原さんが言った。

打ち上げの中華レストランは会場から徒歩10分くらいのところにあった。中国人が経営している高級店だ。篠原さんは、フロアマネージャーと中国語で話している。

「篠原さんは、ロシア語だけでなく、中国語もできるんですか」と僕は尋ねた。

「だいぶ錆びついているけれど、陸軍ではロシア語とともに中国語を叩き込まれた。もっとも中国語を使う機会は、レストランを予約するときしかないけどね」と言って篠原さんは笑った。

大きな丸テーブルに十数人が座った。丸テーブルは回転する。両親に連れられてときどき行く大宮公園の国体記念会館地下の中華レストランにも回転する丸テーブルがあったが、5〜6人用だった。こんなに大きな回転式テーブルを見るのは、生まれて初めてだ。

「本当はロシア料理の店で打ち上げをやりたかったのだけれど、東京には本格的なロシア・レストランがないので、中華料理屋にしました。そう遠くない時期に『日ソ友の会』主催のソ連訪問団を組織するので、本格的なロシア料理はそのときに食べることにしましょう」と篠原さんが言った。

ウエイターがまずビールを運んできた。

「モスクワのレストランではビールが出ない。いつも淋しく思う」と篠原さんが言った。

「ロシア人はビールを飲まないんですか」と僕は尋ねた。

「大好きです。ただし、高級レストランでの飲み物とはされていません」と日下さんが言った。

「その代わり、シャンペンを飲むね」と茨城大学の佐藤先生が言った。

「そう。シャンペンは冷えているんでおいしいね」と日下さんが言った。

「佐藤君は、ジュースかコーラだね」と篠原さんが尋ねた。

「コーラをお願いします」と僕は答えた。

僕はコーラ、それ以外の人はビールで乾杯した。

テーブルには、クラゲ、焼き豚、蒸し鶏、ピータン、白菜の漬け物、キュウリの漬け物などが大量に並べられている。かなり値が張りそうだ。さらにウエイターが老酒（ラオチュー）や白酒（パオチュー）を運んでくる。

「この店にはいいマオタイ酒がある。ウオトカよりも度数が高い。試してみるといい」そう言って、篠原さんはマオタイ酒を勧めた。

ここに集まっている人の半分は、「日ソ友の会」の事務所で見たことがある。残り半分は、まったく知らない人で、年齢も50代以上だ。しっかりした身なりの人もいれば、よれよれのジャンパーを着た人もいる。自己紹介もしなければ、篠原さんが参加者について説明するわけでもない。ただひたすら、美味しい酒と食事を楽しんでほしいという会合のようだ。

続いて、北京ダックが出てきた。話に聞いたことはあるが、初めて実物を見た。

「北京ダックは初めてか」と篠原さんが尋ねた。

「はい。テレビで見たことはありますが、食べるのは初めてです。ソ連でもよくあるのですか」

「ソ連にはないと思う。どうだろうか」と篠原さんが日下さんに尋ねた。

「確か、１９５０年代、中ソ関係が良かった頃は、モスクワのレストラン・ペキンで北京ダックが出たと言います。いまのレストラン・ペキンには中国人のコックは一人もいません。得体のしれない料理しか出てきません。そもそもロシア人は食事に関しては保守的なので、中華料理には馴染まないと思います」と日下さんが説明した。

男性たちは、マオタイ酒や老酒を大量に飲んで、だいぶ酔いが回ってきたようだ。会合は和気藹々（あいあい）とした雰囲気で進んでいたが、突然、ジャンパー姿の男性が中腰になって立ち上がり、隣の席にいる人を怒鳴りつけた。一瞬、空気が凍った。怒鳴りつけられたのはいつか事務所で会ったロシア演劇を専攻する早稲田大学の学生だった。

31

僕は大きな声がした方を振り向いた。

髪の毛が少し白くなった初老の男性が、中腰になって、早稲田大学の学生を睨んでいる。

学生は真っ赤な顔をしてうつむいている。いったい何が起きたのだろうか。中華レストラン全体が静まりかえった。

　早大生が顔を上げて、「感情的にならず、冷静に話をしましょう」と言った。

「大きな声を出して、済まなかった」と初老の男性が謝った。

　学生が、「僕が言っていることは、歴史に照らして、決して間違えていないと思います」と言って、話を続けた。

「日本政府の北方領土返還要求は、支離滅裂で、到底、国際社会からの批判に堪えることができません。まず、日本は１９５１年のサンフランシスコ平和条約2条c項で南樺太と千島列島を放棄しています。この放棄した千島列島に、国後島、択捉島も含まれています」

「そんなことはない。日本はウルップ島からシュムシュ島までの千島列島は放棄したが、歯舞諸島、色丹島、国後島、択捉島の北方四島は放棄していない。少なくとも日本政府はそう言っている」

「それは、日本政府の反ソ・反共政策に基づくプロパガンダです。サンフランシスコ平和条約締結時点では、日本は国後島と択捉島を放棄していました。１９５０年代半ばに日ソ国交交渉が始まったときに立場を変えたのです」

　どちらの言っていることが正しいのだろうか。実証的、客観的には、早大生の言っていることの方が正しい。

1945年8月9日、ソ連は当時有効だった日ソ中立条約に違反して、対日戦争を開始した。そして、当時、日本領であった南樺太、千島列島（ウルップ島からシュムシュ島までの18島）、北方四島を占領した。連合国は、大西洋憲章（1941年8月）とカイロ宣言（1943年11月）によって領土拡張を意図しないと宣言した。ソ連も大西洋憲章に参加し、ポツダム宣言（1945年7月）への参加を通じてカイロ宣言の原則を踏襲すると約束している。そのソ連が、北方四島はもとより、南樺太や千島列島を併合する筋合いはそもそもない。ソ連の領土拡張は、まさにスターリンの帝国主義政策によって行われたものだ。しかし、現実の歴史において、筋論がそのまま通らない事例はいくらでもある。

1951年9月8日に署名されたサンフランシスコ平和条約で、日本は国際社会に復帰した。この条約の2条c項に、「日本国は、千島列島並びに日本国が千九百五年九月五日のポーツマス条約の結果として主権を獲得した樺太の一部及びこれに近接する諸島に対するすべての権利、権原及び請求権を放棄する」とある。日本は、歴史的には日本の領土である南樺太と千島列島を放棄した。

署名の前日、日本の吉田茂全権（首相）は演説を行い、そこでこう述べた。

「千島列島および南樺太の地域は、日本が侵略によって奪取したものだとのソ連全権の主張は承服いたしかねます。日本開国の当時、千島南部の二島、択捉、国後両島が日本領であることについては、帝政ロシアもなんら異議を挿さまなかったのであります。ただ得撫以北の北千島諸島と樺太南部は、当時日露両国人の混住の地でありました。１８７５年５月７日、日露両国政府は平和的な外交交渉を通じて樺太南部は露領とし、その代償として北千島諸島は、日本領とすることに話合をつけたのであります。名は代償でありますが、事実は樺太南部を譲渡して交渉の妥結を計ったのであります。その後樺太南部は１９０５年９月５日ルーズヴェルト・アメリカ合衆国大統領の仲介によって結ばれたポーツマス平和条約で日本領となったのであります。千島列島および樺太南部は、日本降伏直後の１９４５年９月20日一方的にソ連領に収容されたのであります。また、日本の本土たる北海道の一部を構成する色丹島および歯舞諸島も終戦当時たまたま日本兵営が存在したためにソ連に占領されたままであります」

吉田首相の主張を整理すると、ポイントは3点になる。

1．千島列島と南樺太は、日本が侵略によって奪取した領土ではない。合法的に日本領となった。

2．千島列島は、南千島と北千島に分かれる。南千島は、国後島と択捉島の2島によって構成される。南千島と北千島が日本領になった経緯は異なる。

3．歯舞諸島と色丹島は、北海道の一部を構成する日本の付属諸島である。

国会においても、政府はサンフランシスコ平和条約2条c項で放棄した千島列島に国後島と択捉島が入っていることを明確にしている。1951年10月19日の衆議院平和条約及び日米安全保障条約特別委員会において、農民協同党の高倉定助議員（委員）の質疑に対して、吉田茂内閣総理大臣（国務大臣）と外務省の西村熊雄条約局長（政府委員）が以下の答弁を行っている。重要なやりとりなので議事録から正確に引用しておく。

〈○高倉委員　本会議また昨日の委員会を通じまして、いろいろと条約問題につきまして質問がなされておりますので、われわれの言わんと欲することも大方言い尽されているような次第であります。実は二十四日に大体質問をする考えでおりましたし、本日は総理もお疲れのことと思いますから、頭を冷静にされてからお聞きした方がむしろいいかと思いますので、簡潔に二、三御質問申し上げたいと思います。

まず領土の問題でありますが、過般のサンフランシスコの講和条約の第二条の（c）項によりますると、日本国は千島列島の主権の放棄を認められたのである。しかしその千島列島というものはきわめて漠然としておる。北緯二五・九度以南のいわゆる南西諸島の地域の条文におきましては、詳細に区分されておるのでありまするが、千島列島は大ざっぱではっきりしていないのであります。そこで講和条約の原文を検討する必要があります。条約の原文にはクリル・アイランド、いわゆるクリル群島と明記されておるように思いますが、このクリル・アイランドとは一体どこをさすのか、これを一応お聞きしたいと思います。

○吉田国務大臣　千島列島の件につきましては、外務省としては終戦以来研究いたして、日本の見解は米国政府に早くすでに申入れてあります。これは後に政府委員をしてお答えをいたさせますが、その範囲については多分米国政府としては日本政府の主張を入れて、いわゆる千島列島なるものの範囲もきめておろうと思います。しさいのことは政府委員から答弁いたさせます。

○西村（熊）政府委員　条約にある千島列島の範囲については、北千島と南千島の両者を含むと考えております。しかし南千島と北千島は、歴史的に見てまったくその立場が違うことは、すでに全権がサンフランシスコ会議の演説において明らかにされた通りでございます。あの見解を日本政府としてもまた今後とも堅持して行く方針であるということは、たびたびこの国会において総理から御答弁があった通りであります。

なお歯舞と色丹島が千島に含まれないことは、アメリカ外務当局も明言されました。しかしながらその点を決定するには、結局国際司法裁判所に提訴する方法しかあるまいという見解を述べられた次第であります。しかしあの見解を述べられたときはいまだ調印前でございましたので、むろんソ連も調印する場合のことを考えて説明されたと思います。今日はソ連が署名しておりませんので、第二十二条によってヘーグの司法裁判所に提訴する方途は、実際上ない次第になっております。

○高倉委員　このクリル群島と千島列島を同じように考えておられるような今のお話でありますが、これは明治八年の樺太・クリル交換条約によって決定されたものであって、その交換条約によりますと、第一條に、樺太全島はロシヤ領土として、ラペルーズ海峡をもって両国の境界とする。第二條には、クリル群島、すなわちウルップ島から占守（シュムシュ）島に至る十八の島は日本領土に属す。カムチヤッカ地方、ラパッカ岬と占守島との間なる海峡をもって両国の境とする。以下省略しますが、こういうふうになっておる。この条約は全世界に認められた国際的の公文書でありますので、外務当局がこのクリル群島というものと、千島列島というものの翻訳をどういうふうに考えておられるか、もう少し詳しく御説明を願いたいと思います。

○西村（熊）政府委員　平和条約は一九五一年九月に調印いたされたものであります。従ってこの条約にいう千島がいずれの地域をさすかという判定は、現在に立って判定すべきだと考えます。従って先刻申し上げましたように、この条約に千島とあるのは、北千島及び南千島を含む意味であると解釈しております。但し両地域について歴史的に全然違った事態にあるという政府の考え方は将来もかえませんということを御答弁申し上げた次第であります。

○高倉委員　どうも見解が違いますのでやむを得ないと思いますが、過般の講和会議においてダレス全権が、歯舞、色丹諸島は千島列島でない、従ってこれが帰属は、今日の場合国際司法裁判所に提訴する道が開かれておると演説されておるのであります。吉田全権はそのとき、千島列島に対してもう少しつっ込んだところの─歯舞と色丹は絶対に日本の領土であるとは言っておられますけれども、国際司法裁判所に提訴してやるというまでの強い御意思が発表されていなかったようでありまするが、この問題に対しまして、ただいまあるいは今後も、どういうようなお考えを持っておられるかということについてお伺いします。
○吉田国務大臣　この問題は、日本政府と総司令部の間にしばしば文書往復を重ねて来ておるので、従って米国政府としても日本政府の主張は明らかであると考えますから、サンフランシスコにおいてはあまりくどくど言わなかったのであります。しかし問題の性質は、米国政府はよく了承しておると思います。従ってまたダレス氏の演説でも特にこの千島の両島について主張があったものと思います。今後どうするかは、しばらく事態の経過を見ておもむろに考えたいと思います。これは米国との関係もありますから、この関係を調節しながら処置をいたす考えでおります。〉

外務省条約局長は、条約や協定などの国際約束について、政府の有権的解釈を行う立場にいる。西村条約局長の「条約にある千島列島の範囲については、北千島と南千島の両者を含む」と考えております」という答弁から、この時点で日本政府が、南千島、すなわち国後島と択捉島を放棄したという立場を取っていたことは、明白だ。

この事実は、今後の北方領土交渉においても重要になる。一旦、放棄した国後島と択捉島について、1956年2月11日に国会で政府統一見解を答弁し、実は放棄していなかったと、立場を変更している。この政府統一見解とは、同日行われた衆議院外務委員会における日本民主党の池田正之輔衆議院議員（委員）に対する森下國雄外務政務次官（政府委員）の国会答弁を指す。このときの議事録を引用しておく。いかに混乱した状況で、政府の見解変更がなされたかが浮き彫りになる。

〈○池田（正）委員　実は私この委員会ははなはだ不勉強で、たまたま参りまして質問を許していただきましたが、野党の諸君の御同情によりまして簡単に質問をさせていただきます。

まず私からお尋ねいたしたいことは、昨年以来のロンドンにおける日ソ交渉は、回を重ねること二十回、ここで明瞭になって参りましたことは、つまり領土の問題、この日ソ交渉の何と申しましてもポイントであり山となる領土の問題に関しまして、ソビエト側から公式に歯舞、色丹だけは返してもよろしいということを明確にして参りました。ところでけさのロンドン電報によりますと、ソビエト側はこれを返還するという言葉を使わないで、特に譲渡という言葉を使っておる。このことは、われわれ日本人として、軽く聞き流すわけには参りません。これについて一体外務当局は、譲渡という言葉を使っておるソ連の意図が那辺にあるとお考えになるか、そしてこれでいいのか、このことについて一言お尋ねいたしたいと思います。

○森下政府委員　歯舞、色丹をそういうふうに考えてはおりません。歯舞、色丹は、元来これは歴史的にもそういう何ものもないのでございます。これは北海道の一部とも考えておるのでございますから、断じてさようなことはございません。

○池田（正）委員　政府はつまり譲渡という言葉では承服できない、あくまでも日本の領土であるから、返還を要求するという建前を堅持するというふうに了解いたしてよろしいのでありますね。

○森下政府委員　さようでございます。その通りでございます。

○池田（正）委員　それならば私も了承いたします。

そこで問題は、わが日本国といたしまして、ソビエトに要求しているのは歯舞、色丹だけではなしに、南千島というものをはっきり要求しておるはずであります。しかるにソビエト側は歯舞、色丹だけ、そして南千島のいわゆる択捉、国後については、何らこれに言及しておらぬ。これに対して政府は、歯舞、色丹だけでがまんしようとするのか、南千島をも返還するのでなければがまんはできない、あくまでもこれを強硬に主張しようとするのか。私はこの際これをはっきりさせておきたい。それは何となれば、国内のいろいろの説を見ますと、いろいろな政治的な意図や、いろいろな角度から、この際は領土問題はあとにして単に国交の調整だけでよろしいのだというような説さえなされておる。従って、これに対して国民は非常に迷っておる。これを明確にするためにも、これはここで今最終的な段階に当って、歯舞、色丹だけは返してもよろしいということを正式にソビエトから回答があった以上は、これに対して日本政府としては、この際―松本（俊一）君は懸命に、これだけではいかぬということを言っておるようでありますけれども、政府としてこれに対してそれで満足するのか、これでは満足できないのか、この点の政府の決意を明確にしてほしいと思います。

○森下政府委員　お答え申し上げます。これは松本全権の主張を全面的に、かつ強力に支持するものでありますことを、ここにかたく言明いたします。

それと同時に国後、択捉につきまして、一つここでよく御説明を申しておきます。

○池田（正）委員　ちょっと待ってください。つまり今政務次官の言われるのは、南千島も当然あくまでも要求する、こういう建前に立つということなんでしょう。

○森下政府委員　さようであります。

○池田（正）委員　そこでこの南千島をわが国があくまでも要求する、政府があくまでもこれを堅持していくということについては私も同感なんです。このことについては、当然わが党にいたしましても、党のいわゆる緊急政策として天下に公表してあるところであります。同時にまた政府もこれを強く要求しておるはずなんです。しかるに一体何の根拠に立って、南千島というものをわれわれは強く主張するかということについて、残念ながら一般の国民は実は御存じない。実は驚いたことには、この院内におきまして、社会党の方々は賢明だから御存じであるかもしれませんけれども、わが党の諸君も外務委員会に御出席のこれらの方々はいずれも御存じですけれども、それらに関係のないような方々は御存じない。言論界の方々も、きょうおいでのような外交専門におあずかりになっておるような方々は御存じかもしれませんけれども、他の方々に聞いてみますと、いかなる理由に基いて、日本は南千島を要求するかということについて、これを明確に知っておる人に、私は今日まで不幸にして一人も出くわしておらぬ。（岡田委員〔引用者註＊労働者農民党の岡田春夫衆議院議員〕「根拠がないからだよ」と呼ぶ）賢明な岡田君でさえも、ただいまかようなヤジを飛ばすほど、いかにこのことが国民の間に不明確になっておるか、なぜ一体それを明確にしないか。これは私の考えるところによりますと、当然南千島というものは歴史的に日本のものである。その根拠はどこにあるかといえば、すなわち幕末、徳川末期に千島北辺が危うく、常に騒がしかった。これを何とかしなければならぬというので、詳しくは申し上げませんが、いわゆる安政元年に下田港において調印された俗にいう下田条約の第二条においてそこで初めて当時のロシヤと日本との国境というものは明確になった。このことを残念ながら世間の一般の方々は御存じない。あの下田条約の第二条によって見ますと、これは得撫から北側がソ連の領土であって、択捉から南が全部日本の領土であるということをここに明確にした（発言する者あり）。これは諸君もはっきりしたらいい。社会党の諸君もそういうふうに知らないからヤジを飛ばす。その次の条約は明治八年の樺太・千島交換条約において明確にしておる。このことは国民が御存じない方が多いのです。これは現実です。理屈でありません。こういう歴史的な事実の上に立って、従ってロシヤと日本との国境というものは得撫島と択捉島の中間であることは明確になっておる（「ロンドンに行ってやれ」と呼ぶ者あり）。このことを外務当局はなぜ一体国民に知らせない。この歴史的な事実によって―外務大臣、総理大臣の演説においても、そういう抽象的な演説によって国民に知らす努力をしていない。何というばかな……。怠慢もはなはだしいじゃないですか。そこに日本の外務省の弱体性がある。日本の外務省の役人諸君が私は無能だとは申しません。しかしながら日本の外務省の弱体は何であるか、国内情勢を知らぬからだ。君らが不勉強のためなんだ。外務省というものは何もわが党の外務省ではない、日本の外務省だ。それだからわれわれはこれを言うのだ。ここに日本の外交の弱体性がある、本質的なものがある。日本の国民はこういう問題についてどういう知識を持って、どういう感覚を持って、どういう考え方を持っておるかということに対する思いやりが諸君の中にない。これは日本の外交の最も弱体の本質的なものです。なぜこれをやらないか。外務当局はこの歴史的な事実を明確にして、国民に知らせる義務を諸君は持っておるはずだ。何という怠慢だ。外務政務次官、この点を明確にしてもらいたい。

○森下政府委員　サンフランシスコ条約は千島の範囲を決して決定してはおりませんし、これを放棄したようなことはないのでありまして（「その通り」）その点を……（「二条c項を見ろよ」と呼ぶ者あり）南千島は入っておりません。

〔「入ってないということを反証しろ、具体的に言えよ」と呼ぶ者あり〕

○前尾（繁三郎）委員長　静粛に願います。

○森下政府委員　一応それでは今の南千島の問題のそういう誤解を解くために、ここにはっきりと一つ声明をいたします。

この南千島、すなわち国後、択捉の両島は常に日本の領土であったもので、この点についてかつていささかも疑念を差しはさまれたことがなく、返還は当然であること。御承知のように国後、択捉両島の日本領土であることは、一八五五年、安政元年下田条約において、ただいまお述べになったように調印された日本国とロシヤ国通好条約によって露国からも確認されており、爾来両島に対しましては何ら領土的変更が加えられることなく終戦時に至っております。一八七五年、明治八年の樺太・千島交換条約においても、両島は交換の対象たる千島として取り扱われなかったのであります。

サンフランシスコ平和条約はソ連が参加しているものではないが、右平和条約にいう千島列島の中にも両島は含まれていないというのが政府の見解であります。同会議において吉田全権は択捉、国後両島につき特に言及を行い、千島列島及び南樺太の地域は、日本が侵略によって略取したものだとするソ連全権の主張に反論を加えた後、日本開国の当時、千島南部の二島すなわち択捉、国後両島が日本領であることについては、帝政ロシヤも何ら異議を差しはさまなかったと特に指摘しておるのであります。また連合国はこの今次戦争について領土の不拡大方針を掲げていたこと、また大西洋憲章、カイロ宣言、ヤルタ協定、ポツダム宣言はすべて過去において日本が暴力により略取した領土を返還せしめるという趣旨であり、日本国民は連合国が自国の領土的拡大を求めているものでないことを信じて疑わない。日本の固有の領土たる南千島をソ連が自国領土であると主張することは、日本国民一人として納得し得ないところであります。

この南千島は日本人の生業に欠くべからざる島であることも、これを伝えなければなりません。国後、択捉両島は北海道に接近しており、沿岸漁業の獲得高から申しましても、戦前千島列島の年十万トンに対し、この国後、択捉両島のみで年十五万トンに達していた事実等でも明らかな通り、両島は日本国民の日々の平和な生活を続けてきておったものであります。

ここにこれをかたく声明をいたす次第でございます。

○池田（正）委員　最後に、ただいまの御答弁でやや明確になってきましたが、実はそれだけでは私あまり感心しないのであります。ということは、つまり樺太・千島交換条約の際における条文の内容等についても、もう少し詳細に説明すべきだと私は思う。それはたとえば第二款に、この条約の中にははっきり書いてある。これは日本全権は榎本武揚、ソビエトの全権はアレキサンドル・ゴルチャコフ、この両全権によって調印された。この内容を見ますと、クーリール列島上に存する両者の権利を互いに相交換する、こういうことを書いてある。そういったことから、もう少し詳細にいくべきで、ここに第二款には千島列島のことを、第一占守島から第二阿頼度島というふうに、第十八得撫島とも計十八島の権利、こういうふうに明確に書いてある。こういうことをもっと詳細に国民にわかるように、外務当局はこれを知らす必要がある。そういうことを諸君はやってない。それから今の千島という概念、これはどこからきておるか。なるほど明治以後の行政区画として、今の歯舞、色丹だけは北海道という行政区域に便宜上入れた。南千島のこの二島は、便宜上千島という行政区画に入れたというところに社会党の諸君などは錯覚を起している。そういうところに誤解の根源があったように思う。従って南千島と北千島と同じじゃないかという概念を国民が抱いておる。日本の国民にそういう考えを抱かしめておいて、そうしてソビエトに向ってそれをよこせ、返還せよ、これは無理なんだ。そういう感覚で諸君が外交をやったんでは外交が成功するはずがない。いやしくもわが党は、南千島を断じて要求する、一歩も譲らぬということを天下に声明しておる。それに従って政府もそれを声明しておるはずでありますから、あくまでもこれを堅持して、どこまでも一歩も下らぬという態度をもって今後臨まれんことを私は切に希望いたしまして、私の質問を打ち切りたいと思います。〉

ここで森下外務政務次官が述べた政府統一見解が、サンフランシスコ平和条約で日本は、国後島と択捉島を放棄していないという新しい物語なのである。政府が作った物語が、国民に定着する場合もあれば、そうでないこともある。歯舞諸島、色丹島、国後島、択捉島の北方四島が、わが国固有の領土であるという物語を日本国民は信じて今日まで来た。そして、この物語は、当初から日本政府が四島返還を要求していたという神話に転化したのだ。

話を早大生と初老の男性の論争に戻す。

「あんたはロスケがどういう連中かわかっていない。あいつらは日ソ中立条約を侵犯して日本に襲いかかってきたんだ。しかも、日本の敗戦が確実なときに、火事場泥棒のようにやってきた。あんたは、戦争を知らないから悠長なことを言っているが、満州や樺太で邦人がロスケどもにどんな目に遭わされたかをよく考えてみなさい」

「それはわかっているつもりです。ソ連が酷いことをしたのは確かですが、日本が満州国で行っていた植民地支配も褒められたものではないと思います」

「いや、日本がやったこととソ連がやったことは本質的に異なる」

再び初老の男性の声が大きくなり始めた。

「そうでしょうか。戦争では双方に言い分があると思います。ソ連は連合国の一員でした。当時は冷戦が始まっていなかった。アメリカとイギリスがソ連に対日開戦を促した事実も考慮しないと、歴史を客観的に見ることはできないと思います」

「ロスケは、平気で歴史を捏造する。あいつらに客観的な議論を求めても時間の無駄だ。ロスケは力しか信じていない」

「さっきから気になっていることがあるんですが、言ってもいいですか。ロスケという言い方はやめた方がいいと思います。ロシア人かソ連人と言うべきです。侮辱的な言葉を使うべきではありません」

「なに！　ロスケはロスケだ」

再び初老の男性が怒り出した。

ここで、篠原さんが割って入った。

「ロシア人にロスケと言っても別に怒らないよ。侮辱されたとも思わない。その辺、あいつらは鷹揚だ。ロシア語で、ロシア人は『ルスキー』なんで、幕末から明治初期の日本人には露助と聞こえたんだろう。君はロシア語を勉強して、ソ連関係の仕事に就こうと考えているんだから、あまり細かいことを気にしない方がいい」

「わかりました」と早大生は答えた。

今度は、初老の男性の方を向いて、篠原さんはこう言った。

「俺だって、シベリアで経験したことを、一日たりとも忘れたことはないよ。俺たち抑留者は、日本の中で誰よりもソ連のことを知っている。あいつらは俺たちを闇討ちしてきた。しかし、俺たちは負けた。それは、厳粛な事実だ。そのことは認めるだろう」

初老の男性は頷いて、「認めます」と小さな声で答えた。

篠原さんの前で、この初老の男性はおとなしい。関東軍時代、篠原さんが将校で、初老の男性は下士官か兵卒だったのではないかと僕は思った。中華レストランにいる「日ソ友の会」の関係者全員が篠原さんが次に何を言うかと耳を傾けている。

「ソ連は、当時よりも強くなっている。そのソ連と正面から対峙するのは愚かなことだ。アメリカとソ連の喧嘩でアメリカの肩を持つ必要はない。ソ連について、善いとか悪いとか言う前に、まず日本人はソ連という国について、ロシア人、ウクライナ人、ウズベク人などの民族性について、よく知らなくてはいけない。また、ソ連人に日本と日本人のことをよく知らせなくてはならない。そうして、日ソ両国が戦争をしないような状態を作る。それが何よりも重要だ。そうすれば、北方領土も日本に還ってくる」

「北方領土返還をソ連に要求する必要があるのでしょうか。別に北方領土はそのままでも日ソ善隣関係は構築できるのではないでしょうか」と早大生が尋ねた。

篠原さんは、「それはダメだ。北方領土返還要求は絶対に下ろしたらいけない」と強い調子で言った。篠原さんは、日ソ友好運動を本気で進めようとしている。それにもかかわらず、どうして北方領土問題に拘(こだわ)るのだろうか。僕にはよくわからなくなってきた。

32

篠原さんは、早大生の方を向いて、「国家としても、民族としても、絶対に失ってはいけない矜持(きょうじ)がある。あの戦争で、日本はソ連に敗れた。これは厳然たる事実だ。この事実は認めなくてはならない。この点については君にも異存はないね」と念を押した。早大生は頷いた。篠原さんは話を続ける。

「ソ連は日ソ中立条約を侵犯して、日本に戦争を仕掛けた。その意味で、日本は侵略された側だ。この点では日本の主張が正しい。しかし、歴史は生き物だ。日本の正義が常に通用す

ると は限らない。ソ連には対日戦争を始めたソ連なりの理屈がある。ソ連は、決して無法者ではない。日本よりは国際法を遵守する」

「日本は国際法を遵守しないのですか」と思わず僕は口にした。

「そうだ」と篠原さんは答えて、話を続けた。

「昔の日本は国際法を無視することがよくあった。所詮、国際法なんていうものは英米の白人どもが作った一方的な規則なので、力があれば、国際法の規定など守らなくてもいいと思っていた。だから、満州でも731部隊のような人体実験を平気で行った。私も部下に対して、スパイ容疑で無辜の住民の殺害を命じたことがある。これに対して、ロシア人は、独自の理屈を組み立てて国際法的な正当性を主張する。ソ連が強調しているのは、連合国の一員として、アメリカとイギリスの要請に従って対日戦争に踏み切ったということだ。もし、ポツダム宣言を日本政府が直ちに受け入れていたら、ソ連は参戦する口実を失っていた」

ポツダム宣言が発表されたのは7月26日で、日本政府が受諾を通告したのが8月14日だ。その間の8月8日にソ連は日本に宣戦布告をした。確かに篠原さんの言うとおりだ。

「それから、国連憲章の対敵国条項もある」

そう言って、篠原さんは国連憲章について、こう説明した。アメリカやソ連が国連憲章に署名したのは、日本が降伏する前の1945年6月26日だ。そこには、こんな規定がある。

〈第107条

この憲章のいかなる規定も、第二次世界大戦中にこの憲章の署名国の敵であった国に関する行動でその行動について責任を有する政府がこの戦争の結果としてとり又は許可したものを無効にし、又は排除するものではない。〉

日本は、まさにこの規定にあてはまる敵国だったのだ。だから、日本に対するソ連の攻撃は国連憲章によって是認されるという解釈も可能だ。ソ連は8月15日を終戦記念日と認めない。1945年9月2日に東京湾上に停泊した米戦艦ミズーリ号で日本政府の全権代表団が連合国に対する降伏文書に調印するまで、戦闘は続いていたと主張する。ちなみにこの日、スターリンはラジオでソ連国民にこう呼びかけた。

〈1904年の日露戦争でのロシア軍隊の敗北は国民の意識に重苦しい思い出をのこした。この敗北はわが国に汚点を印した。わが国民は、日本が粉砕され、汚点が一掃される日がくることを信じ、そして待っていた。40年間、われわれ古い世代のものはこの日を待っていた。そして、ここにその日はおとずれた。きょう、日本は敗北を認め、無条件降伏文書に署名した。

このことは、南樺太と千島列島がソ連邦にうつり、そして今後はこれがソ連邦を大洋から切りはなす手段、わが極東にたいする日本の攻撃基地としてではなくて、わがソ連邦を大洋と直接にむすびつける手段、日本の侵略からわが国を防衛する基地として役だつようになるということを意味している。〉（独立行政法人北方領土問題対策協会ウェブサイト）

要するに日露戦争の復讐をしたということだ。今は東西冷戦で、ソ連と英米が激しく対立している。しかし、歴史的にソ連と英米が連合国であったということを忘れてはいけない。

そして、最後に篠原さんはこう言った。

「国連は、英語のUnited Nationsの意訳だ。この言葉を素直に訳せば連合国になる。ポツダム宣言を発した連合国と現在の国連は連続している。そのことを隠したいので、外務省は国際連合という意訳をあえて行ったんだ」

僕は、篠原さんが、スターリンの演説や国連憲章をそらんじているのを目の当たりにして、その記憶力に驚いた。

「なんで、いろいろなことをそんなによく覚えているのですか」と僕は尋ねた。

「そもそも記憶力が良くないと将校にはなれない。それから、シベリアの監獄では、筆記用具が何も与えられなかった。そういう環境で生き残るためには記憶力だけが頼りになる。必要に迫られれば記憶力はいくらでも伸びるよ」と言って笑った。

そして、篠原さんは、元シベリア抑留者の初老の男性と早大生の双方を優しい目で見てこう言った。

「ソ連のことをめぐって、日本人が内輪揉めをしても仕方がない。そんなことをしたら、あいつらに付け込まれるだけだ。確かにシベリアで俺たちは酷い目に遭わされた。どうしてそんなことになったんだろうか。日本が国策を誤ったからだ。こんな過ちを二度とくり返してはいけない。ソ連とは絶対に戦争をしてはいけない。しかし、日本国家、日本民族としての矜持も絶対に失ってはならない。北方領土について、歴史的な議論や国際法的な論争は、実のところ意味はない。最後は日本人の意志だ。日本人があの4つの島を日本領であると思い、返還を強く願っているならば、島は必ず還ってくる。ただし、実際に島が還ってくるまでには時間がかかる」

「東西冷戦構造があって、北方領土が日本に返還されると、アメリカの基地がそこに作られるからでしょうか」

「それが大きな理由だ。それから、日本政府も本気で北方領土交渉をしていない」

「どういうことでしょうか」と僕は尋ねた。

「日本政府がその気になれば、歯舞諸島と色丹島の返還で善隣友好条約を結ぶことは可能なはずだ。国後島と択捉島の問題は後回しにする。そうすればソ連も交渉に乗ってくる」

「僕もそう思います。日本政府は、なぜそのような方針を取らないのでしょうか」と早大生が尋ねた。

「たとえ歯舞諸島と色丹島の二島だけでも日本に返還されれば、日ソ関係は劇的に変化する。文化協定も結ばれて、日本からも多くの学生がソ連に留学するようになる。また、ビジネスも飛躍的に拡大する。そうなれば、日本国民の対ソ感情も変化する。ソ連に対して好感情を持つ人が増える。もともとソ連人の対日感情はいい。そうなると、日ソ関係が草の根から改善する」

「いい話じゃないですか」と早大生が言った。

「しかし、日本政府、特に外務省はそう考えていない。日本人の対ソ感情が改善すると、国内の共産勢力が拡大すると恐れている。それとともに日米関係が悪化することを恐れている」

「日ソ関係が改善すると日米関係が悪化するのでしょうか」と僕は尋ねた。

「東西冷戦が続いている限り、日ソ関係の改善は日米関係の悪化につながることは避けられない。それから、中ソ対立が深刻な現状では、日中関係も悪化する。日本政府は、アメリカと中国と手を組んで、ソ連に対抗しようとしている。その状況で日ソ関係が劇的に改善することは考えがたい」

「それは正しい政策なのでしょうか」と早大生が尋ねた。

「正しいとか、間違っているとかいう疑問は、外交問題についてはあまり意味を持たないかもしれない」と言って、篠原さんは少し考え込んだ。

「意味を持たないならば、どうすればいいんでしょうか」と早大生が尋ねた。

「だから、『日ソ友の会』のような、政治とからまない友好運動が重要だと私は考えている。ソ連について知ること、ロシア人と親しくなることはとても重要だ。しかし、あの国にかぶれたらいけない。共産主義はまやかしの思想だ。マルクス主義をいくら勉強してもロシアのことはわからない。ロシア帝国とソ連は本質的に変化していない。あれだけ広大な国家を維持するためにはイデオロギーが不可欠だ。ロシア帝国時代は、その役割をロシア正教が果たしていた。今は共産主義が果たしている。その差はたいしたことではない。ロシア国家の本質は、些かも変化していない。そのことがわかっている日本人があまりに少ない。私は、若い世代の人たちにイデオロギーにとらわれず、ソ連を理解してほしいと思っている。だから、『日ソ友の会』では、文化交流とロシア語の学習に力を入れようと思っている。幸い、モスクワ放送局日本課のレービン課長もこの方針を理解しているので、これから今までにないユニークな日ソ友好運動ができるんじゃないかと思っている」

「将来的には何をしたいと思っているのですか」と早大生が尋ねた。

「ロシア語が上手でソ連事情に通じた人が、外交官や商社員、新聞記者になって日ソ関係の最前線で働いてもらいたいと願っている。特に日ソ間の協力でシベリア開発が本格化すれば、日本の国際的地位が著しく向上する。中東の石油に依存しなくて済むようになる。そして、あのアメリカから押しつけられた憲法を破棄して、自主国防体制も構築することができる」と篠原さんは説明した。

元シベリア抑留者の男性は、「篠原さんが日本を真の独立国家にするという想いを強く持っていることに私も共鳴しているのです。そうして、是非、北方領土を取り戻してほしいんです」と訴えた。

篠原さんは、「北方領土は必ず取り戻す。しかし、それには時間がかかる」と答えた。

初老の男性は、「家が遠いのでそろそろ帰ります」と言って、辞去した。早大生との諍いで場の雰囲気が悪くなったことに責任を感じたのだろう。早大生も、「明日の宿題を処理しなくてはならないので、お先に失礼します」と言って帰った。篠原さんは二人を引き留めなかった。

「少し賑やかだったが、さあ、テーブルに戻って飲み直そう」と篠原さんは言った。

テーブルに載っていた白菜のクリーム煮、小海老のチリソース和え、アワビと野菜の炒め物は冷えていた。

「冷たい中華料理はおいしくない。でも、もったいないから食べよう」と言って、料理を小皿に取り分けた。

老酒を2〜3杯、立て続けに飲んだので、篠原さんの顔が赤くなった。

「2人のやりとりについて、佐藤君はどう思うか」と篠原さんは尋ねた。

「早大生の言っていることの方が理屈が通っていると思います。ただし、戦争を経験した年輩の人にはもっとていねいに接するべきだと思います」

「佐藤君の言うとおりだ。シベリア抑留者は、ソ連に対して複雑な想いを抱いている。収容所生活は特異な経験だ。ロシア人だけでなく、日本人の本性も見える。シベリア抑留者で、ソ連体制を礼賛するようになった人もたくさんいる」

「洗脳の効果があったということですか」

「洗脳というよりも、人間は環境に順応しやすい動物だということだ。だから生き残ってくることができた。あのシベリアの収容所で、最初は生き残るためにソ連当局に迎合した。しかし、最初は迎合であったのが、途中から本気になる。それまでにかかる時間は、それほど長くない」

「どれくらいですか」

「3カ月もあれば十分だ。立派なアクチブになる」

「アクチブ？」

「共産主義を信奉する活動家のことだ。しかし、ソ連人は短期間でアクチブになった日本人を信用しない」

「どうしてですか」

「短期間で思想が変わる人は、環境が変われば、また短期間で別の思想を持つようになるからだ」

篠原さんの言うことは確かに合理的だと思った。

「しかし、シベリアでアクチブになって、その後、日本で共産党員になった人もかなりいるんじゃないでしょうか」

「確かにそういう人もいたけれど、数は少ない。また、しばらくすると共産党から離れてしまった。思想が何度も変わることは、人生にとても否定的な影響を与える。自分で自分を信じられなくなってしまう」

「どういうことでしょうか」

「日本人は思想に関して鈍感だ。だから、天皇制神話のようなものを本気で信じ込んでいた。もっとも陸軍の情報将校では、神憑り（かみがか）り的な皇国神話を信じていた人は少ない」

「信じているふりをしていたということですか」

「そうだ。現在のソ連共産党幹部がマルクス主義を信じているふりをしているのと同じだ。しかし、皇国思想を心の底から信じていた若い兵隊、下士官、将校もいた。敗戦という現実に直面して、この人たちには心の空白が生じた。それから、ソ連軍は、われわれが考えていたよりも圧倒的に強かった。ソ連軍の捕虜になったとき、誰もがしばらくすれば日本に帰ることができると考えた。しかし、われわれが連れていかれたのはシベリアの収容所だった。そこで強制労働をさせられた。人間には、卑しい心理がある。圧倒的な権力者の前では、不当なことをされればされるほど、相手に迎合する傾向がある。皇国神話に取り憑かれていた将兵ほど、共産主義思想に引き寄せられた。そして、天皇の代わりにスターリンを崇拝するようになった」

「崇拝ですか」

「文字どおり崇拝していた。もっとも独ソ戦に勝利したのはスターリンの指導によるものだったということで、当時は普通のロシア人もスターリンを崇拝していた。そしてアクチブが共産主義に転向しない将校に対する激しい批判を展開した」

「篠原さんも批判されたのですか」

「共産主義にかぶれなかったし、スターリンのことも崇拝しなかったので、批判された。日下も相当、攻撃された。しかし、私たちはスパイ容疑で一般の抑留者とは別の監獄に収容されたので、リンチに遭うようなことにはならなかった」

「そういう経験をして、ソ連を嫌いにならないのですか」

「ソ連については、好きとか嫌いとか言っていられない。それは、ソ連が日本の隣国だからだ。個人ならば、隣に嫌な人がいれば、引っ越すという選択肢がある。しかし、国家の場合、引っ越すことはできない。だから、日本は、ソ連、中国、韓国、北朝鮮とは仲良くしていかなくてはならない。そのためには、こういう隣国を良く知った専門家を育成していかなくてはならない。外国の専門家になるには外国語の知識が不可欠だ。日本人にとって朝鮮語は文法や単語も共通している部分が多いので、習得するのにそれほど時間はかからない」

「朝鮮語は日本語に近いのですか」

「近い。朝鮮総督府の日本人職員で、短期間で朝鮮語を習得した人はたくさんいる。今でも警視庁の外事課や公安調査庁には朝鮮語に堪能な専門家が少なからずいる」

警察や公安調査庁に朝鮮語に堪能な人がいるという話は初めて聞いた。それだけ真剣に在日朝鮮人や在日韓国人を監視の対象にしているということなのだろう。

「ロシア語の専門家は少ないのですか」と僕は尋ねた。

「日本人にとってロシア語はかなり難しい外国語だ。日常会話をこなし、辞書を引きながら新聞を読むことができるレベルの専門家ならかなりいる。しかし、そのレベルのロシア語力でソ連共産党中央委員会やソ連科学アカデミーのエリートと付き合うことはできない。難解な書物を辞書を引かずに読むことができ、ロシア人と文学や思想の話をするとともに、汚い言葉を使って罵り合いができるレベルのロシア語力を持った専門家となるとほとんどいなくなる。日下はそういう能力がある専門家だ。日下レベルの専門家をもっとたくさん作らなくてはならない」

「どうすればそういう専門家ができるのでしょうか」

「若い頃からソ連やロシア人に関心を持つ人が増えれば、そこから将来、高度な能力を持った ロシア専門家が生まれる。佐藤君だって、そういう専門家になるんじゃないかと私は期待している」と篠原さんは僕の目を見つめて言った。

「英語の勉強だけでも四苦八苦している僕にロシア語をマスターすることなんてできないと思います」

「しかし、佐藤君が早稲田大学高等学院を受けたのは、高校時代からロシア語を勉強したいと思ったからだろう」

「そうです」

「それから、大学でもロシア語を専攻しようと思っている」

「どの学部に進むかは決めていませんが、第二外国語ではロシア語を選択しようと思っています」

「私としては、法学部に進むのがいちばんいいと思う」

「どうしてでしょうか」

「国家も経済も法の枠組みで運営されているからだ。法的な知識を身につけていると、社会に出てからあらゆる分野で応用がきく」

「僕は法律よりも哲学を勉強したいと思っています。だから文学部に進みたいと思っています」

「哲学の勉強は法学部に進んでもできるよ。法学部でも法哲学や法思想史の講座が開設されている。それに一般教養で哲学を勉強すれば、その先は独学で十分勉強ができる。法学部を出て、国家公務員試験や司法試験に合格すると将来、活躍できる幅が広がる。外交官試験だってある」

「あまりイメージが湧きません。前にもお話ししましたが、僕は将来、中学校の英語教師になりたいと思っています」

「多分、そうはならないよ。私は過去にいろいろな若者を見ているので、佐藤君の将来についても、だいたいの方向性は予測することができる。ただし、確実に言えるのは、佐藤君が将来、中学校の教師になる可能性はないということ」

「どうしてそう思うのでしょうか」

「高校1年生の夏休みにソ連、東欧に一人旅をするような少年が、将来、中学校の教師になることはない。佐藤君は、自分では認めたくないだろうが、大きな野心を持っている」
「野心なんかないと思います」
「いや、ある。ただ、普通の若者が抱く立身出世や発明家になりたいという類とは異なる野心だ」
そう言って、篠原さんは笑った。

時間にすれば、わずか10分くらいだったと思う。ホテル・メトロポールのレストランの窓際の席で、ボリショイ劇場を見ながら、キャビアとイクラにパンケーキ、魚の盛り合わせ、キュウリと赤カブの生野菜が出てくるのを待つ間、僕は「日ソ友の会」のことを思い出していた。

キャビアとパンケーキ、サーモンとスモークしたアセトリーナ（チョウザメ）は絶品だった。キュウリと赤カブには、ドレッシングもマヨネーズもついていない。周囲の客を見ていると、塩を振って食べているので、僕も真似をしてみた。ソ連の塩は岩塩で、粒が大きい。独自の風味がある。これが生野菜ととても合う。

シャシリクもすぐに来た。ウエイターが上手に串を抜いてくれた。ウエイターは肉の上に赤いソースをかけた。トマトをベースにした少し辛いソースだ。子羊の肉も軟らかくておいしい。ソ連旅行記で、モスクワのレストランはサービスが最低で、食事も不味く、特に肉は硬くて嚙み切れないという話をいくつか読んだが、僕の経験とはまったく異なる。ソ連のレストランで食べた料理はいずれもおいしく、ウエイターやウエイトレスのサービスも良い。「百聞は一見にしかず」というのはこのことだと思った。

シャシリクを食べてお腹がいっぱいになったので、アイスクリームとコーヒーは飛ばすことにした。

時計を見るとインツーリストのガイドがやってくる午後2時までにはまだ1時間ある。部屋に戻って、両親と妹に手紙を書くことにした。手紙には、「ソ連人は親切で、食べ物もおいしい。日本で聞いていたのと、実態はだいぶ異なる」と書いた。

午後2時に1階のロビーに降りて、インツーリストのカウンターに向かおうとすると「ミスター・マサル・サトウ？」と英語で声をかけられた。30歳くらいの赤毛の女性で、胸に「INTOURIST」と書かれた大きなバッジをつけている。

「イエス・アイ・アム」と僕は答えた。

「インツーリストのガイドのターニャです。本日、市内観光にお供させていただきます」と流暢な英語で話しかけてきた。

「僕は英語が苦手なので、ゆっくり話してください」と言うとターニャは「私は早口なので失礼しました。ゆっくり話すようにしますが、聞き取れなかったら、いつでも聞き直してください」と言った。

「モスクワは初めてですか」とターニャが尋ねた。

「はい。初めてです」

「それでは、クレムリンを御案内します。それでよろしいでしょうか」

「実はクレムリンよりも先に行きたい場所があります」と僕が言うと、ターニャは怪訝そうな顔をした。そこでアタッシェケースから、オフシャニコフさんから貰った名刺を取り出して、彼女に渡し、「モスクワ放送局の日本課に行きたいです」と頼んだ。

「ゴステレラジオ（ソ連国家テレビ・ラジオ委員会）ですと、オスタンキノのテレビ塔になりますか」とターニャが尋ねた。

「テレビ塔とは別の場所だと聞いています。インツーリストに相談すれば、場所を探してくれると言われました」と僕は答えた。

ターニャは、「電話をしてみます。ちょっと待っててください」と言って、ホテルのカウンターに行って、電話を借りた。10分くらい話した後、ターニャはこちらに戻ってきた。

「ミスター・サトウが来られるということについては、東京から連絡がいっています。ただし、今日は責任者が不在なので、明日の午後1時半に白ロシア（ベロロシア）駅そばの事務所に来てほしいと言っています。明日、担当するガイドに申し送っておきます。それとともに車を手配しておきます」

ターニャはてきぱきした性格のようだ。

「それでは、クレムリンの観光をしましょう。借り上げ車がついていますが、クレムリン内部には車は入れません。車に乗る距離は200メートルくらいしかありませんが、どうしますか。徒歩でもいいでしょうか」

「構いません」

2人でホテル・メトロポールの玄関から外に出た。

「ここが革命広場です。あそこにMという表示があるのが地下鉄です。今日は時間的な余裕がありませんが、地下鉄も観光の対象として興味深いです。関心があれば、明日のガイドに言ってください。ていねいに案内してくれるはずです」

「わかりました。明日、お願いします」

「これから『赤の広場』を案内します」

「『赤の広場』には、さっき1人で行きました。レーニン廟での衛兵の交替も見ました」

「それでは、クレムリンの中に入って、『鐘の皇帝』と『大砲の皇帝』を見ましょう」とターニャは言った。

第七章　モスクワ放送局

33

ターニャは、かなり早足で「赤の広場」を歩いていった。僕は小走りでついていった。ホテル・メトロポール側から「赤の広場」に入ったが、広場の真ん中にあるレーニン廟手前にある塔の前でターニャは止まった。

「これがトロイツカヤ塔です。ここからクレムリンの中庭に入ります。クレムリンの意味を御存じですか」

「はい。ロシア語で城壁という意味ですね」

「そうです。もともとここは要塞でした。だから、見張りのための塔があります」

僕は塔を見上げた。高い。塔の上には赤い星がついている。

「赤い星がついていますね」と僕は尋ねた。

「そうです。この赤い星は、１９３７年に取りつけられました」

「ずいぶん遅いんですね」

「ロシア革命20周年を記念してつけられたのです。それまでは、帝政ロシアのロマノフ王家の家紋であった鷲の像がつけられていました」とターニャは説明した。

「クレムリンにあるすべての塔に赤い星がついているのですか」と僕は尋ねた。

「すべてではありません。クレムリンの壁には18の塔があります。そのうち、このトロイツカヤ塔の他にスパスカヤ塔、ニコリスカヤ塔、ボドブズボドナヤ塔、ボロビツカヤ塔の5つの上に赤い星がついています」

「この赤い星は、ルビーで作られたという話を聞いたことがあるんですが、ほんとうですか」

「昔はそうでしたが、現在はガラスです。直径3メートルの星です」

ターニャは少し淋しそうな表情をして答えた。

「あなたは、確かモスクワ放送をよく聞いていますね」

「はい。モスクワ放送の日本語放送を、ほぼ毎日、聞いています」

「毎時00分に時報が流れますよね。そのときに鐘の音が鳴る」

僕は頷いた。

「それはスパスカヤ塔の鐘の音を録音したものです」

「スパスカヤ塔はどこにありますか」

「レーニン廟の先です。赤の広場に面しています。時計がついている塔です」

「さっき、赤の広場を散歩したときに見ました」

「それでは中に入りましょう」と言って、ターニャが早足でトロイツカヤ塔をくぐってクレムリンの中庭に入った。

外界とは異なる昔の街が現れた。左側に黄土色の壁の建物がある。建物の周辺にミリツィア（民警）が何人も立って厳重に警備をしている。その前に、リムジンが数台停まっている。僕が興味深そうにこの建物を見ていると、ターニャが「ここでコスイギン首相が仕事をしています。ここはソ連閣僚会議（政府）の建物です」と言った。

「ブレジネフ書記長もここにいるのですか」と僕が尋ねると、ターニャは「いいえ。ブレジネフは、別の場所で仕事をしています。ソ連共産党中央委員会は、クレムリンとは別の場所にあります」と答えた。そして、ターニャはこの建物について説明を続けた。

「この建物は、18世紀、正確には1776年から1788年にかけて元老院として建てられました。かつて、レーニンもここで執務していました。ソ連政府の中枢なので、観光客が立ち入ることはできません。それでは右の建物を見てください。武器庫です。内部は博物館になっています。この壁に沿って大砲が並べてあるのが見えますか」

「はい」

「これは、1812年のナポレオン戦争のとき、ロシア軍が捕獲したものです」

ソ連では、帝政ロシアの歴史遺産については否定的な評価をしていると思っていたが、どうもそうではないようだ。ターニャは、ナポレオン軍から捕獲した大砲について、明らかに自慢している。

「ナポレオン戦争は、ロシアにとってどのような意味を持ちますか」

「とても重要な意味を持ちます。あの戦争に負けたら、ロシアという国はなくなってしまったかもしれません。国家と国民が一丸となって西欧諸国によって構成された侵略軍と戦いました。ロシア語では、ナポレオン戦争のことを祖国戦争と呼びます。それに対して、第二次世界大戦を大祖国戦争と呼びます」

ソ連人にとって、第二次世界大戦は、ナポレオン戦争の拡大版ということらしい。

僕はターニャの後についていった。右側に近代的な真四角のビルが見える。

「新しそうな建物ですが、これは何ですか」

「クレムリン大会宮殿です」

「大会宮殿？　何の会議のために建てられたのですか」

「5年に一度行われるソ連共産党大会のためです。1959年から1961年にかけて建設工事が行われました。大会議場には6000人を収容することができます。オペラやバレエがここで上演されることもあります」

「中を見ることはできますか」

「今日はできません。ただし、オペラやバレエのときならば、外国人の観光客も入場できます」

クレムリンの内部には、さまざまな入場規制があるようだ。クレムリン大会宮殿の向かいには、教会が密集している。

「この教会は現在も活動しているのですか」

「いいえ。現在は歴史遺産として保存されています」

「キエフでは、実際に活動している教会を見ました」

「モスクワにもそういう教会はあります」

「訪問することは可能ですか」

「勿論です。後でレーニン丘に行きますが、そのそばにいまも活動している教会があるので、そこを訪れましょう。ところで、ここにある教会の全部を訪れますか。似たものばかりなので、すべてを訪れると退屈と思います」

「ターニャさんにお委せします」

「それでは、ウスペンスキー聖堂に行きましょう」

そう言ってターニャは僕を白色の建物に案内した。

「この場所には大昔から教会がありました。一番最初の教会は14世紀前半に建ちました。しかし、その後、何回か建て直されました。現在の教会は1479年に完成したものです。皇族がこの教会で結婚式を挙げました。皇帝の戴冠式もここで行われました。1547年にはイワン雷帝の戴冠式が行われました。イワン雷帝は、ロシアの基礎固めをして、1682年にはピョートル大帝は国家発展のために尽力し、大きな業績を残しました」

ソ連政権は、ロマノフ王朝の最後の皇帝であったニコライ2世一家を銃殺した。モスクワのプログレス出版所から出ている日本語版の『ソ連共産党小史』でも、帝政を厳しく批判している。だから、かつてのロシア皇帝については否定的に評価しているかと思ったら、どうもそうではないようだ。そもそも本気で共産主義社会を建設しようとするならば、階級支配の負の遺産であるクレムリンなどは、更地にしてそこに大会宮殿のような新しい建物を造るはずだ。日本で僕たちが考えているよりも、帝政ロシアと社会主義ソ連の連続性は高いようだ。

僕たちはウスペンスキー聖堂の前の広場を横切って、反対側にある教会の脇道を抜けて外に出た。そこには巨大な大砲があった。

「これが大砲の皇帝です。1586年に造られた大砲で、口径が890ミリメートル、重量は40トンあります。当時、世界最大の口径を持った大砲でした。しかし、あまりに巨大すぎたので、実際には弾を撃つことができませんでした」

「なんでこんな無駄なものを造ったのですか」

「よくわかりません。恐らく世界でいちばん大きな大砲を造ってみたかったんだと思います。ロシア人には、どの分野でもいちばん大きなものを造ってみたいという子どもじみたところがあります。もっとも、一度も使われたことがないのですから、これほど平和的な大砲はありません」

そう言われてみると、確かにそうだ。大砲の前には巨大な砲弾が3つ置かれている。

「さあ、もう一つ、役に立たないものをお見せします」と言ってターニャは僕を案内した。地上に大きな鐘が置かれている。

「この鐘は高さが6メートルあります。1733年から2年かけてクレムリン内の鋳造所で造られました。直径が6・6メートル、重さは200トン以上になります」

「そんなに重い鐘を鐘楼に吊ることができるのでしょうか」

「鐘楼に吊る前に、持ち上げることすらできませんでした。だから、鋳造した穴の中にそのまま置いておかざるを得ませんでした」

「どうするつもりだったんでしょうか」

「そのうち、何とか工夫して吊り上げることができると考えたのでしょう。しかし、173

7年にモスクワに大火事が起こりました。その時、あわててたいせつな鐘を冷やすために水をかけました。そうしたら一部が欠けてしまい、もはや鐘としては機能しなくなってしまいました」

「その頃は、穴の中にあったということですが、今は台座の上にのっていますよね。穴から持ち上げることができたのですか」

「1836年になってようやく穴の中から引き上げることに成功しました。そして、石の台座の上に置かれました」

鐘の皇帝や大砲の皇帝といった、いわば失敗作を展示して、誇るというロシア人の心理は実に不思議だ。

「それでは、外に出ましょう」

僕たちは、スパスカヤ塔から赤の広場に出た。ミーニンとポジャルスキーの像と聖ワシーリー寺院の説明をターニャが始めたので、僕は「それについては日本語のガイドブックで既に読んでいるので、詳しく説明するには及びません」と言った。ターニャは、嫌な顔をせずに、「時間の節約になるのでいいことです。観光は3時間コースになっています。既に1時間経ちました。残り2時間をどのように使うかについて相談しましょう」と言った。

「行きたいところは、先程伝えたモスクワ放送局以外にはありません」

「そうですね。私からは2つの案を提案します。第1案は、歴史博物館を見学して、その後、レーニン丘に行くというコースです。第2案は、グム（国営百貨店）を視察した後で、レーニン丘に行くというコースです。いずれの場合もレーニン丘にはホテルに一度戻って車に乗っていきます」

「どちらが思い出に残るだろうか。博物館も興味深いが、ソ連のデパートで何を売っているかも見てみたい。グムでお土産を買うことはできますか」と僕は尋ねた。

「もちろんできますが、ベリョースカ（ロシア語で白樺の意味、外貨ショップ）の方が品揃えもいいですし、値段も安いです」とターニャは答えた。

「外貨ショップの方が高いと思いました」

「ソ連製品については、ベリョースカでは大幅な値引きをしています。なにか具体的にお土産に買いたい物があるのですか」

「レコード、チョコレート、腕時計にカメラを買いたいと思います」

「腕時計やカメラは日本製の方がはるかに品質が良いのではないですか。日本人旅行者でソ連製の腕時計やカメラを欲しがる人はほとんどいないと思います」

「ブダペシュトでソ連製の腕時計を買いましたが、デザインもよく正確なので気に入りました」

「自動巻きじゃないでしょう」

「手動です。とても気に入りました。だから日本の友人にも土産に買っていきたいと思います」

「そうですか」とターニャは、首をひねった。

「それから、ソ連製のカメラも是非買いたいと思います。グムでカメラは売っているでしょうか」

「恐らく売っていると思います。ただし、ベリョースカなら半額以下です。いずれにせよ、あまりお勧めしません」

「チョコレートはどうですか」

「ソ連製のチョコレートは悪くないと思います。これもベリョースカの方が品揃えも多く、値段も安いです」

　どうもターニャは、僕にグムではなくベリョースカで買い物をさせたいようだ。外国人観光客がグムや一般の商店で買い物をすることを歓迎していないような雰囲気が漂っている。

「レコードはベリョースカにありますか」

「どういうジャンルの音楽に関心がありますか」

「ソビエト・ポップスです」

「例えば、どういうバンドですか」

「サモツベーティ（ロシア語で宝石の意味）です」

サモツベーティは、ソ連の人気バンドで、「私の住所はソ連邦」が、モスクワ放送でもよく流れていた。シベリアにバイカル＝アムール鉄道（第二シベリア鉄道）を建設しに行く青年労働者を称える歌だが、軽快なメロディーに乗った「モイ・アドレス・ニ・ドーム・ニ・ウーリッツァ、モイ・アドレス・ソビエツキー・ソユーズ（私の住所は建物でも通りでもなく、ソ連邦です）」というリフレインが印象に残った。

「サモツベーティのレコードは人気があるのですぐに売れてしまいます。それに外国人を相手にするベリョースカにはソビエトのポップソングのレコードは置いていません」

「ベリョースカにレコードは置いてないのですか」

「ありますが、お土産用の物は、ロシア民謡や『モスクワ郊外の夕べ』や『灯』のような、一昔前のソビエト歌曲のレコードになります」

「友だちへの土産に持って帰りたいので、そういうレコードでも構いません」

「それならば、どのベリョースカにもあります。（モスクワの）シェレメーチェボ空港のベリョースカにもあります。レコードは、取り扱いに注意しなくてはならないので、空港で購入して機内に持ち込むことをお勧めします」

「僕は、モスクワからではなく、これから中央アジアを経て、ナホトカから船で日本に戻ります」

「ナホトカは通過するだけですから、ハバロフスクのホテルのベリョースカで買い物をするといいでしょう。お土産用のレコードもあります。それでは、歴史博物館とグムのどちらに行きますか」

「グムにします」

「グムは、赤の広場の向かい側なので、歩いていきましょう」とターニャは言った。

赤の広場を横切りながらターニャがグムについて説明した。まとめるとこんな内容になる。グムは、ロシア語の「国営百貨店」の略語で、ソ連国内に同じ名称の百貨店がたくさんある。もっともこの名前になったのは、ロシア革命後の１９２１年で、それまでは高級商店街と呼ばれ、個人商店がたくさん入っていた。既に18世紀にはこの場所に商店街があったが、１８１２年にナポレオンがモスクワ侵攻したときに焼失してしまった。その後、商店街が復活した。19世紀後半、専門店をまとめて、大きな建物に収容する計画がなされ、この計画に基づいて、１８８８年から96年にかけて、現在の建物ができた。グムには、商品が揃っているので、全国から買い物客がやってくる。

確かにグムに近づくと、質素な身なりの人々がたくさん集まっている。日本人に似た東洋系の顔をした人もいる。

「ソ連各地から、買い物客がやってきます」

「日本人みたいな顔をした人もいますね」

「ウズベキスタンかカザフスタンから来たのでしょう。ソ連国内の航空運賃は安いので、親戚や友だちからお金を預かって中央アジアからグムに買い物に来る人も多いです」

そういえば、東京のYSトラベルでソ連国内の飛行機と寝台列車の運賃を比べたことがあるが、飛行機の方が1割くらい安かった。

「何を買うのですか」

「衣類や、玩具、それにラジオやテレビなどの家電製品が多いです」

「中央アジアにはその種の商品がないのですか」

「ラジオはあります。しかし、テレビは入手が難しいです。衣類もモスクワの方がずっと選択肢があります」

「それじゃ、テレビ売り場を見たいです」

「わかりました」

テレビ売り場は、グムの1階にあった。数十台の白黒テレビが同じ番組を流している。カラーテレビは一台もない。テレビの前には、人々が行列を作っている。まずカウンターで売り子に伝票を書いてもらい、それをレジに持っていく。レジ係からレシートを受け取り、再びカウンターに行く。そこでテレビを梱包してもらう。ずいぶん重そうだ。10キログラムくらいはあるだろう。ロシア人の男性は1人でそれを軽々と持ち上げる。

「時計売り場を見たいです」と僕はターニャに頼んだ。

「わかりました」と言って、ターニャは僕を先導した。時計売り場は、テレビ売り場よりも混み合っていた。腕時計だけでなく、掛け時計、置き時計、目覚まし時計などさまざまな時計が揃っている。日本で読んだ本には、ソ連の国営商店には何もないと書いてあったが、そうではないようだ。

「ほとんどが、地方から買い物に来ている人たちです」とターニャが言った。

「地方には時計がないのですか」と僕が尋ねると、ターニャは「あるけれども、旧式のデザインの時計しかないので、新型の時計が欲しいのでしょう」と答えた。

僕は人混みをかき分けてショーケースに近寄った。腕時計がたくさん並んでいる。バンドはついていない。値段は30～50ルーブル（7500～1万2500円）だ。日本の手巻き腕時計と比べても高い。同じような腕時計がブダペシュトの時計屋ではもっと安く売られていた。グムで腕時計を買うことは諦めた。

「2階では服を売っていますが、覗いてみますか」とターニャが尋ねた。

「服を買う予定はありませんが、見学はしてみたいです」と僕は答えた。

ターニャについて、2階に階段で上っていったが、すごい人混みだ。年末のアメ横のような感じだ。ソ連全土から買い物客がやってきているようだ。あまりに人が多いので、僕はターニャに「もういいです。外に出ましょう」と言った。グムからホテル・メトロポールは徒歩で10分もかからなかった。ターニャはインツーリストのカウンターに寄って車を手配した。かなり古いボルガだ。車に乗るとガソリンの臭いがする。ターニャは助手席に座り、僕は後部座席に座った。ターニャは運転手にロシア語で指示をした。運転手は、「ダー（はい）」と答えてもの凄い勢いで急加速をした。道路にはほとんど車が走っていない。

「グムは気に入りましたか」とターニャが尋ねた。

「とても興味深かったです。あんなに繁盛しているとは思いませんでした」と僕は答えた。

「私たちモスクワ市民にとって、魅力的な商品はグムにはあまりありません。もっとも地方では手に入らない商品がたくさん売られています」

「モスクワと地方では、生活にだいぶ差があるのですか」

「それはあります」

「ターニャさんはモスクワ出身ですか」

「そうです。モスクワで育ち、モスクワ国立大学を卒業しました」

「モスクワ大学は難しいんでしょう」

「高校の成績が良くないと合格できません」

「大学では何を勉強したんですか」

「外国文学史です。そこで英語を勉強したのでインツーリストに就職しました」

「仕事は楽しいですか」

「外国の観光客にモスクワの観光名所やソ連の歴史について紹介する仕事は有意義です。また、外国の事情について直接話を聞くことができることも興味深いです。あなたはソ連旅行は初めてですか」

「初めてです」

「どんな印象を持ちましたか」

「ひとことで言うと、良い印象を持ちました。ソ連の前に訪れたのがルーマニアで、あの国ではあまりよい経験をしませんでした」

そう言って、僕は切符を買えずに列車に乗り遅れた話をした。ターニャは笑ってこう言った。

「ソ連の場合は、あらかじめ列車や飛行機の切符を買って、ホテルの宿泊を予約し、空港や駅の送迎を手配しないとビザが出ないので、そういうトラブルはまずありません。しかし、これから中央アジアに行くのですね」

「そうです。サマルカンドを経由してブハラに行き、その後、タシケントに行きます」

「中央アジアの飛行機はときどき欠航します。そういうときは、遠慮せずにインツーリストの係員に相談してください。優先的に切符を手配してくれます」

その話を聞いて、僕は中央アジアでトラブルに巻き込まれるのではないかと少し心配になった。

15分くらいで車はレーニン丘に着いた。ターニャについて、展望台に行った。

「この下に流れているのがモスクワ川です。この丘は、1935年までは雀が丘と呼ばれていました。ここからは、モスクワの全景が見えます」とターニャが説明を始めた。

確かに良い眺めだ。右の彼方にテレビ塔が見える。

「あれがオスタンキノのテレビ塔ですか」と僕は尋ねた。

「そうです。あそこがモスクワの北の外れになります」とターニャは答えた。

モスクワの全景を眺めながら、ソ連を訪れたいという夢がようやくかなったという実感が込み上げてきた。反対側を振り向くと、モスクワ大学の高層建築がある。

「もともとモスクワ大学はクレムリンのそばにありました。現在も新聞学部と大学附属アジア・アフリカ言語学院は、そこにあります」

「アジア・アフリカ言語学院？」

「モスクワ大学で日本語の教育は、アジア・アフリカ言語学院で行われています。ここの日本語教育のレベルはとても高いです」

「初めて知りました」

「夏休みには、日本語が上手なアジア・アフリカ言語学院の学生がインツーリストの手伝いをしています。ただし、団体旅行客を主に扱っているので、あなたを担当することはないでしょう」

モスクワ放送東京支局のオフシャニコフさんも上手に日本語を話した。ロシア人にとって日本語は決してやさしい言語ではないはずだ。どうやって勉強しているのだろうか。ターニャも英語が上手だ。

「あなたは英語が上手ですが、アメリカかイギリスに留学したことがありますか」と僕は尋ねた。

「いいえ」とターニャは首を横に振ってこう続けた。

「留学はもとより、出張や観光でも外国に出たことはありません」

「それでどうして英語がそんなに上手なのですか」

「ソ連の外国語教育は、外国に留学しないでも、英語の会話が上達するようなカリキュラムになっています。会話の訓練を徹底的に受けるし、学生時代からインツーリストの手伝いなどで、実地に英語を使うからだと思います」

「日本の英語教育は、会話をあまり重視しません」

「しかし、アメリカには簡単に留学できるでしょう」

「留学する人はいますが、それほど多くありません。結局、大学で英語を専門に勉強しても、上手に会話ができる人はあまりいません」

「そうですか」とターニャは不思議そうな顔をして言った。

「あなたは、この高層ビルで勉強をしたのですか」と僕は尋ねた。

「いいえ。この高層ビルで授業はほとんど行われていません。ここにあるのは学生寮です」

「学生寮？」

「そうです。私はモスクワ出身なので、学生寮には住みませんでした」

こんな高層ビルをどうして寮として使っているのだろうか。僕は不思議に思った。

34

「何でこんな立派な高層ビルで授業をしないのですか」と僕は尋ねた。

「理由はよくわかりません。しかし、設計の時点から、この高層ビルは学生寮ということになっていました。ここで授業がないので学生は助かっています」とターニャは答えた。

「どうしてですか」

「高層階で授業があると、エレベーターが停まったときに階段を使わなくてはならないので、たいへんだからです」

「エレベーターはよく停まるのですか」

「それほど頻繁ではありませんが、停まることがあります。だから、学生たちは、低層階に住みたがります」

高層ビルならば、できるだけ高い階に住みたいと考えるのが自然かと思ったが、どうもそうではないようだ。

「授業はどこで行われますか」

「この高層ビルに向かって左側に文科系学部のキャンパスがあります。右側には理科系学部のキャンパスがあります。私は言語学部で学んだので、文科系学部のキャンパスで勉強しました」

ターニャは、目を細めて、昔のことを思い出しているようだった。

「学生時代は楽しかったですか」

「はい。特にモスクワ大学には、成績が優秀なだけでなく、面白い学生もたくさんいたので、楽しかったです。佐藤さんも将来、モスクワ大学に留学することを考えたらどうでしょうか」

「僕も以前、ソ連の大学に留学したいので、どうしたらいいかとモスクワ放送局に手紙を書いたことがあります」

「返事が来ましたか」

「来ました」

「どんなことが書いてありましたか」

「ソ連と日本の間には、文化協定が締結されていないので、留学生の受け入れは行われていないと書いてありました」

「しかし、日本からの留学生が何人かいたと思います」

「東海大学がモスクワ大学と留学生を交換しているので、その関係だと思います。以前はルムンバ民族友好大学に日本からの留学生を受け入れていましたが、現在は、日本が先進国の仲間入りをしたということで募集されなくなっています」

「ルムンバ民族友好大学は、ほとんどが外国からの留学生です。ソ連人の学生は1割もいないと思います。民族友好大学よりもモスクワ大学で勉強した方が、ソ連のことがよくわかると思います」

ターニャは、モスクワ大学と民族友好大学を同列にされることを明らかに嫌がっている。

「大学を見学することはできるのですか」

「できます。しかし、現在は夏休みなので、大学は閉鎖されています。大学の博物館に案内したいのですが、それができずに残念です。その代わり、教会を訪ねましょう」

そう言って、ターニャは僕を先導した。

教会は、展望台のすぐ隣にあった。徒歩で2分もかからなかった。建物の壁は白で、屋根は緑だ。東京のニコライ堂に似た丸屋根と鐘楼がある。教会の門には何も書かれていない。

「この教会は、現在も活動しています。中に入ってみましょう」

そう言って、ターニャはハンドバッグからスカーフを取り出して、被った。教会に入るときは、被り物が必要なのだろうか。僕もポケットからハンカチを取り出した。ターニャは、

「あなたは男性だから、必要ありません。教会に入るときは、女性は被り物をします。男性は、被り物を脱ぎます」と言った。

「僕は日本でときどき教会に行きますが、誰もそういうことはしません」

「正教会ですか」

「いいえ、プロテスタントの教会です」

「それだと習慣が違うのかもしれません。被り物に関する規定は聖書にあると聞いています」

「聖書のどこにあるのですか」

「私は聖書を読んだことがないので、どこだかは言えませんが、専門家からそういう話を聞いたことがあります」

子どもの頃から、聖書は何度も通読している。記憶を整理してみた。確かに被り物に関する規定があったように思える。「コリントの信徒への手紙一」でパウロが被り物についてこんなことを言っていたはずだ。

〈あなたがたが、何かにつけわたしを思い出し、わたしがあなたがたに伝えたとおりに、伝えられた教えを守っているのは、立派だと思います。ここであなたがたに知っておいてほしいのは、すべての男の頭はキリスト、女の頭は男、そしてキリストの頭は神であるということです。男はだれでも祈ったり、預言したりする際に、頭に物をかぶるなら、自分の頭を侮辱することになります。女はだれでも祈ったり、預言したりする際に、頭に物をかぶらないなら、その頭を侮辱することになります。それは、髪の毛をそり落としたのと同じだからです。女が頭に物をかぶらないなら、髪の毛を切ってしまいなさい。女にとって髪の毛を切ったり、そり落としたりするのが恥ずかしいことなら、頭に物をかぶるべきです。男は神の姿と栄光を映す者ですから、頭に物をかぶるべきではありません。しかし、女は男の栄光を映す者です。というのは、男が女から出て来たのではなく、女が男から出て来たのだし、男が女のために造られたのではなく、女が男のために造られたのだからです。だから、女は天使たちのために、頭に力の印をかぶるべきです。いずれにせよ、主においては、男なしに女はなく、女なしに男はありません。それは女が男から出たように、男も女から生まれ、また、すべてのものが神から出ているからです。自分で判断しなさい。女が頭に何もかぶらないで神に祈るのが、ふさわしいかどうか。男は長い髪が恥であるのに対し、女は長い髪が誉れとなることを、自然そのものがあなたがたに教えていないでしょうか。長い髪は、かぶり物の代わりに女に与えられているのです。この点について異論を唱えたい人がいるとしても、そのような習慣は、わたしたちにも神の教会にもありません。〉（「コリントの信徒への手紙一」11章2〜16節）

ロシア正教会では、聖書に書かれた古い伝統が守られているようだ。

教会の中には、たくさんの人がいた。ほとんどが高齢の女性だ。イコン（聖画像）の前でひざまずいて祈っている。教会の中には小さな売店があって、黄土色のロウソクを販売している。教会堂の中には、１００本以上のロウソクを灯すことができる大きな燭台がいくつか立っている。数百のロウソクの炎で教会堂の中がオレンジ色に照らされている。不思議な感じがする。

「出ましょう」とターニャが言ったので、僕も後に続いて外に出た。

「観光客は、あまり来ない場所なのですか」と僕は尋ねた。

「そんなことはありません。レーニン丘にあるので、外国人観光客がもっともよく訪れる教会です。ただし、実際に活動している教会なので、観光地にはなっていません。市内には博物館になっている元教会の建物がいくつかあります」

「ターニャさんは教会に行ったことはありますか」

「好奇心から何回か覗いたことはあります。しかし、私は無神論者なので教会には行きません」

「教会には年を取った人が行くのですか」

「そう思います。今、教会にいた人たちも、ほとんどが年金生活者だと思います。もっとも、私の祖父母は無神論者なので、教会には行きません」とターニャは笑って答えた。

「そうするとキリスト教徒は減っているのでしょうか」

「減っていると思います。若い世代の信者はほとんどいません」

「ということは、そのうち、教会がなくなるということでしょうか」と僕は尋ねた。

「いや、ソ連は大きな国です。たくさんの人が住んでいますから、教会に通う人がいなくなることはないでしょう。それでは、ホテルに戻りましょう」とターニャが言った。僕たちが乗っていたボルガが教会の前で待っていたので、それに乗ってホテル・メトロポールに戻った。

部屋に戻ると、急に眠くなったので、ベッドに横になった。1時間くらい仮眠をとって、ホテルの周辺を歩いてみようと思ったが、目が覚めたら、夜になっている。時計を見ると午前2時だった。

ホテルは静まりかえっている。街灯もあまりないので、街が暗い。うっすらとボリショイ劇場が見える。クレムリンの赤い星がきらきら輝いている。車はほとんど走っていない。東京の中心部では、深夜でも車の流れがとぎれることはないだろう。それにここはネオンサインがまったくない。やはり、社会主義国なのだと思った。寝付けないので、数学の問題集を解くことにした。夏休み明けに数学の試験が行われる。問題集から100題が指定されていて、そこから10題がそのまま出題される。先輩から、「丸暗記をしていれば、満点を取ることができる。しかし、準備を怠り、いきなり問題に取り組むことになると時間切れになって20〜30点しか取れない」と言われたので、旅行中も数学の問題集をときどき解くことにした。しかし、東欧とソ連を旅行しているうちに、練習問題を解いて、それを覚えて復元すること攻するか、まだ決めていないが、どの学部に進むにせよ、ロシア語だけは一生懸命勉強しようと思った。そして、いつかモスクワに留学したいと思った。

結局、そのまま朝の8時まで数学の練習問題を解いていた。中学校までの数学と異なり、公式を覚えずに、問題を解いていると時間がかかる。応援団の先輩は「数学では、理解が重要だと教師は言うが、それを真に受けたらいけない。数学は典型的な暗記科目だ。練習問題をたくさん処理して、解法のパターンを暗記して、反射神経で解けるようにならないと、浦高の数学にはついていけなくなる」と言っていたが、問題集を解きながら、先輩が言っていたことはほんとうだと思った。数学だけじゃない。古文、漢文、英語、地理、地学もすべて暗記と復元が高校の勉強の基本だ。こんな退屈な勉強にあと3年近く、耐えることができるのだろうか。高校をスキップして、もっと専門的な勉強をしたいと思った。

夕食をとらずにそのまま寝てしまったので、お腹が空いた。1階の朝食会場に行った。天井が高い大きなレストランだ。500人は着席できると思う。ウエイターとウエイトレスが、忙しそうに走り回っている。入口に行列ができていたが、5分くらいで席に案内された。

朝食券を渡すと、ウエイターから「オムレツにしますか、目玉焼きにしますか」と尋ねられたので、「オムレツにします」と答えた。さらに「コーヒー、紅茶のどちらにしますか」

と言われたので、「コーヒー」と答えた。

既に準備ができていたのだろうか、黒パンと白パン、バター、サラミソーセージとハム、生のキュウリとトマト、それに豆腐のような形をしたオムレツが運ばれてきた。さらに、コップに入った濃厚な牛乳のような液体が運ばれてきた。これから、コーヒーを取りに行くのだろうか。ウエイターは、テーブルから離れた。牛乳のような液体に口をつけてみた。濃厚で、酸っぱい。微炭酸飲料のようだ。今までに飲んだことがない味だ。

コーヒーを運んできたウエイターに「これは何だ」と尋ねた。

「ケフィールです」とウエイターは答えた。

聞いたことのない名前だ。

「ヨーグルトですか」と僕は尋ねた。

「ニエット、ケフィール（違います。ケフィールです）」とウエイターは答えた。

きっとロシア独特の飲み物なのだろう。ヨーグルトを軟らかくしたような感じだ。甘くないカルピスのような味がした。

キエフでもモスクワでも、サラミソーセージが抜群においしい。黒パンに無塩バターを塗って、その上にサラミを載せたオープンサンドイッチにして食べるとなかなかいける。ハンガリーの堅い丸パンにサラミとチーズをはさんだサンドイッチとは、まったく別の種類のおいしさだ。

オムレツは、ひどく硬い。鮨屋の堅焼き玉子のようだ。豆腐1丁分くらいの大きさがある。鶏卵を3〜4個使っているのだろう。相当、ボリュームのある朝食だ。コーヒーは、ものすごく濃かった。飲み終えると頭がくらくらした。外国にいるのだということを実感した。

部屋に戻る途中で、インツーリストの事務所に立ち寄った。

「今日はモスクワ放送局に行きたいと思うのですが、何時にここに来ればいいでしょうか」と僕が尋ねると、係の女性職員がノートを見て、「午後1時に来てください。ガイドが待っています」と答えた。

部屋に戻って両親と妹に宛てた手紙を書いた。熱中して手紙を書いていたら、あっという間に時間が過ぎた。時計を見ると12時を回っていた。朝食のボリュームがかなりあったので、お腹は全然空かない。昼・夕食券が余ってしまうが、日本で読んだガイドブックで、余った食券はホテルの売店でチョコレートに交換してもらえると書いてあったので、最後にハバロフスクのホテルでチョコレートに換えることにした。浦高の友だちへのよい土産になる。

1時ちょうどにインツーリストの窓口に行った。昨日ガイドをつとめたターニャよりは、少し年輩の温和(おとな)しそうな女性が立っていた。

「佐藤優さんですね」と女性が尋ねた。

「そうです。インツーリストのガイドさんですね」

「そうです。ナターシャと申します」と女性は流暢な英語で答えた。

インツーリストの職員は誰もが英語にとても堪能だ。ソ連の英語教育は優秀なのだと思った。

「昨日、インツーリストの窓口には伝えましたが、これからモスクワ放送局に行きたいと思っています」

「聞いています。ただし、モスクワ放送局には紹介状がないと入れません。紹介状をお持ちですか」

「紹介状ではありませんが、モスクワ放送局の日本課宛てに私のことを紹介しているアナトリー・オフシャニコフ東京支局長の名刺を持っています」

「見せていただけないでしょうか」とナターシャは言った。

僕はアタッシェケースから、封筒を取り出して、オフシャニコフ支局長から預かった名刺をナターシャに渡した。ナターシャは、名刺に書かれたロシア語に注意深く目を通した。

「これで大丈夫です。この名刺は、私が預かっていてもいいですか」とナターシャは尋ねた。

「どうぞ、よろしくお願いします」と僕は答えた。

ナターシャはハンドバッグに名刺を入れて、車寄せに僕を案内した。

車は昨日と同じ型の黒色のボルガだった。

「インツーリストの車はすべて、黒色のボルガなのですか」と僕は尋ねた。

「確かにボルガが多いです。色は黒だけでなく、灰色やベージュもあります。ボルガ以外にも大型車のチャイカがあります。チャイカに乗ったことはありませんか」

「ありません」

「確か、今夜遅く、ドモジェードボ空港に行くはずでしたね」

「そうです。午後10時に飛行機が出るので、8時にはホテルを出発しなくてはなりません」

「それでは、そのときの車がチャイカになるように係に頼んでおきます。もちろん、百パーセント実現できると約束することはできませんが」

「努力していただければ十分です」と僕は答えた。

ナターシャは細かいところまで気配りをする性格のようだ。

「モスクワ放送局の後は、どこを訪れたいですか」

「昨日、クレムリン、グムとレーニン丘を観光したので、今日は地下鉄に乗ったりルイノック（自由市場）を訪れたりしたいと思います」

「モスクワ市民の生活を見てみたいということですね」

「そうです」

「それでは、あなたの希望に極力かなうように準備をします」

「モスクワ放送局は、ここから遠いのでしょうか」

「歩いていけるほど近くはありませんが、それほど遠くありません。車で10分もかからないと思います」と言って、ナターシャはボルガの後部ドアを開け僕に席を勧め、自分は助手席に座った。

今回の運転手は、かなり乱暴な運転をする。急加速して、猛スピードで大通りを走る。車が急にスピードを落とした。右手に青緑色の大きな建物が見える。駅のようだ。ただし、キエフからやってきたときの駅とは異なる。

「この大きな建物は駅ですか」と僕は尋ねた。

「白ロシア（ベロロシア）駅です。白ロシアのミンスクを経て、ワルシャワやプラハに行く列車が出ています」

「僕はキエフから寝台列車でモスクワに着きましたが、そのときの駅とは別ですね」

「別です。キエフからの列車は、すべてキエフ駅に着きます。キエフ駅からは、ブカレスト、ソフィア、ブダペシュト、さらにベオグラードに行く列車が出ます」

「中央アジアにも列車で行くことができますか」

「できます。そのときは、カザン駅から列車に乗ることになります。中央アジア行きの列車はひどく混雑しているので、観光客は飛行機を使った方がいいでしょう。値段もほぼ同じです」

「確かに国際線と比べて、ソ連国内線の運賃は驚くほど安いです」

「ソ連は広いですから、航空運賃は安く抑えていないと、国民が移動できません。同時に、ハバロフスク―モスクワ便は、外国人がよく利用するので、重要な外貨収入源にもなっています」

インツーリストのガイドは、観光客からのさまざまな質問に瞬時に答えられる訓練がよくなされているようだ。

車は白ロシア駅の先を右に曲がって、その後、小さな通りを何度か曲がって、ピンク色の建物の前で停まった。

「さあ、モスクワ放送局に着きました」とナターシャが言った。

建物はずいぶんいかめしい感じだ。黒地に金字の看板がついている。ロシア語なので表示の意味がわからない。

「まず、受付を済ませないとなりません」と言って、玄関を入ったそばにある小窓を叩いてナターシャは何か言った。中年の女性が応答すると、ナターシャは早口で何か言って、ハンドバッグを開けて、オフシャニコフ支局長の名刺を窓口の女性に渡した。

「今、手続きを取っています。ちょっと待ってください」とナターシャは言った。

15分ほど待たされた。建物の中に入る通路には、制服を着た警察官が立って、身分証を厳重にチェックしている。その通路の向こう側から、若い女性がやってきて、僕たちの方を見て手を振った。ナターシャが「迎えが来ました。行きましょう」と言った。迎えの女性は手に何か書類を持っていて、さっき、ナターシャが名刺を渡した窓口に行って、中年の女性に渡した。中年の女性は、その書類を一瞥して、下の方にサインをして、迎えの女性に戻した。

「私は建物の中に入ることができません。ここで待っています」とナターシャは言った。

「あいさつをするだけなので、それほど時間はかからないと思います」と僕は答えた。

迎えに来た女性は、英語をまったく話さない。「私は日本語も英語もできません」と日本語で言って、後はロシア語で話す。いろいろ話しかけてくるが、僕には何を言っているか、さっぱりわからない。

部屋に案内された。大きな机があって、そこに茶色のスーツを着て、黒縁の眼鏡をかけた中年男性が座っていた。年齢は50代半ばであろうか。僕の姿を見ると、にこにこ笑って、近づいてきた。

「日本課長のレービンです。オフシャニコフ支局長から、佐藤さんの話は聞いています。国際電話がかかってきて、8月20日頃に佐藤さんがモスクワを訪れるので、是非、お世話してほしいという話を聞いています」

「どうもありがとうございます。インツーリストの人たちがていねいにお世話してくださるので、大丈夫です」

「いつ、モスクワを発ちますか」

「今夜です」

「今夜？」

レービンさんは、机に戻って、ノートに目を通した。

「佐藤さんと食事をしたいと思っているのですが、今晩はどうしても変更できない予定が入っています。申し訳ございません。今は時間がどれくらいありますか」

「ここであいさつを済ませた後は、インツーリストのガイドの案内で地下鉄に乗ろうと思っています」

「地下鉄ならば、私どもで案内することができます。すこし、ゆっくり話をすることができますか」

「それは大丈夫ですが、インツーリストのガイドを長時間、待たせておくのは申し訳ないです」

「インツーリストのガイドには、今日はもう帰ってもらって構わないと伝えておきますが、それでもいいですか」とレービンさんは尋ねた。

「僕はそれで構いません。しかし、皆さんの仕事の邪魔になるのではないかと心配しています」

「そんなことはありません。日本人のリスナーで、ここを訪ねてくる人はときどきいます。しかし、私が知る限り、高校生でモスクワ放送を訪ねてきた人は初めてです。ですから、ゆっくり話を聞きたいです」

そう言って、レービンさんは、「ニーナ！」と呼びかけた。さっき、僕を迎えた女性が「ダー（はい）」と言って振り向いた。レービンさんは、早口でニーナに何か指示をした。ニーナは短く答え、外に出ていった。ロシア語なのでやりとりはまったくわからなかったが、インツーリストのナターシャに帰っていいという指示を伝えに行ったのだろう。僕はナターシャに申し訳ない気がした。しかし、レービンさんと話をすることに、市内観光よりもずっと魅力を感じた。

「東京で、『日ソ友の会』が活動を始め、とても頼もしく思っています。モスクワ放送局としても局をあげて応援しています」とレービンさんは言った。

僕は、新宿のモスクワ放送東京支局を訪ね、そこから日下さん、篠原さんへと人脈がつながっていった話をした。

「私は日下さんとは、何度も会ったことがあります。日下さんは、昔から普通の市民が交流できる友好団体をソ連と日本の間で作らなくてはならないと考えていました。しかし、この仕事は片手間ではできない。日下さんはテレビの仕事で忙しいので、『日ソ友の会』の立ち上げが遅れてしまった。そこで篠原さんがこの仕事に専任で取り組むことになって、本格的な組織化が進みました」

「篠原さんとは、昔からのお知り合いなのでしょうか」と僕は尋ねた。

「実は私は篠原さんとは、まだお会いしたことがありません」とレービンさんは答えた。モスクワ放送の日本課長が、篠原さんと面識を持っていないとは意外だった。レービンさんは、「ただし、日下さんからは、篠原さんの話を詳しく聞いています。日下さんは昔からの友人です」と続けた。

レービンさんは、日本語がとても上手だ。発音やアクセントも日本人と同じだ。

「レービンさんは、日本語がお上手ですが、どこで勉強したのですか」

「佐藤さんはお世辞が上手ですね」

「お世辞ではありません」

「私は軍隊の学校で日本語を勉強しました。戦後、シベリアには日本人の捕虜がたくさんいたので、そこで日本語会話の訓練を実地で積むことができました」

レービンさんと日下さんの接点は、シベリアだったのかもしれない。しかし、その話に踏み込むと気まずくなると思ったので、僕は話題を変えた。

35

「ロシア人は、日本人と異なって、夏休みを長く取ります」とレービンさんが言った。

「そのことは雑誌『今日のソ連邦』で読みました。2カ月も休みを取るのでしょう。そして、労働組合が運営するサナトリウムで保養します。日本語でサナトリウムというと病気の療養所のようですが、ソ連の場合は、メディカル・チェックができるホテルに長期滞在するようなもので、純然たる休暇です」と僕は知識を披露した。

「よく御存じですね。ただし、みんなが同時期に2カ月連続して休暇を取ると仕事が止まってしまうので、6~9月にかけて、分散します。日本課も半分の人は夏休み休暇中です。ところで、佐藤さんは、『今日のソ連邦』を読んでいるのですか」

「はい。毎号、欠かさず読んでいます。以前はソ連大使館の広報部から直接郵送してもらっていましたが、今は『日ソ友の会』が会報とともに送ってくれます」

「『日ソ友の会』は、精力的に活動しているようですね」とレービンさんは尋ねた。

僕は、「そうです」と答え、新宿の「日ソ友の会」本部にときどき遊びに行って、篠原さんや日下さんとしているおしゃべりについて、かいつまんで説明した。レービンさんは、注意深く僕の話を聞いていた。

「『日ソ友の会』の活動について、詳しい話を聞いたのは、初めてです。会員数も順調に増えているようで安心しています。確かに篠原さんや日下さんが言うように、日本人とロシア人、それからロシアの少数民族はお互いをあまりに知らなすぎる。政治体制、社会体制が違っても人間は人間です。佐藤さんもそういう考えを持っていることは、私たちにもよくわかります。日本課には、私を含め、佐藤さんのファンが何人もいます」

「僕のファンがですか」

「そうです。モスクワ放送には、毎日、日本から数十通の手紙が来ます。いろいろな手紙がありますが、佐藤さんの手紙は、みんな興味深く読んでいます」

確かに僕はモスクワ放送局に平均すれば、月に2回くらい手紙を書いている。ときどき、紫色のインクで、達筆な日本語で書かれた手紙が来ることもある。ただし、署名は日本課となっていて、実際に手紙を書いた人の名前はない。僕の手紙の内容についての感想が書かれていることが多い。これとは別に、黒いボールペンで明らかに外国人が書いたと思われる手紙が来ることもある。これには、「佐藤さんのリクエスト曲が○○日の××時にかかる」とか「ソ連の農業に関する資料を船便で送ったので、到着に注意してほしい」という簡単な連絡事項が記されている。署名は同じく日本課となっている。

「佐藤さんの手紙の内容は、放送の中で紹介されることが多いです」とレービンさんが言った。

「どうしてですか」と僕は尋ねた。

「面白いからです。放送を注意深く聴いてくださっていることがわかります。例えば、文学についても、日本人は、トルストイやドストエフスキーの話ばかりします。しかし、佐藤さんは、現代ソ連文学を読んでいる。ショーロホフの『人間の運命』についての佐藤さんの感想文はとても面白かったです」

「ショーロホフは、ノーベル文学賞を受賞しているので、日本でも有名です。ノーベル賞受賞の理由にもなった『静かなドン』は、長編ですけれども、日本語の翻訳がいくつかあります」

「『静かなドン』について、感想を書いてくる人は、ときどきいます。しかし、『人間の運命』ははじめてで、私はこの小説を読んでいる人がいるというので驚きました。岡田さんが、とても面白い手紙が来ていると私に教えてくれました。岡田さんは、手紙係の責任者です。残念ながら、今は夏休み中です」

「岡田さんって、女優の岡田嘉子さんですか」

「よく間違われますが、そうではありません。岡田嘉子さんが、日本語放送のアナウンサーをやっていたのは、ずっと前の話です」とレービンさんは笑って答えた。

岡田嘉子（1902～92年）は、戦前の人気女優だった。1938年1月3日、当時の南樺太の日ソ国境を突破してソ連に亡命した。戦後はモスクワ放送の日本語アナウンサーをつとめていた。そういえば、3年前に日本に戻ってきて記者会見をしていた。

「『人間の運命』は、映画にもなっています」とレービンさんが言った。

「セルゲイ・ボンダルチューク監督の映画ですね」

「そうです。よく御存じですね」

「テレビで深夜にやっていた映画も見たことがあります」と僕は答えた。

「佐藤さんが『人間の運命』について、感想文を送ってくださいましたね」

「はい。ナチスの収容所長から、主人公のソコロフが殺されそうになったところを、ウオトカをコップに三杯、一気に飲み干すことで、危機を脱した場面が、とても印象に残りました」

主人公のソコロフは、ロシアの田舎の出身だ。召集され、妻子を残して出征する。駅で妻が、「もう二度と会うことがない」と言って泣きじゃくるので、ソコロフは妻を突き放す。後にそのことを一生後悔するようになる。ソコロフはドイツ軍の捕虜になる。ドイツ軍は、ソコロフらソ連の捕虜に石切場で、過酷な労働を強いる。「俺たちの墓のために4立方メートルのノルマはいらない」とソコロフは軽口をたたく。それを誰かがドイツ兵に密告した。ソコロフは、ラーゲリ・フューラー（収容所長）に呼び出される。収容所長は、酔っぱらっていて、ピストルをもてあそんで、手から手へ投げ渡しながら、蛇のような目でソコロフを見つめる。ソコロフは、履きつぶした軍靴のかかとをカチリと鳴らし、「司令官殿、捕虜のアンドレイ・ソコロフ、命令に従って参りました」と大声で叫んだ。すると収容所長は、「おい、お前、4立方メートルのノルマは多すぎるのか」と尋ねるので、ソコロフは「そのとおりです。多すぎます」と答える。司令官は、「1立方メートルならお前の墓に足りるか」と尋ねるので、ソコロフは「充分足ります、余るくらいです」と答える。司令官は、「俺はお前に名誉を与えてやる。その言葉に対して今すぐこの手で射殺してやる。ここでは具合がよくないから、外へ行こう」と言う。ソコロフは、沈着冷静に「ご随意に」と答える。収容所長は何を考えたのか、ピストルをテーブルの上に放り出して、ウオトカをグラス一杯注ぎ、黒パンを一切れとり、バターをつけて、ソコロフに差し出した。「死ぬ前に飲め、ドイツ軍の勝利のために」と言う。

ソコロフは、ウオトカと黒パンに手を伸ばしたが、「ロシア兵である俺が、ドイツ軍の勝利のために飲めない」と心の声が聞こえたので、グラスと黒パンをテーブルの上に戻して、「おもてなしに感謝しますが、私は酒を飲めないのです」と言って断った。司令官は、薄笑いを浮かべて、「ドイツ軍の勝利のために飲みたくないのか。それなら自分の死のために飲め」と言う。ソコロフは、それならば飲む機会をのがす理由はないと考え、「死と苦痛からの解放のために飲みます」と言って、グラスを取って飲み干した。しかし、黒パンには手を付けなかった。そして、「ごちそう様でした。用意ができました。出かけましょう」と言った。すると収容所長は、ソコロフを見つめて「死ぬ前に食べろ」と言う。ソコロフは、「私は1杯目には食べないのです」と答える。すると収容所長は2杯目をグラスに注いで、差し出した。ソコロフは2杯目も飲んだが、黒パンには今度も手を触れない。収容所長は、「なぜ食べないのか。遠慮するな」と言う。そこで、ソコロフは、「申し訳ございませんが、私は2杯目で食べるのにも慣れていません」と言った。すると収容所長は、吹き出して、ドイツ語で周囲の同僚にソコロフとのやりとりを説明した。他のドイツ将校たちも笑い出した。すると収容所長は、温和な顔でソコロフを見て、3杯目を注いだ。収容所長の手は笑いで震えている。ソコロフはウオトカを飲み干して、黒パンを少し食べ、残りをテーブルの上においた。ソコロフは飢えていたが、敵であるドイツ人の前でがっついて食べるようなみっともない姿を見せたくなかったから、黒パンを残したのだ。収容所長は、「お前は本当のロシア兵だ。勇敢な兵士だ。俺も兵士だから、立派な敵を尊敬する。俺はお前を射殺しない。今日、勇敢なわが軍はボルガに進出して、スターリングラードを全面占領した。これはわれわれにとって大きな喜びだ。だから、俺はお前の命を救ってやる。自分の宿舎へ帰れ。これはお前が勇敢だからだ」と言って、黒パンを1本とバター1切れをテーブルからとってソコロフに渡す。このウオトカをめぐるやりとりを通じて、ショーロホフは敵であるナチス・ドイツの収容所長も勇敢なロシア兵に敬意を払う人間性を持った人物として描いているところに僕は感銘を受けた。モスクワ放送に送った感想文は、そのことを率直に書いた。しばらくして、モスクワ放送局日本課から、紫色のインクで書かれた達筆な手紙が届いた。手紙には、「ショーロホフに関する特別番組を放送するので、是非聴いてほしい」と、放送時間と再放送時間が記されていた。

「私たちが制作したショーロホフに関する特別番組を聴いていただけましたか」とレービンさんが尋ねた。

「もちろんです。カセットテープに録音して、何度も聴きました」

「それはありがとうございます。モスクワ放送は、こういう文化紹介のプログラムに力を入れたいと思っています。政治の話ばかり放送していても、リスナーが退屈してしまいます」

「しかし、政治の話題にも興味があります。特に中ソ論争に関する解説は興味深いです。僕はときどき北京放送を聴くこともありますが、激しい調子でソ連を罵る放送が多いです。それに対して、モスクワ放送の中国に関する論評は、厳しいですが、罵るような調子ではありません」

「中国に対する報道は、ほんとうに頭が痛い問題です。20年前までは、ソ連と中国はとても仲が良かったのですが、今は、とても関係が悪くなってしまいました。ソ連は中国との関係を良くしたいと思っているのですが、中国側の姿勢が頑なです」

「北京放送とは交流があるのですか」と僕は尋ねた。

「昔はありましたが、現在はありません。中国の放送局よりも、日本のNET（現・テレビ朝日）との関係の方が近いです。西野さんを、御存じですか」

「もちろん名前は知っています。毎日、モスクワ放送に登場しますよね」

「あの人は、NETから来ています」

「初めて知りました。モスクワに住んでいる日本共産党員かと思いました」

「佐藤さんも御存じのように、ソ連共産党と日本共産党の関係はとても複雑です。ですから、日本共産党員がモスクワ放送局に勤務することはありません。私たちが必要としているのは、西野さんのような放送のプロです。プロのアナウンサーが放送することによって、日本のリスナーも安心して放送を聴くことができます」

日本のテレビアナウンサーがモスクワ放送局に勤務しているとは、まったく想像していなかった。

「西野さんは、夏休み中ですか」

「いいえ。既に夏休みを取りました。今、スタジオで録音をしています。しばらくしたら、こちらに来るので紹介します」とレービンさんは言った。

レービンさんは、想像していた以上に柔軟な発想をする人のようだ。篠原さんと波長が合いそうだと思った。ソ連の主張を宣伝するよりも、文化や歴史、それから音楽で、ソ連に対する日本人の理解を深めていくことに放送の重点を置いているようだ。それに加え、西野さんのようなプロのアナウンサーをたいせつにしている。

「ところで、ホテルに変な電話がかかってきませんか」とレービンさんが尋ねた。

「電話はかかってきません。ホテルのロビーで、ドルを両替しないかとか、ジーンズを売らないかと声をかけられました」

「そうですか。そういう人たちは相手にしないでください。ソ連には2億人以上の人がいます。その中に、少し変わった人がいても、仕方がありません。何か困ったことがあったら、ホテルのインツーリストの係員に相談してください。親切に対応してくれます」

「わかりました。インツーリストの職員には、既に何度もお世話になりました。誰も皆、親切です」

「それはよかった。インツーリストにもときどき、あまり親切でない人もいます。そういう人にあたったときは、遠慮なく、インツーリストの窓口に苦情を伝えてください。担当者を替えてくれます」

「わかりました。しかし、そういうことはないと思います」

「佐藤さんは、これから中央アジアに行くのですか」

「そうです」

「タシケントですか」

「タシケントにも行きますが、いちばん行きたいと思っているのはブハラです」

「私はブハラには行ったことがありません。歴史的な建物がたくさん残っている街です。ただし、外国人を受け入れたのは数年前からなので、少し不便かもしれません。特に個人でブハラを訪れる外国人は、ほとんどいないと思います」

レービンさんの話を聞いて、僕は少し不安になってきた。

「英語は通じるのでしょうか」

「ほとんど通じないと思います。恐らく、インツーリストの職員しかわかりません。高齢者だとロシア語を話せない人もいます」

「それじゃ、何語を話しているのでしょうか」

「ウズベク語です。ロシア語とは、系統を異にする言葉です。強いて言えば、トルコ語に近いです」とレービンさんは説明した。

「宗教は、今もイスラム教なのでしょうか」

「人によります。しかし、イスラム教の習慣は今も残っています。イスラム教徒の中には写真を嫌う人がいます。だから、市場の写真を撮るときは、事前に相手に断った方が無難です。いずれにせよ、市内を1人で歩くことはないと思います」

「どういうことでしょうか」

「インツーリストのガイドと一緒に、他の観光客と団体行動を取ることになると思います。だから、1人で街を歩くことはないと思います」

「観光地の写真を撮ることはできるのでしょうか」

「もちろんです。確かブハラには大きな城跡があります。それから、イスラム教の学校もある」

「ソ連にイスラム教の学校があるのですか」

「あります。イスラム教の聖職者になる人はブハラで勉強します。ここには、歴史と伝統があるイスラム学院が現在もあります」

「実に興味深いです。訪れてみたい」

「観光コースに入っていると思います。ブハラの街の印象は、あなたの記憶に焼き付くと思います。中央アジアを訪れる日本人は、まだ珍しいです。帰国後に印象記を是非、モスクワ放送局に送ってください。番組で紹介します」

「うまく文章にまとめることができる自信がありませんが、努力してみます」と僕は答えた。

そのとき、日本人が2人、入ってきた。男性は30代で、長髪、背は僕より少し高い。ミッキーマウスのアップリケがついたジーンズをはいている。女性はベージュ色のスーツを着ており、背は僕よりも少し低い。

「ほら、西野さんと松本さんがやってきました。紹介しましょう」と言って、レービンさんは2人に席を勧めた。

「西野さん、いつもラジオを聴いています。お会いできてうれしく思います。長髪でジーンズをはいた人が出てくるとは予想していませんでした」

「どんな姿を予想していましたか」と西野さんは尋ねた。

「ネクタイをして三つ揃いのスーツを着た姿です」

「そんな窮屈な格好はしません。東京にいるときと同じラフな格好をしています」

「街を歩いていて、じろじろ見られませんか」

「モスクワには外国人が多いので、この程度の服装では、誰も気にしません」

「モスクワでの生活には慣れましたか」

「少しずつ慣れているところです」

「ロシア語は大学で勉強したのですか」

「私は大学ではロシア語を勉強していません。東京では朝のワイドショーを担当していました。上司からモスクワ放送に出向するアナウンサーが必要なんだけれど、行ってみないか。ロシア語がまったくできなくても生活には困らない受け入れ態勢が整えられているという話だったので、いわば人事異動でここにやってきました。私よりも松本さんの方がロシア語はずっと上手です」と西野さんは言って、松本さんの方に顔を向けた。

「私だって、東京で勉強したのは、ほんとうに基礎の基礎だけで、モスクワでも家庭教師についてロシア語を勉強しただけなので、ちょっと話したり、聞いたりすることができるだけです。ロシア語で読み書きすることはできません」

「やはりNETから出向してここに来られたのですか」

「違います。私の夫は商社員なので、夫についてモスクワにやってきました。アパートで毎日、1人でいると退屈なので、ここでアルバイトをしています」

「アルバイトではありません。松本さんは、モスクワ放送の重要な戦力になっています。ロシア語も上手です」とレービンさんは言った。

「そうすると、ニュースは松本さんが日本語に訳しているのですか」と私は尋ねた。

「いいえ、松本さんと西野さんは、アナウンスに専念しています」とレービンさんが答えた。

「別の人です。ちょっと待ってください。今呼んできましょう」

そう言ってレービンさんは部屋を出た。

しばらくして、レービンさんは、色の浅黒い50代の男性を連れてきた。

「放送する原稿の翻訳は、袴田（はかまだ）さんがやってくださっています」

「袴田陸奥男です」と言って、男は僕の手を強く握った。目を合わせると、袴田氏はすっと逸らした。

「いつも放送を聴いていただいて、どうもありがとうございます。まだ仕事が残っているので失礼します」と言って部屋を出ていった。

「袴田、袴田……、どこかで聞いたことがある名字だ」と僕は心の中でつぶやいた。レービンさんに僕の心の声が聞こえたようだ。

「そうです。日本共産党中央委員会副委員長の袴田里見さんの弟です」

「というと、日本共産党員ですか」

「違います。袴田さんは民族的には日本人ですが、国籍はソ連です。従って、ソ連の選挙権と被選挙権を持っています。ソ連共産党員です。モスクワ放送局では、西野さんや松本さんなどの外国人を除けば、ほぼ全員がソ連共産党員です」

「袴田陸奥男さんは、どうやってソ連に移住したのですか。戦前に亡命したのですか」

「戦前じゃないです。戦争末期にソ連軍の捕虜になりました。その後、袴田さんは帰国することを望まずにソ連に留まり、ソ連国籍を取得しました。現在は翻訳家として活躍しています。モスクワ放送で日本語で報じられるニュースは、すべて袴田さんの翻訳したものです。その翻訳を私が、少し書き直して、放送用の原稿に整理します」

日本人が行ったロシア語から日本語への翻訳を、日本語がネイティブでないレービンさんが手直しするのは、不思議な感じがした。レービンさんは、僕と気さくに話しているが、実はかなり大きな権限を持ったソ連共産党の幹部ではないか。そんなふうに思った。

「篠原さんや日下さんは、シベリアの捕虜収容所で袴田さんと知り合いだったのでしょうか」

「聞いたことがないので知りません。当時、袴田さんは日本人捕虜向けの日本語新聞を作っていたので、面識はないとしても、篠原さんと日下さんは袴田さんの名前は知っているはずです」

「しかし、日本人でありながら、ソ連に留まるという決断をしたのは、すごいと思います」

「袴田さんは、ロシア人女性と結婚して、子どももいます。とても有能な翻訳家なので助かっています」とレービンさんが言った。

その後、4人で雑談をしていた。西野さんと松本さんは、最近の高校生がどういう生活をしているかについて、関心を示したので、僕は応援団や文芸部の話をした。レービンさんは、応援団のことがよくわからないようで、ときどき松本さんがロシア語で説明していた。西野さんが「応援団をわからないようでは、レービン課長はまだまだ本格的な日本の専門家とは言えません」と言ってからかう。この職場は和気藹々としているようだ。もっとも、僕が篠原さんや日下さんの話を出しても、西野さんや松本さんはまったく反応しない。そういう人たちは存在しないような雰囲気で話が進んでいく。少し変な感じがした。そう言えば、東京で篠原さんや日下さんからも「レービン課長にくれぐれも宜しく」とは言われたけれども、西野さんと松本さんの名前は一切でなかった。何か理由があるのだろうか。しかし、そんなことを尋ねると気まずくなりそうな雰囲気なので、僕は何も言わなかった。

しばらくして、レービンさんは、「そうだ!」と言った後、こう続けた。

「佐藤さんは、今までにアルバイトをしたことがありますか」

「ありません」

奇妙な質問だ。何でこんなことを尋ねてくるのだろうか。

「ここで、アルバイトをしてみませんか」

「今晩、ドモジェードボ空港からサマルカンドに飛行機で移動しなくてはならないので無理です」

「いや、無理ではありません。これからスタジオに行って、インタビューを収録するのです」

「僕には無理です」

「大丈夫です。オフシャニコフ東京支局長が、佐藤さんは将来、ジャーナリストになる資質があると言っていました。それに『日ソ友の会』の総会の時に、オフシャニコフさんのインタビューに答えましたよね。あのインタビューは、ソ連国営テレビで放送されました。私も番組を見ましたが、佐藤さんは実に堂々としていました。この機会に是非、ラジオに出てください。リスナーの親しみも増すと思います」

「何を話せばいいのでしょうか」

「何でも自由に話してください。モスクワ放送に対する要望や批判も自由に伝えてください」

日本向けの国際放送に登場するなんて夢にも思っていなかった。何事も経験だと思って引き受けることにした。

「生放送ですか」と僕が尋ねた。

「いや、今日の番組編成は既に決まっているので動かすことができません。だから収録になります」とレービンさんが答えた。

「喜んでお引き受けします」と僕は答えた。

レービンさんは、「ちょっと失礼します」と言って、西野さん、それにロシア人2人と立ったまま打ち合わせを始めた。「スタジオは、すぐに使えます」という西野さんの声が聞こえた。

「すぐに収録をしましょう。恐らく、ラジオ局で収録するのは初めての経験と思います。普段、友人と話をするときとまったく変わりません。落ち着いて、西野さんがする質問に答えてください。もし、間違えたら『間違えました』と言って、もう一度、間違える直前の場所から話してください。後できれいに修正することができます。それではスタジオに行きましょう」

レービンさんと西野さんの後について、廊下を歩いた。大きな鉄扉に布が貼られている。スタジオの入口のようだ。西野さんが、大きなドアノブを動かした。

に言ってどんな感じなのでしょうか」

「率直に言っていいですか」と僕は尋ねた。

「どうぞ。遠慮しないで佐藤さんが考えていることをおっしゃってください」

「少し堅いという印象が強いです」

「堅い？」

「そうです。真面目な番組が多い。もう少し、気楽に聴ける番組があってもいいと思います」

「例えばどんな番組ですか」

「リクエスト音楽の時間をもっと拡大してもいいと思います」

「それはいい考えです。佐藤さんが日本に戻った後、ソ連旅行の感想を是非、手紙で送ってください。放送でも紹介したいと思います。今日はどうもありがとうございました」

「こちらこそどうもありがとうございます」

1秒くらい経ったところで「オーケー」というロシア人の女性の声がした。

僕は、モスクワ放送について、「少し堅いという印象が強いです」という感想を述べて、ほんとうに良かったのだろうかと不安になってきた。ソ連人は建前を重視するという。問題発言をしてしまったのではないだろうか。

スタジオから外に出ると、レービンさんが、ニコニコ笑って握手を求めた。

「言い過ぎたでしょうか。僕がモスクワ放送は少し堅いと言ったのは……」と言うとレービンさんは、笑いながら「それでいいんです」と言って、こう続けた。

「私たちもモスクワ放送の内容は堅すぎると思っています。日本のラジオ局と競争して勝てるような番組を作らなくてはならないと思っています。今、佐藤さんが話した内容は、そのまま日本に向けて放送します。来週にはオンエアするので、佐藤さんが日本に戻る前に放送されます。これから、どこか観光したい場所がありますか」

「特にありません」

「インツーリストのガイドは、既に戻しているので、うちのニーナに佐藤さんをホテルまで送らせます。車ではなく、地下鉄で行きましょう。それでいいですね」

「地下鉄の方がいいです。是非乗ってみたいと思っていました」

レービンさんは、「ニーナ!」と言って、ロシア語で何か指示した。ニーナさんは「ダー(はい)」と返事をした。

放送局の出口まで、レービンさんが送ってくれた。握手をしながらレービンさんがこう言った。

「東京に着いたら、篠原さんと日下さんにくれぐれもよろしくお伝えください。それから、今回の、ソ連と東ヨーロッパの旅行については、記録をまとめておくといいと思います。出

版することができるかもしれません」

「いや、出版なんてできないでしょう」

「いや、佐藤さんは、いろいろなことに気付くので、きっと面白い読み物になると思います。それから、出版しないとしても、記録を残しておくことで、記憶が整理されます。今年の夏休みの経験は、今後のあなたの人生に大きな影響を与えると思います」

「どうもありがとうございます」

「将来の職業について考えていますか」

「いいえ。できれば、中学校の英語教師になりたいと思っています」

「それよりも、大学でロシア語を勉強してジャーナリストになるといいと思います。モスクワの特派員になれば、とてもいい仕事ができると思います」

「そんな立派な仕事には就けないと思います」

「大丈夫です。学校の勉強も一生懸命に頑張ってください。佐藤さんとは、また、きっとお会いすることになります」

そう言った後、レービンさんは、早口でニーナさんに何かを指示した。

地下鉄の駅は、建物のすぐそばにあった。駅の入口に、大きくMの表示が出ている。メトロの頭文字だ。駅に入ったが、切符売り場がない。ニーナさんは、小銭入れから、コインを

取り出して、僕に渡した。大きな5コペイカ（12・5円）のコインだ。ニーナさんは、「私は日本語を話せません」と日本語で言った後、すべてロシア語で話す。言っていることの意味はわからないが、身振りで何をすればいいか、推察できる。

ニーナさんは、自動改札機に5コペイカ硬貨を入れて、改札を通り抜けた。僕もまねをしてみた。無事に改札を通り抜けることができた。ゴーゴーと激しい音が聞こえる。エスカレーターだ。40メートルくらいの深さがある。地下は点くらいにしか見えない。エスカレーターは木製だ。右側に人が立っている。ニーナさんが右側に立ったので、僕も後についた。左側では、早足でエスカレーターを降りていく人がいる。転んだらあぶなくないのだろうか。日本ではエスカレーターを歩くなんて考えられない。ロシア人はせっかちなのだろうか。ニーナさんに聞いてみたいが、言葉が通じないのでやめた。

エスカレーターの下には、小さなブースがあって、紺色の制服を着て赤い腕章をつけた年輩の婦人が座っている。エスカレーターの秩序を管理しているようだ。エスカレーターもホームも掃除が行き届いている。ゴミ一つ落ちていないし、落書きもない。ホームの端の壁に電光掲示板がついている。1秒ごとに数字が増えている。前の電車がいつ出発したかを示す表示のようだ。3分もしないうちに電車がホームに入ってきた。強い風が巻き起こる。扉が、勢いよく開いた。気をつけないと、指を戸袋に引き込まれそうだ。座席は、すべて埋まって

いる。昼だというのにほぼ満員だ。2〜3駅行ったところで、ニーナさんが降りると身振りで示した。ホテル・メトロポールの最寄りの駅なのだろうか。

エスカレーターを上がった後、ニーナさんは通路をずっと歩いていく。どうも別の地下鉄に乗り換えるようだ。今度も木製のエスカレーターに乗り換えたが、深さはそれほどでもない。ただし、駅には、労働者や農民の絵の壁画が描かれている。プロレタリア・リアリズムの美術館のようだ。すぐに地下鉄がやってきた。3〜4駅で、ニーナさんについて電車を降りた。今度は、ステンレス製のエスカレーターだ。かなり深い。音は木製のエスカレーターよりもずっと小さい。外に出ると、「赤の広場」のすぐ横だった。真ん前にホテル・メトロポールが見える。モスクワの地下鉄は、網の目のように張り巡らされているので、移動はとても楽だ。どこまで乗っても5コペイカなので、値段については心配する必要がない。社会主義国でなければ、このような地下鉄網は整備できないと思った。

「もうホテルはすぐそこなので、同行はここまでで結構です」と英語で言ったが、ニーナさんには通じない。レービンさんから、ホテルの中まで僕をきちんと送り届けるようにと指示されたのだろう。ホテルの入口には、ドアマンが立っている。ニーナさんに何かを言った。ニーナさんは、ハンドバッグから2つ折りになった身分証明書を見せ、何か言った。ドアマンは、ていねいに返事をして扉を開けてくれた。僕がポケットからホテルの宿泊カードを取り出そうとすると、ドアマンは、手を横に振って「必要ない」とジェスチャーで伝えた。ホテルのロビーに着くと、ニーナさんは僕に握手を求め、日本語で「さようなら」と言った。僕が、ロシア語で「ダ・スビダーニャ（さようなら）」と言うと、ニーナさんも笑って「ダ・スビダーニャ」と答えた。

初めてラジオに出たので疲れた。外はまだ明るく、市内観光をすることもできるが、部屋に戻って寝ることにした。部屋はスイートなので、寝室は厚いカーテンで仕切られた別室になっている。きっと帝政ロシア時代から、こういう部屋の作りだったのだろう。すぐに寝付いてしまった。電話が鳴ったが、どうせ闇ドル買いの誘いなのだろうと思って無視して寝ていた。15分くらいして、再び電話のベルが鳴った。部屋には枕元と、リビングルームの書斎机の上にそれぞれ電話がある。日本の子ども電話のようなプラスチックでできたきゃしゃな電話機だ。ただし、ベルの音はかなり大きい。うるさくて眠れないので電話を取った。

「もしもし、佐藤優さんですか」

いきなり日本語で相手が話すので驚いた。

「はい。そうですが、どちらさまでしょうか」

「モスクワ放送のレービンです」

「レービンさんですか。驚きました。ドルの両替を誘う闇商人からの電話だと思って出ませんでした」

「ドルや、ジーンズを売ってくれと言うような連中には、関わり合わないでください。残念ながら、ソ連にも質(たち)の悪い人がいます。ところで私はとても重要なことを忘れていました」

「何でしょうか」

「佐藤さんに出演料を支払うのを忘れていました。封筒をポケットに入れていたのですが、局を出るときに佐藤さんとの話に熱中していて渡しそびれてしまいました」

「別に出演料はいりません」

「いいえ。労働には対価が伴います。佐藤さんをただ働きさせるわけにはいきません。恐らく、人生で初めて受け取る給与かと思います」

「確かにそうです」

「思い出になります。御両親にソ連のお土産を買っていくといいでしょう」

「ありがとうございます」

「ニーナが、ホテルにお金を届けに行きます。30分もしないうちにニーナから電話があると思うので、ロビーで封筒を受け取ってください」

出演料があるとは思わなかった。いったいどれくらいあるのだろうか。15分後にニーナさんから電話があったので、ロビーに降りていった。わざわざホテルに来てくれたのだから、喫茶店で話をしようと思って、「コーフィー・オア・ティー」と誘ったが、ニーナさんは、「スパシーバ、ノ、ラボータ（ありがとうございます。でも仕事があります）」と答えた。ニーナさんは、モスクワ放送のロゴが入った封筒を渡し、身振りで中身を確かめろと指示した。封筒を開けると、一度も使ったことがない新札で、赤色の10ルーブル札が8枚、それに青色の5ルーブル札と緑色の3ルーブル札にコインがいくつか入っている。90ルーブル近くある。公定レートならば2万2500円になる。確かロシア人の平均給与が150ルーブルだった。わずか15分の出演で、こんなにお金をもらっていいのだろうか。ニーナさんが、受取証にサインしてくれと言うので、サインした。

部屋に戻って、レービンさんに電話をした。

「多額のアルバイト料をもらって恐縮しています」と僕は言った。

「いや、特に多い額ではなく、外国人のゲストには、全員同額をお支払いしています。残念ながら米ドルや日本円に両替することはできません。もっとも、それだけあれば、一般の店でそこそこのお土産を買うことができます。ホテルには、ベリョースカ（外貨ショップ）以外にソ連人が買い物をする土産物店もあります。そういうお店ならば、ルーブルで買い物ができます。ソ連では、お土産物の値段も全て国定価格で、同じ値段です。市内では買えない商品がインツーリスト系のホテルの売店では売っているので、そこで買い物をするといいでしょう。それから、レストランにはチョコレートが置いてあります。これも国定価格で買えるので、お土産にお勧めします」

「いい情報を得ました。どうもありがとうございます」と僕は言って受話器を置いた。

時計を見ると午後4時だった。8時にはホテルを出なくてはならない。それまで仮眠を取ることにした。部屋の目覚まし時計を7時半にセットした。すぐに眠りについた。

目覚まし時計のけたたましい音で目が覚めた。7時半だ。荷物をまとめて1階に降りていって、インツーリストの窓口でチェックアウトの手続きを取った。

「よくない情報があります」と窓口の女性が言った。

「サマルカンド行きの飛行機が遅れます」

「どれくらい遅れるのでしょうか」

「よくわかりませんが、最低2〜3時間は遅れます」

「原因は何ですか」

「現地の天候のせいです」

「欠航になる可能性はありますか」

「欠航にはなりません。どんなに遅れても出発します。空港でのチェックインは予定通りに行われますので、8時にホテルを出てください。あちらにはインツーリストの専用待合室がありますので、そこで休憩をとってもらうことになります。いま、パスポートと航空券を持ってきます」

そう言って、インツーリストの係員は奥に入った。空港の待合室で数時間も待つのは退屈だが、天候が理由ならば仕方がない。

5分くらいで係員が戻ってきた。

「パスポートと航空券です。航空券は、サマルカンドまでとサマルカンドからブハラまで、ブハラからタシケントまで、タシケントからハバロフスクまでに分かれています。失くすと再発行の手続きがたいへんですから、大切に保管してください」

「わかりました」

「車はチャイカを用意しました。ただし、旧式です」

チャイカはロシア語で「カモメ」という意味だ。

「構いません。チャイカには一度乗ってみたいと思っていました」

「そういう希望をする外国人のお客さんは多いです」と言って係員は笑った。

「ロシア人の間では評判が良くないのですか」

「チャイカは偉い人が乗る車ですが、故障しやすいです。ですから、私は、外国人のお客さんにボルガを勧めています」

係員に案内されて、ホテルの駐車場に行った。全長が5メートルをはるかに超えるリムジン車が停まっている。

「これが、佐藤さんがドモジェードボ空港まで行くチャイカです」

度肝を抜かれるような迫力のある車だ。幅は2メートルくらいあるし、車高も僕の身長（163センチ）と同じくらいだ。以前調べたところでは、排気量は5500ccもある。重さは2トン以上ある。上に別の車体を乗せるとマイクロバスになるという。最高時速は160キロだ。燃費は、リッター当たり5キロも走らないという。日本に同種の車はない。

ドモジェードボ空港は、ホテル・メトロポールの南約45キロにある国内空港だ。アシュハバード（トルクメニスタン）、タシケント（ウズベキスタン）、サマルカンド（ウズベキスタン）、フルンゼ（キルギス）、ドゥシャンベ（タジキスタン）、アルマアタ（カザフスタン）、スヴェルドロフスク（スヴェルドロフスク州）、ハバロフスク（ハバロフスク地方）、ウラジオストク（沿海地方）などに向かう便が飛んでいる。ただし、スヴェルドロフスクやウラジオストクは、外国人の立ち入りが認められていない。従って、外国人はこれらの便の切符を買うことができない。

チャイカは平均時速100キロくらいで走り始めた。これならば20分くらいで空港に着くと思ったがそうはならなかった。途中でエンストを起こしてしまったのである。どうもバッテリーが上がってしまったようだ。運転手は、車の先端にクランクをつないで勢いよく回すが、エンジンがかからない。僕にも何か手伝えることがあるかと思って外に出たが、運転手は、身振りで車の中にいろと指示した。運転手は、手を上げて走ってくる車を停めようとする。どの車も、面倒なことに巻き込まれたくないと思って停まらない。やっとトラックが1台停まった。チャイカの運転手とトラックの運転手が話をしている。チャイカの運転手はトランクから、先端に大きなクリップがついているケーブルを取り出した。トラックから電気を分けてもらうようだ。ケーブルをつないで、チャイカの運転手がキーを回してアクセルを踏んだ。激しい勢いでエンジンが回り始めた。きっとチャイカは整備が面倒で、エンストしやすいのだ。だから、さっきインツーリストの職員が自分ならばチャイカよりもボルガを選ぶと言ったのだ。

エンストで30分くらい時間をロスしたであろうか。午後9時にはドモジェードボ空港に着いた。空港は薄暗く、上野駅のようだ。インツーリストの看板がなかなか見つからない。英語で「アエロフロート」と書いた看板の横に、小さな文字でインツーリストと書いてある。部屋はガラス張りだ。扉を開けた。

「佐藤優さんですね」と中年で少し太ったロシア人女性が日本語で話しかけてきた。軍人のような制服を着ているが、インツーリストのバッジがついている。

「私はターニャと申します。ドモジェードボ空港でのインツーリストの責任者です。残念ながら、サマルカンド行きの便は、最低で5時間遅れます」

「午前3時の出発ということですか」

「現在の予定ではそうですが、もっと遅れる可能性があります。もっとも使用する飛行機は、すでにサマルカンドからこちらに向かって飛んでいます」

「どんな機種ですか」

「イリューシン18です。古いプロペラ機です」

「ワルシャワからブダペシュトに移動するときに乗りました」

「佐藤さんは東ヨーロッパも旅行したのですか」

「そうです」

そう言って、僕はエジプト航空でカイロ経由、チューリヒまで出て、その後は国際列車でプラハとワルシャワに行き、さらに飛行機でブダペシュトとブカレストを訪れ、汽車でキエフに入り、モスクワまで来たと話した。

「珍しいルートですね」とターニャさんは言った。

「そうでしょうか」と僕は尋ねた。

「日本人の旅行者のほとんどは、ドモジェードボ空港とハバロフスク空港を結ぶ便を利用します。機種も最新のイリューシン62なので快適です。日本人の旅行客が多いので、日本語ができる私がここにいます」

「日本語はどこで勉強しましたか」

「インツーリストに入ってから学校に通って勉強しました。読み書きにウエイトが置かれていたので、勉強はたいへんでした」

「日本を旅行したことはありますか」

「残念ながら、一度もありません。いつか必ず行きたいと思います」

「チャンスはあるのですか」

「インツーリストは、年に1~2回、ソ連人観光客の日本ツアーのプログラムを組んでいます」

「有料ですか」

「もちろんです。もっとも値段はたいしたことはありません。ただし、希望者が多いので、なかなか順番が回ってきません」

「いつか日本に行けるといいですね」

「そう思います」

2人で話をしていると40歳くらいの白人の外国人が入ってきて、激しい調子で英語でまくしたてた。訛りの強い英語だ。アメリカ人やイギリス人ではない。

ターニャさんが英語で、「天候不良による遅れなので、こちらとしてはどうしようもありません」と説明する。しかし、男性は引き下がらない。

「こういうとき、西側の航空会社は無料でホテルを用意する。この付近にホテルを取ってくれないか」と男性は大きな声で言う。

「残念ながら、ドモジェードボ空港付近には外国人の宿泊が認められたホテルは一つもありません。モスクワ市内のインツーリスト系ホテルも現在はピークシーズンで満室です」とターニャさんは言った。

「俺は遊びで来ているんじゃない。サマルカンドで仕事があるんだ」と男性は怒鳴る。

「少し静かに話ができませんか。うるさいです」と僕が言った。

男性は、「何!」と言って僕の方を向いた。

37

興奮している白人は、身長が180センチメートルくらいある。僕は男の顔を見上げて言った。

「大声を出しても事態は改善しません。天候不良ならば不可抗力じゃないですか。ターニャさんを怒鳴っても問題は解決しません」

「そんなことは俺だってわかっている。あんたは観光客だろう」

「そうです」

「だったら気楽でいい」

「そんなことはありません。僕だって、8月27日にナホトカを出港する船に乗らないと、新学期に遅れてしまいます。今日、サマルカンド行きの飛行機が出なくなるんで、日程を変更しなくてはならないかもしれないと心配しています」

「アエロフロートの国内便は、いつも満席だ。1機欠航になっても、次の便に空席なんかない。アエロフロートに強く言っておかないとモスクワで2〜3日足止めを食らう」

今度は、普通の口調で、男は言った。この男は決して興奮しているわけではない。計算した上で大声で叫んだのだ。

「どこから来られましたか。僕は日本から来ました。現在はギムナジウム（高校）の生徒です」

「俺はドイツのミュンヘンから来た。機械関係の仕事をしている」

男は、握手を求めてきたので、僕も相手の手を握った。男は名前を言ったが、長い名前なので覚えられなかった。僕も名乗ったが、相手も僕の名前は覚えずに、最後までIとｙｏｕで話をした。

「欠便の場合、外国人乗客は、必ず次の便に乗れるようにします。今、アエロフロートの責任者とドイツ語の通訳を呼んできます」と言って、ターニャさんは、部屋を出ていった。僕とドイツ人の2人が残された。

「ソ連にはよく来るのですか」

「10回以上、来ている」

「ソ連の印象はどうですか」

「悪いところじゃないよ。ただし、外国人を受け入れる態勢が整っていない。特に中央アジアはひどい」

「どうしてですか」

「長い間、外国人の出入りを厳しく制限していたからだ。モスクワやレニングラード、或いはキエフならば、何かトラブルがあっても柔軟に対処することができる。しかし、中央アジアではそうはいかない。ホテルも飛行機も常にオーバーブッキング状態にある。飛行機の切符を買っていても満席で乗れなかったり、ホテルの予約をしていても、宿泊料金を事前に払い込んでおかないと、宿泊できなかったりすることがある。別にアエロフロートやインツーリストに悪意があるのではない。旅行を希望する人に対して、飛行便とホテルの数が極端に不足しているから、トラブルが頻発する」

「だから大きな声を出して、ターニャさんを脅したのですね」

「脅したんじゃない。当然の権利を主張しただけだ」と言って、男は笑った。

僕も次のサマルカンド便に乗れるのだろうか。さらに中央アジアに行ってから、飛行機の欠航など、トラブルに巻き込まれることはないのだろうか。少し不安になってきた。このドイツ人は中央アジアの事情にも詳しそうなので尋ねてみることにした。

「僕はこれからブハラに行く予定なんですが、サマルカンドからの乗り継ぎはうまくいくんでしょうか」

「ブハラには何泊する予定だ」

「2泊です。サマルカンドで3時間ほど待って、ブハラに移動する予定です」

「サマルカンドからブハラへの乗り継ぎ便には間に合わない。ただし、飛行機は日に2〜3便出ているので、次の便には間に合うと思う。アエロフロートは、外国人の観光客を最優先する」

「ビジネスマンよりもですか」

「そうだ。俺たちビジネスマンは、ソ連の国営企業が身許引受人になっているので、放っておいても何とかなると思っている。観光客の場合はそうはいかない。しかし、なんで中央アジアに一人旅をするのか」

僕は、高校1年生の夏休みで、東欧、ソ連の一人旅を計画したことをかいつまんで説明した。

「中央アジアは、一人旅の観光客を受け入れる態勢は整っていない」

「しかし、日本の旅行会社では、一人旅もできると言われ、それで航空券を買い、ホテルのバウチャーや送迎の支払いをしました」

「多分、現地では、他の外国人観光団にあんたも加えられると思う。確かブハラは数年前に、外国人の立ち入りが認められるようになったばかりだ。個人の観光客を受け入れるための車もガイドも十分にいないと思う」

「大丈夫でしょうか」

僕は不安になって、ドイツ人に尋ねた。

「大丈夫だよ。しかし、時には大声を出して自分の要求をきちんと伝えておかないと、置いてけぼりにされることがある」

話をしているうちに、当初、このドイツ人に対して覚えた嫌悪感は消えてしまった。この人は、ソ連の内情に通じた専門家なのだと思った。

「ソ連にはよく出張するのですか」

「年に2〜3回は来る」

「ロシア語は話さないのですか」

「全然、話せない。勉強しようと思ったこともあるが、難しいのでやめた。仕事で必要な局面では、ソ連側からドイツ語がわかる人がかならず出てくる。地方のホテルでもドイツ語がわかる人が必ずいる。ただし、国内線の空港では、ドイツ語が全然通じないので困ることがある」

「ただしここでは日本語が通じますよ」

「ほんとうか」

「ほんとうです。ターニャさんは、日本語を上手に話します」

「それは驚いた。ソ連の国内線空港で英語以外の外国語が通じることはまずない」

「多分、日本の横浜から船でナホトカに出て、そこから夜行寝台でハバロフスクに行き、国内線に乗り換えてモスクワ経由でヨーロッパに行く日本人が多いので、この空港のインツーリストには日本語に堪能な職員を配置しているのだと思います」

「それならば合理的だ」

　こんなやりとりをしていると、ターニャさんが20代後半の女性と男性を連れてきた。女性は透き通るような金髪で、パンプスを履いている。背はそれほど高くなく、パンプスを履いて僕と同じくらいなので、靴を脱げば160センチくらいだろう。ターニャさんとは別の制服を着ている。男性は30代前半だろうか、身長が175センチくらいで、茶色いジャンパーを着ている。女性の制服の胸には、АЭРОФЛОТ（アエロフロート）と書かれたバッジがついている。制服のボタンには、プロペラが描かれている。ソ連航空国内線の職員なのだろう。この女性が話すと、ジャンパーの男性がドイツ語で通訳をした。もっともインツーリストのバッジをつけていないので、正式の通訳ではないようだ。

　ドイツ人も早口で話す。5分くらいやりとりをしているうちに、話がついたようだ。ターニャさんが、僕の方を向いて声をかけた。

「佐藤さんは、この空港のそばにあるホテルで泊まることを希望しますか。ツインルームしかあいていないので、こちらのドイツ人と同室になります。宿泊料金は2ルーブル80コペイカで、外貨ではなく、ルーブルで支払ってください。ルーブルは持っていますか」

「あります。しかし、僕はこのまま空港で夜明かしをしても構いません」

「しかし、飛行機の出発時刻はまだはっきりしていません。明日の昼頃になるかもしれません」

「ターニャさんはどうするんですか」

「2人をサマルカンド行きの飛行機に乗せるまでが、私の仕事ですから、ずっとここにいます」

「それならば僕もここにいます」

「わかりました」

ターニャさんは、茶色いジャンパーを着た通訳に早口で何か話した。早口のロシア語は歌のように聞こえる。それを通訳がドイツ語に訳す。同じ内容なのだろうが、まったく別の歌を歌っているようだ。

ターニャさんは、僕とドイツ人を隣の部屋に案内した。そこはテーブルが5～6卓ある喫茶室だった。

通訳がドイツ人に早口のドイツ語で説明した。ドイツ人は、「ヤー、ヤー（はい、はい）」と答え、通訳の説明に納得しているようだった。その間にターニャさんが、奥のキッチンから瓶入りのミネラルウオーターとコップを持ってきた。ターニャさんが、瓶の栓を抜き、コップに注いでくれた。ターニャさんは、僕の方を向いて、「いま、紅茶とサンドイッチを準備してきます」と言って、アエロフロートの女性と通訳と一緒に出ていった。

「これからホテルに行くんですか」と僕が尋ねた。

「空港から車で15分くらいのソ連人用ホテルに部屋を取ってくれた」とドイツ人が答えた。

「ソ連人用ホテルに外国人が泊まることができるんですか」

「資本主義国の観光客やビジネスマンはできないが、東ドイツやポーランドからの訪問者ならば宿泊できる。今回は、サマルカンド行きの飛行機が出なかったので、特別扱いにしてくれたのだろう。ターニャさんは、かなり大きな権限を持っている。それに親切だ」

「確かに親切です。僕はソ連を旅行していて、インツーリストの職員が想像していたよりもずっと親切なのに驚きました」

「ロシア人は、外国人には親切だ。ただし、この国の体制はよくない。外国人と個人的な友人になることはできない。俺は10回以上、この国に来ているが、ロシア人の家に招待されたことは一度もないよ。外国人を家に招くことができるのは、特殊な人たちだけだ」

「特殊な人というと」

「ソ連共産党の幹部かKGB（ソ連国家保安委員会＝秘密警察）の将校だけだ」

「しかし、ポーランドやハンガリーでは、僕は普通の人の家を訪問しました」と言って、ワルシャワの大衆食堂で偶然知り合った労働者の家を訪ねたこととブダペシュトでフィフィの家に泊まって、一緒にバラトン湖を旅行したことを話した。

「ソ連と東ヨーロッパ諸国は全然違うよ」と言って、ドイツ人は笑った。ドイツ人の話によると、東ヨーロッパは、半分は西ヨーロッパのようなものだ。アルバニアを除けば、国家は、市民が外国人と接触することを、ソ連ほどには厳しく制限していない。ソ連並みに外国人の行動を規制しているのは東ドイツだけだが、それでも東ドイツ人の家庭を外国人が訪れることはよくあるということだった。

「なぜ、ソ連政府は、市民が外国人と接触することをこれほど厳しく制限するのでしょうか」と僕は尋ねた。

「それは、ソ連がヨーロッパではないからだと思う」とドイツ人は言った。

「どういうことでしょうか。僕には、ドイツ人もポーランド人も、ロシア人も特に大きな違いはないように思えます」

「確かに見た目は、そう大きく違わない。しかし、ドイツ人とポーランド人、チェコ人、ハンガリー人はそんなに違和感を覚えずに話をすることができるが、ロシア人の場合はそうではない。むしろ、中東の人たちとロシア人は近い感じがする」

「中東の人たちですか」

「そうだ。イラン人やトルコ人とロシア人は似たところがある」

イラン人やトルコ人とロシア人のどこが似ているのだろうか。僕にはピンとこなかったので、黙っていた。

「君は中東に行ったことがあるか」とドイツ人が尋ねた。

「行きにエジプト航空を使ったので、カイロ空港でトランジットしましたが、中東の国を訪れたことはありません」

「中東でも政府がかなり強権的な支配をしているよ。しかし、一人一人はいい人たちだ。ただし、政府の方針には逆らわない」

「中東にはよく行くんですか」

「ソ連と同じくらい行っている。サマルカンドやブハラは、モスクワよりもずっとアンカラに雰囲気が近いよ」

「そうですか」

「ソ連の支配がそんなところにまで及んでいる。今でもみんなイスラム教を信じている。そして、男は全員、四角い帽子を被っている」

「その帽子を買うことはできますか」

「ホテルのベリョースカで売っているよ。値段も5ドルくらいだと思う」とドイツ人は言った。

　こんな調子で話をしているうちにターニャさんと通訳が、盆に紅茶とオープンサンドイッチを持ってやってきた。白パンの上にサラミ、チーズ、ハムが載ったサンドイッチだ。

「私が夜食用に持ってきた材料でつくったので、これしかできません。恐らく、明日、空港のレストランが開く前にサマルカンド行きの飛行機が出ると思うので、これを食べておいてください」とターニャさんは言った。通訳がドイツ語で何か説明していたが、きっと同じことを伝えたのだろう。ドイツ人は、「スパッシーボ（ありがとう）」と言ってオープンサンドイッチを手に取った。僕は、紅茶に角砂糖を入れた。ソ連に来てから慣れた長方形の角砂糖だ。紅茶はかなり熱いのになかなか溶けない。

自分が夜食用に持ってきた食料を分けてくれるなんて実に親切だ。そういえば、この春休みに北海道を旅行したときにも、列車の中で見ず知らずの人から、おにぎりやお菓子をもらったことを思い出した。困ったときに助けてくれるというのは、日本人もロシア人も同じなのだと思った。オープンサンドイッチのパンは、ホテルで出てくるのと同じ物であったが、サラミソーセージ、チーズ、ハムはとても美味しかった。「今は、ピクルスを切らしていて、失礼しました」とターニャさんが言った。僕は「おいしいサンドイッチを頂けたので十分です」と答えた。

食事を終え、紅茶を飲み干したところで、通訳がドイツ語で何か言った。ターニャさんは、「ホテルに行く車が来ました。もう一度、お伺いしますが、佐藤さんはホテルに泊まるつもりはありませんか」と尋ねた。

「ありません。空港の待合室で夜を明かします」

「疲れますよ。ホテルに泊まられることをお勧めします。インツーリストのホテルほど快適ではありませんが、この待合室よりはましです」

「私は若いですから、1晩くらい寝なくても大丈夫です」

「わかりました。これ以上は勧めません」とターニャさんは言った。

僕はドイツ人に挨拶をして、車寄せまで見送った。

ターニャさん、通訳と、さっきの喫茶室に戻った。先程のアエロフロートの女性職員も戻ってきた。

「ようやく問題が片付きましたね。ああいう風に騒ぐ人はときどきいるのですか」と僕は尋ねた。

「アメリカ人やドイツ人には、飛行機が欠便になると、ああいうふうに大きな声を出す人がときどきいます」

「しかし、大きな声を出しても事態が変わるわけではない。静かに冷静に話をすれば、ターニャさんはホテルを準備してくれたと思います」

「それはそうです。しかし、世界は広くて、いろいろな性格の人がいるので、仕方ありません」

「日本人の対応はどうですか」

「私はここで15年仕事をしていますが、怒鳴るような日本人に会ったことは、一度もありません。紹介が遅れましたが、アエロフロートのナターシャさんです。まだ若い人で独身です。アエロフロートで仕事をしてからは2年目です。残念ながら現在はロシア語しか話せませんが、そのうち、英語や日本語の勉強もすると思います」

ターニャさんは、そう言った後、僕について何かロシア語で説明した。ナターシャは「オーチン・プリヤートナ（お会いできてうれしいです）」と言って、僕に握手を求めた。僕が手を差し出すと、ナターシャは、僕の掌を軽く握った。

「こちらは、ワロージャさんです。アエロフロートの職員で、ドイツ語がとても上手です。ただし、英語はまったく話しません」とターニャさんが紹介してくれた。

ワロージャと握手をした。とても強く握ってきた。

ターニャさんが、紅茶をいれて、今度はクッキーを持ってやってきた。段ボールの小箱に入ったクッキーだが、バターやチョコレートをふんだんに使っている。ホテルでも食べたことのないクッキーだった。

「このクッキーは初めて食べました。僕が泊まったホテルで出たクッキーはもっとパサパサしていました」

「このクッキーは、特別に注文して購入した物です。職場には、注文販売の窓口があります。ここで注文しておくと、街の商店では手に入りにくい、肉やソーセージ、それに菓子類が簡単に手に入ります」

「インツーリストの事務所だけにあるのですか」

「いいえ。どの職場にもあります。前日、注文しておけば、翌日の夕方には受け取れるので、買い物時間を節約できて、とても便利です」

「値段は高いのですか」

「国営工場で作られたものですから、値段はどこで買っても同じです。ベリョースカにもときどき出ているので、外国人観光客のお土産としても評判が良いです」とターニャさんは言った。

それから、2時間くらい、ナターシャとワロージャから質問攻めにあった。2人とも日本の文化に強い関心を持っている。特に生け花について、いろいろな質問をされたが、僕には知識が欠けているので、まともに答えることができなかった。日本史の勉強をきちんとしなくてはいけないと思った。

僕からは、ロシアの伝統的な飲み物のクワスについて尋ねた。ナターシャもワロージャもいろいろな意見があるようで、2人でいろいろ議論をしていた。その内容をターニャさんがまとめて日本語で話してくれた。

「2人は、クワスについて、いろいろ議論をしていましたが、結論は同じです。佐藤さんは街でクワスを飲んだことがありますか」

「残念ながらありません。日本の旅行ガイドブックには、夏は街角にクワスのタンクが出て、販売されていると写真付きで紹介されていますが、現物を見たことはありません」

「ゴーリキー公園やソコーリニキ公園には出ています。あるいはヴェー・デー・エヌ・ハー（ВДНХ、国民経済達成博覧会）に行けば、クワスの売店があります」

「ヴェー・デー・エヌ・ハーには、時間がなくて行けませんでした。ただし、『今日のソ連邦』でこの博覧会に関する記事はたくさん読みました」

「特に宇宙開発に関するパビリオンが興味深いです。そのそばで、クワスを売っています。クワスはロシアの伝統的な飲み物で、軽く泡立っています」

「コーラのような感じですか」

「コーラほど強い炭酸ではありません。しかし、街で売っているクワスはおいしくないので、家で作った方がいいとナターシャもワロージャも言っています。私もそう思います」

「家でクワスを作ることができるのですか」

「簡単です。黒パンと酵母と砂糖があれば、簡単に作れます。それから、料理にも使います」

「クワスで料理を作るのですか」

クワスでどんな料理を作るのだろうか。好奇心が湧いてきた。

「そうです。オクローシュカという名前を聞いたことがありますか」

「いいえ。初めて聞く名前です」

「キュウリ、タマネギ、茹でたジャガイモ、大根やハムを細切りにしてかき混ぜます。それにかたゆで卵を半分に切って載せます」

「サラダのような感じですね」

「そうです。それにクワスをかければ、オクローシュカになります。夏にはスープの代わりにオクローシュカを食べることが多いです」

「しかし、クワスは甘いんじゃないでしょうか」

「オクローシュカに使うクワスはあまり甘くありません。好みでスメタナ（サワークリーム）や塩、胡椒を入れることもあります」

「レストランで食べることができますか」と僕は尋ねた。

ターニャさんは、ワロージャとナターシャに僕の質問をロシア語に訳して伝えたようだ。

2人は議論をしている。結論がまとまったようで、ターニャさんが日本語で説明する。

「残念ながら、外国人が宿泊するインツーリスト系列のレストランやモスクワ市内の高級レストランでは、オクローシュカは出ません」

「どうしてですか」

「ホテルや高級レストランの夕食にボルシチは出ませんよね」

「確かにそうです」

「家で日常的に食べているものをわざわざレストランで食べようと思う人は少ないです。オクローシュカもそのような家庭料理です。しかし、モスクワ市内では、夏場にオクローシュカや冷たいボルシチを出すカフェがあると、ワロージャとナターシャが言っています。私はそういうカフェに行ったことはありません。茹でたビーツを細かく切って水で溶いた冷たいスープを、オクローシュカの具にかけると冷たいボルシチになります」

「おいしいんですか」

「私は好きです。しかし、冷たいボルシチやオクローシュカを一切、受け付けない人がいます」

ナターシャが、僕の方を向いて、ロシア語で何か言った。ターニャさんが「ナターシャさんは、これから仕事があるので、2~3時間、席を外します」と日本語に訳した。

「何の仕事があるんですか」と尋ねると、ナターシャに僕の質問を翻訳せずにターニャさんが答えた。

「明日の飛行機の乗客名簿の作成です。ノートに手書きで作成するので時間がかかります」

「僕は明日のサマルカンド行きの飛行機に乗れるのでしょうか」

「大丈夫です。過去にサマルカンド行きの飛行機が2日間、欠便したことはありません。機種もイリューシン18なので、乗客は75人乗れます。アエロフロートの国内線は、常にオーバーブッキングになっています」

「どうしてオーバーブッキングになるのですか」

「これは西側の航空会社でもしてることですが、予約だけしてキャンセルする乗客がいるからです。特にソ連国内線の場合、航空運賃は鉄道運賃と同じです。ハバロフスクやウラジオストクになれば、寝台列車の方が高いです」

「確かに日本で料金表を見て、航空運賃が安いのに驚きました」

「だから、予約をして切符を買っていても、当日、飛行機に乗らない人もいます。オーバーブッキングをしていないと空席が出てしまいます」

「しかし、切符を買っているのに乗れなかった乗客から不平不満が出ませんか」

「飛行機に乗れない可能性がある人には、切符を販売するときにそのことを伝えているので、特に文句は出ません」

「そのときは運賃を払い戻すのですか」

「全額、払い戻します」

「僕の場合、オーバーブッキングで次の便に乗れない可能性がありますか」

「心配しないで大丈夫です。絶対にありません。外国人観光客には最優先で座席が与えられます」とターニャさんが答えた。

ターニャさんが、ここまではっきり言うのだから、明日、サマルカンドに着けることは確実なのだろう。少し安心した。

38

少し疲れが出てきたのか、ターニャさんと話をしながら、僕は何度かうとうとした。

「ソファで仮眠をとった方がいいです。いま、毛布と枕を持ってきます」とターニャさんが言った。

「大丈夫です。こうして、話している方が楽しいです」と僕は答えたが、ターニャさんは、

「いや、少し寝た方がいいです。飛行機は満席ですし、中央アジアはひどく暑いですから、

疲れが出てきます」と言って席を外した。15分くらいしてターニャさんが戻ってきた。

「会議室のソファで仮眠できるようにしておきました。行きましょう」と言って、僕を廊下の向かい側の部屋に案内した。20人くらいが会議できる部屋だ。マホガニーの大きな会議用テーブルが置いてある。壁に沿って、3人掛けのソファがあるが、そこが簡易ベッドになっていた。

「どうもありがとうございます」と言って、僕はソファに横になった。

「私はずっと事務所で仕事をしています」

「仮眠はとらないんですか」

「電話をしたり、書類を書いたりと、仕事があるので、仮眠をする余裕はありません。もっとも明日から3日間は職場に出なくてもいいので、こういう24時間勤務も悪くはありません」とターニャさんは言った。

ターニャさんが電気を消して部屋から出ていったので、僕は、靴と靴下とジーンズを脱いで、ソファに横になった。疲れていたのだと思う。すぐに寝込んでしまった。

暫くして、目が覚めた。夜が明けている。時計を見ると8月21日の午前6時だ。8月後半でもモスクワでは日本と比べると日照時間が長い。日本の雰囲気だと昼という感じだ。ソファから外に出たが寒い。吐く息が少し白くなる。スーツケースの中から、フィフィにもらったセーターを取り出さなくてはならないと思った。ジーンズと靴をはいて、ターニャさんの事務所に行った。

「寒いです。先程、預けたスーツケースからセーターを取り出したいです」

「わかりました。荷物室に置いてあるので取ってきます」とターニャさんが言った。ワロージャがいないので、力仕事もターニャさんがしなくてはならないようだ。申し訳ないと思ったので、僕は「自分でします」と言った。すると、ターニャさんは「佐藤さんは、インツーリストのたいせつなお客さんなので、ここで待っていてください。日本の女性と異なり、ロシアの女性は力仕事にも慣れています」と言って出ていった。

10分くらいして、ターニャさんが僕のスーツケースを引いて戻ってきた。

「頑丈なスーツケースですね。それなのに軽い。ソ連にはこういうスーツケースはありません」

「だいぶ高かったです」

「いくらですか」

「1万7000円しました」

「グム（国営百貨店）ならば、同じ大きさのスーツケースを50個買うことができます」

「50個も！」

「そうです。しかし、2～3回、飛行機に荷物を預けたら壊れてしまいます」

「留め金と鍵が壊れてしまうのですか」

「いいえ。スーツケース本体に穴が開くことが多いです」

「ええっ！」

「ソ連製のスーツケースは、厚紙でできています。だから壊れやすいのです」

そういえば、チェコスロバキアやハンガリーでは、スーツケースをよく見かけた。布製、金属製、革製（恐らく豚革）のしっかりしたスーツケースを何度も見かけた。しかし、ソ連に入ってから、スーツケースを見かけたことはあまりない。キエフからモスクワへの寝台列車でも、ほとんどの人がボストンバッグと段ボール箱に荷物を入れていた。グムには、焦茶色のスーツケースが大量に並べられていたが、誰も買っていなかった。

「飛行機に乗るときに、ロシア人はスーツケースを使わないのですか」と僕は尋ねた。

「まず、ボストンバッグに荷物を入れて、できるだけ機内に持ち込もうとします」

「その方が、荷物の重量制限にかからないですか」

「いいえ、違います。アエロフロートの場合、機内に持ち込む荷物もすべて計量します。重量制限は20キログラムで、これを超えると超過料金をとります」

「それじゃ、どうして荷物を機内に持ち込むのですか」

「預けると、受け取りのときに、間違えて誰かが持っていってしまうことがあるからです。特に良いものだと持っていかれてしまうことを、誰もが心配します」

ターニャさんは、言葉を慎重に選んでいるが、要は盗難がよくあるので、乗客が荷物を機内に持ち込みたがるということだ。

「それに、空港によっては、荷物が出てくるのに、かなり時間がかかることがあります」とターニャさんは付け加えた。

「どれくらいですか」

「2時間くらいかかることもあります」

「それじゃ、このスーツケースも機内に持ち込んだ方がいいでしょうか」と僕は尋ねた。

「こんな大きな荷物は機内に持ち込めません」と言って、ターニャさんは笑った。

「あなたはTシャツだけで、旅行をしているのですか」とターニャさんが尋ねた。

「いいえ、学生服とサマーセーターも持っています」と僕は答えた。

「確か、パスポートの写真も学生服姿でしたね」

「そうです」

「ソ連では、こういう制服を着るのは軍隊の学校の生徒ですから、写真だけを見ると軍人と間違われることがあります。次に来るときは、スーツにネクタイ姿の写真でパスポートを作るといいと思います」

「わかりました」

確かにブダペシュトで学生服を着てフィフィとレストランに行ったとき、周囲から好奇の目で見られたことを思い出した。

「しかし、8月のモスクワがこんなに寒いとは思いませんでした」と僕は言った。

「日本人は8月を夏と考えますが、ロシア人にとっては秋です。8月後半、朝は10度くらいに気温が下がります」

そう言って、ターニャさんは、窓際に行った。

「この部屋の温度は、今、12度です」

吐く息が少し白くなるわけだ。

「暖房はつけないんですか」

「モスクワは、お湯の工場が、配管を通じて住宅、事務所、工場に熱湯を送って暖房します」

「お湯を沸かす工場があるんですか」

「そうです。だから、工場に近い住宅では、真冬に気温がマイナス20度でも室温は27～28度になります」

「それじゃ、暑いじゃないですか。暖房の温度を調節できないんですか」

「各住宅では調節できません。暑いですが、屋内では夏と同じ薄着で過ごします」

「窓を開けて、温度を下げることはしないんですか」

「絶対にしません。危ないです」

「危ない⁉」

「そうです。真冬に窓を開けたりしたら、あっという間に室内の温度が氷点下になり、水道管が破裂します。窓を開けなくても、少しでも隙間があれば、室温が零度近くに下がります」

「それじゃ、どうやって室温の低下を防止するんですか」

「だいたい10月になると、全ての窓の隙間を紙で目張りします」

「紙で大丈夫なのですか」

「大丈夫です。糊で何重にも貼りつけるので、隙間風は入ってきません」

「それでも、室温が28度もあると息苦しいじゃないですか」

「その場合、ときどき玄関を開けて室温を調整します。玄関を開けると室温はすぐに10度台に下がります」

モスクワの冬対策は、日本では想像できないほど面倒なようだ。

「暖房用の給湯はいつごろから始まりますか」

「地区によって若干、異なりますが10月です」

「それまでかなり寒いですね」

「そうです。実はモスクワでいちばん寒いのは、給湯が始まる前の9月と終わった直後の4月です。4月や9月だと雪が降ることも珍しくありません」

「そんな時期に雪が降るのですか」

「降ります。8月末に雪が降ることだってあります」

「8月に雪が降るなんて、日本では北海道でも考えられません」

「ロシアは北国なんです。モスクワで絶対に雪が降らないのは、6月と7月だけです」とターニャさんは言った。

「4月と9月に石油ストーブや電気ストーブを使うことはないのですか」

「石油ストーブは、ダーチャ（別荘）で使うことがあります。ただし、大型なので市内の住宅には持ってこられません。電気ストーブは、どの家にも1～2台あります。とりあえず、手足を温めることができるので、重宝しています」

「中央アジアは暑いのでしょうか」

「今ならば30度を超えています。飛行機の中もかなり暖かいですから、ここではセーターを着て、機内で脱げばいいと思います」

僕はスーツケースを開けてフィフィからもらった茶色のセーターを着た。

「よく似合います。ただし、日本製じゃないですね」

「わかりますか」

「わかります。私は一年中、日本からの観光客やビジネスマンを見ています。スタイルも色も日本のセーターとは異なります」

僕は、ブダペシュトでフィフィから、セーターをもらった話をした。そのついでに日本からハンガリーのペンフレンド協会に手紙を書いてフィフィと知り合い、それが今回の旅行のきっかけになったことを説明した。

「ハンガリーはうらやましいですね」とターニャさんが言った。

「どうしてですか」

「親しくなった外国人を自宅に泊めることができるからです」

「ソ連ではできないのですか」

「できません。自宅に外国人を招くときにも、いろいろ面倒な手続きがあるので、みんな諦めてしまいます」

「ターニャさんのように、インツーリストに勤務している人でも、外国人を自宅に招くことはできないのですか」

「絶対にできないわけではありませんが、手続きが面倒です。事実上、できないということです」

ターニャさんは、淋しそうに答えた。それから、ちょっと、考えているようで黙った。1分くらいして、ターニャさんが、「佐藤さんにお願いしたいことがあります」と言った。

「何ですか」

「これから、私が手紙を書くので、それを日本で投函してほしいのです」

「構いません。相手はロシア人ですか」

「いいえ、日本の商社に勤めている男の人です。とてもいい人で、手紙を書きたいのですが……」

「モスクワから国際郵便を使うことはできないのですか。僕の家にはモスクワ放送局からよく国際郵便が届きます」

「モスクワ放送局は政府の機関だから問題ありません。個人が国際郵便を使うことは、あまりありません。それに郵便局で手紙がどこかに紛れてしまうことがときどきあります。ですから、ロシア人は国内でも、手紙を人に託すことがよくあります」

ターニャさんは、個人が外国に手紙を出すと、検閲が行われ、場合によっては手紙が没収されることを示唆している。手紙を預かると面倒なことになるかもしれないが、これだけ親切にしてもらったので、多少のリスクは引き受けてもいいと思った。

「わかりました。お引き受けします」

「郵便料金はルーブルでしか払えませんが、構いませんか」

「家に切手がたくさんあるので、郵便料金については心配するに及びません」と僕は答えた。

「それじゃ、しばらくナターシャさんのところにいてください。案内します」そう言って、ターニャさんは僕をアエロフロートの事務所に案内した。

ナターシャは、書類を照合しながら、A４判の分厚いノートにリストを作成していた。乗客名簿のようだ。

ターニャさんが、ナターシャに何か言った。ナターシャは、「ダー、ダー（はい、はい）」と答えた。

「それじゃ、30分くらい待っていてください」とターニャさんは言って、部屋を出ていった。

ナターシャは英語がまったくわからない。だから、やりとりは身振りになる。ノートのある行を指した。ロシア語の筆記体で、（サトウ・マサル・ヤポニア）と書いてある。ロシア語は、活字体と筆記体がかなり異なるが、何とか解読することができた。ナターシャは「サマルカンド」と言う。どうやら、「次のサマルカンド行きの便に搭乗できるので、心配するな」と言っているようだ。僕は、「スパシーバ（ありがとう）」と答えた。

しばらくして、ターニャさんが戻ってきた。

「朝ご飯を食べに行きましょう」と言う。

また、オープンサンドイッチを作ってもらうのだろうか。あまり迷惑もかけたくない。ナターシャも席を立って、身振りで一緒に行こうと誘う。僕はついていくことにした。昨日のカフェに案内されたが、もう開店している。

ターニャさんは、店の隅の席に僕とナターシャを招いた。

「空港のカフェは、午前7時からやっています。きちんと朝ご飯を食べましょう」とターニャさんが言った。

「飛行機では機内食が出るでしょうか」と僕は尋ねた。

「サマルカンド行きならば出ますが、日本航空のようなおいしい食事ではありません。ここできちんと食べていった方がいいです」

「わかりました」

「あまり、メニューがないので、私が決めてもいいですか」

「お願いします」

ターニャさんは、ウエイトレスを呼んで、注文を伝えた。最後に、ウエイトレスが僕の方を向いて「コーフィー・オア・ティー?」と尋ねたので、僕は「コーヒー、プリーズ」と答えた。

ホテルでの朝食では、30分くらい待たされることもあったが、ここではすぐに食事が出てきた。キャベツの漬け物、生のトマト、目玉焼き、ソーセージ、ケフィール(ヨーグルト・ドリンク)、黒パンと白パン、それにコーヒーだった。

「お金を払います」と僕が言うと、ターニャさんは「職員はタダです。佐藤さんも今日は名誉職員なのでタダです」と言った。

ターニャさんが、ロシア語でナターシャに質問をした。ナターシャがそれに答える。2人が何を話しているのかは、まったくわからない。ターニャさんが僕の方を向いた。

「サマルカンド行きの飛行機は、午前10時半に出ます。搭乗は1時間前なので、午前9時半ですが、佐藤さんは最後に搭乗してもらうので、10時になります」

「何で最後なんですか」

「アエロフロートの国内線に乗ったことがありますか」とターニャさんが尋ねた。

「いいえ、今回が初めてです」

「国内線は、国際線と違って、自由席が原則です」

「そんな話は初めて聞きました。日本で読んだガイドブックには、ハバロフスクからモスクワの便は指定席だと書いてあった記憶があります」

「モスクワ—ハバロフスク便は例外です。外国人だけ、指定席になっています。国内線は自由席なので、搭乗時に席を取るために混乱が起きます。外国人用の席は、別途、確保してあるので、混雑が終わってから乗ってもらうようにしています」

「席が一杯になって、乗れないということはありませんね」と僕は言った。

「それは、絶対にないので、安心してください」とターニャさんは答えた。

ターニャさんは、ポケットから手紙を取り出した。

「ちょっと見てください。日本語としておかしくないですか」

僕は手紙を手に取った。方眼紙のような紙にボールペンの几帳面な筆跡で日本語が書かれている。この前、モスクワを訪れたときに自分と娘に土産を持ってきてくれたことへの感謝と、元気に仕事をしている、そしてあなたがまたモスクワに来ることを楽しみにしているという内容だ。

ラブレターではないが、ターニャさんがこの日本人商社員に好意を持っていることが伝わってくる。また、夫についてまったく書いておらず、娘に言及していたので、もしかするとターニャさんはシングルマザーではないかと思った。しかし、余計なことは尋ねないようにした。

「しっかりした日本語です」

「どうもありがとうございます。それじゃ、この封筒に入れて送ってください」と言って、ターニャさんは切手が刷り込んであるソ連製封筒を渡した。宛名を見ると、聞いたことのない会社の名前が書いてあった。きっと専門商社なのだろう。

日本に帰った翌日、僕はその商社員に「モスクワのドモジェードボ空港でお世話になったインツーリストのターニャさんから手紙を預かりました」と書いた添え状を入れて、手紙を送った。3日後に商社員から、僕に電話がかかってきた。「ターニャと娘さんが元気なことを知りうれしかったです。お手数をおかけして恐縮しました」という話だった。礼儀正しくて優しそうな人だという印象を受けた。

空港での朝食は、想像したよりも、ずっとおいしかった。キャベツの漬け物は、あえて言うと糠漬けに近かった。それにひまわり油をかける。そうすると独自の風味があっておいしい。ソーセージは、ホットドッグに使うような長いものだ。ゆでたソーセージだが、ジューシーだった。目玉焼きは、鉄製の皿の上に卵を載せて、オーブンで焼いてある。堅焼きだ。白パンも黒パンも焼きたてでおいしい。コーヒーは、底に粉が残るトルコ風だった。

「家でもこれくらいたくさん、朝ご飯を食べるのですか」と僕は尋ねた。

「これくらいは食べます。ロシア人は、とにかく食べることが好きです」と言ってターニャさんは笑った。

カフェの窓から飛行機が見える。森の前に、ツポレフ114（Tu‐114）らしき飛行機が駐まっているのが見えた。この飛行機は、1952年に初飛行した核兵器を搭載できる爆撃機ツポレフ95（Tu‐95）を旅客機に改造したものだ。史上最大のプロペラ旅客機だ。座席数は、最大220まで増やすことができた。エンジンは4つだが、エンジンごとに2つずつプロペラがついていて、それが逆回転する。それによって、プロペラ機なのにジェット機並みのスピードが出た。旅客機として運用されたのは1961年からで、1967年にモスクワ─東京便が開設されたときもツポレフ114が用いられた。五木寛之の小説『さらばモスクワ愚連隊』の冒頭に主人公が旅客機でモスクワに向かう場面が描かれるが、これがツポレフ114だ。1969年にアエロフロートのモスクワ─東京便はジェット機のイリューシン62（Il‐62）になったので、日本でツポレフ114の姿を見ることはできなくなった。

「何か気になることがありますか」

「ええ。あそこに2機駐まっているのは、ツポレフ114じゃありませんか」

「そうです。しかし、もう引退した飛行機です。近く、解体されるはずです」

「もったいないですね。史上最大のプロペラ旅客機なのに」

「佐藤さんは、飛行機に関心があるのですか」

「第二次世界大戦中、父親が日本陸軍の航空隊にいたので、子どもの頃から飛行機の話はよく聞かされていました。だから、少し関心があります」

「写真を撮りますか」

ソ連では空港の写真撮影は厳しく禁止されている。

「いいんですか」

「2〜3枚、撮るだけならば大丈夫です。ついでに私たちの写真も撮ってもらえますか」とターニャさんは言った。

「もちろんです」と言って、僕は窓越しにツポレフ114の写真を2枚撮った後、ターニャさんとナターシャの写真を撮った。その後、ナターシャが僕のカメラでターニャさんと僕のツーショット、ターニャさんが僕とナターシャのツーショットを撮った。

「後で、私の自宅に写真を送ってください」とターニャさんが言った。

「自宅に手紙や写真を送っても大丈夫なんですか」と僕が尋ねた。

「1回ならば、特に問題にはなりません。ただし、飛行機の写真は送らないでください」

「わかりました」

「返事は書かないかもしれませんし、書いたとしても、素っ気ない内容になると思います」

「わかりました」

ターニャさんは、言葉を選んでいるが、検閲があるので、文通はできず、写真に対する礼状も検閲を意識しなくてはならないので、素っ気ない内容にならざるを得ないと伝えているのだ。

日本に帰ってから、ターニャさんに手紙と写真を送った。半年くらい経って、ターニャさんから、日本の商社員と連絡を取ってくれたことと写真を送ったことに対して感謝の意と、ナターシャからもよろしくという伝言を伝える短い手紙が届いた。

ナターシャがハンドバッグから剃刀（かみそり）を取り出した。何をするのかと見ていると、アエロフロートの制服の右袖のボタンを1つ外して僕に渡した。ナターシャはロシア語で何か言った。

「お別れするのは淋しいです。思い出にこのボタンを持っていってくださいとナターシャさんは言っています」とターニャさんが通訳した。

ボタンを手にとって見るとプロペラの絵が描かれている。ドイツ人と一緒にホテルに行かず、ターニャさんやナターシャたちと1晩、空港で過ごしてほんとうによかったと思った。

しかし、ハンガリーと比べて、ソ連が外国人に対して閉ざされた国だということも実感した。

しばらく、3人で雑談をしていると、ワロージャがあのドイツ人を連れてきた。昨日のような攻撃的な雰囲気はまったくない。

「ホテルはどうでしたか」と僕は尋ねた。

「なかなかいいホテルだった。インツーリストのホテルと変わらない。朝食もおいしかった。あなたも泊まればよかった」とドイツ人は答えた。

「次回、こういうことがあったときは、ホテルに泊まることにします。今回は、ここで徹夜して、インツーリストやアエロフロートの職員たちと、いろいろな話ができてよかったです」

「それならばよかった。サマルカンド行きの飛行機も、10時半に出るとのことだ。1時間半後だ」

僕たちが話をしていると、カフェのウエイトレスがやってきて、ドイツ人に「朝食をとるか」と尋ねた。ドイツ人は、「コーヒーだけくれ」と答えた。ターニャさんとナターシャはカフェから出ていった。

ドイツ人は陽気にいろいろ話しかけてくるが、僕は上の空だった。ターニャさんから預かった手紙が、ナホトカから出国するときに税関で引っかかってトラブルになることを考えると不安になった。しかし、一旦、引き受けたことを覆すわけにはいかない。ここは腹を括らなくてはならないと思った。

しばらくして、ターニャさんがやってきた。

「これから飛行機に御案内します」とドイツ人には英語で、僕には日本語で言った。出口に行くとバスも車も停まっていない。何か手違いがあったのだろうか。

「サマルカンド行きは、あの飛行機です。歩いていきましょう」とターニャさんが言った。飛行機は500メートルくらい先に駐まっている。徒歩だと7～8分はかかるだろう。ドイツ人と僕は、ターニャさんについて歩き始めた。

39

急に僕は、スーツケースが飛行機に積み込まれているかどうかが気になった。

「確か手荷物を預ける手続きをしていなかったと思うんですけれど、僕のスーツケースは飛行機に積み込まれていますか」とターニャさんに尋ねた。

「大丈夫です。サマルカンドの空港でも優先して受け取れるようになっています」とターニャさんが答えた。

飛行機はモスクワを10時半に出発する。サマルカンドまでは4時間半かかる。サマルカンドとモスクワの時差は2時間で、サマルカンドが先行している。そうなるとサマルカンドに着くのは午後5時だ。ブハラ行きの飛行機は、翌朝6時の出発になった。モスクワで足止めを食らってしまったせいで、サマルカンドに泊まることになるが、観光はできないだろう。しかし、ターニャさんとゆっくり話し、ソ連社会の内面を少し知ることができたので、それはそれでよかったと思う。

飛行機のタラップのところで、ターニャさんは、ドイツ人と僕をスチュワーデスに引き継いだ。ターニャさんが「佐藤さんと会えて、とてもうれしかったです。またいつか、必ずモスクワに来てくださいね。私はずっとドモジェードボ空港のインツーリスト・オフィスで仕事をしていると思います」と言って、胸につけていた「INTOURIST」と書かれたバッジを外して僕に渡した。

「お金では買えないお土産です。たいせつにしてください」とターニャさんは言った。

「これをもらうとターニャさんに迷惑がかかるんじゃないですか」と僕は尋ねた。

「どこかで無くしたと言えば、再発行してくれます。私はもうベテランなので、こういうことでは融通がききます」とターニャさんは言った。

スチュワーデスが、ドイツ人と僕を機内に誘った。機種はイリューシン18だった。ポーランドのワルシャワから、ハンガリーのブダペシュトに移動したときのポーランド航空の飛行機もイリューシン18だったが、アエロフロートの方がずっと新しい。恐らくソ連は東欧諸国の航空会社に、アエロフロートで一定期間使用した中古飛行機を供与しているのだろう。

イリューシン18は、ターボプロップ・エンジン4基の中型飛行機だ。アエロフロートの旅客機のほとんどが、軍用機から転用されたのに対し、イリューシン18は、最初から民間旅客機として設計された珍しい機体だ。飛行機の進行方向に向かって左側に3人掛け、右側に2人掛けの座席がついている。前後の間隔は、ポーランド航空の同機種と比べてもかなり狭い。国内線だからすし詰めにしているのかもしれない。ソ連人の乗客は、既に乗り込んでいて、全員、着席していた。ドイツ人は、1列目の2人掛け座席の窓側に案内された。僕は10列目くらいの、3人掛けの席の窓側に案内された。

僕たちが席に着くとすぐにアナウンスがあった。ロシア語だけなので何を言っているのかわからない。それにしても、シートもシートベルトもとても華奢だ。シートは、スバル360の座席に似ている。確かポーランド航空のイリューシン18も同じような座席だったと思う。隣は、ロシア人の母子だ。真ん中には、小学3～4年生ぐらいの女の子が、通路側には母親が座っている。2人はよく似た顔をしているし、金髪だ。ただし、女の子が細身であるのに対して、母親は軽く100キログラムを超えているだろう。この小学生もいずれは、母親のように大柄になるのだろうか。

それよりも、華奢なシートが、これだけ大柄な人をよく支えることができるものだと思った。機内を見回すと文字通り満席だ。また、100キログラムを超えそうな人が4人に1人くらいいて、小さなシートに身を押し込めるようにして座っている。隣の女の子は、熱心に本を読んでいる。ロシア文学の教科書のようだ。女の子と母親に目礼をした。女の子は笑顔で反応したが、母親は目礼は返したものの、緊張した顔をしている。外国人と接触することを避けようとしているのだろうか。

飛行機がゆっくりと動き出した。機内でロシア語のアナウンスがある。何を言っているか、全然わからないが、スチュワーデスが立ち上がって、救命胴衣の使い方について説明を始めたので、非常時の案内をしていることがわかった。もっとも、モスクワとサマルカンドの間に海はない。だから、救命胴衣を使うような状況は生じないであろうが、一応、規則通りに説明しているようだ。それから、機内では禁煙の電光掲示板が常時点灯している。シートの肘掛けを見ても、灰皿がついていない。ワルシャワからブダペシュトに向かうイリューシン18には、灰皿がついていたし、タバコを吸う乗客が多く、機内が煙っていたことを思い出した。ソ連の国内線は、すべて禁煙になっているようだ。非常時の説明が終わったところで、スチュワーデスが席に着いた。飛行機が滑走路に入ったようで、プロペラが回転速度を上げる。かなりうるさい。離陸すると、急上昇を始めた。気流がよくないせいか、かなり揺れる。女の子は、飛行機に乗り慣れているのだろうか、全然、気にしないで、本を読み続けている。

しばらくして水平飛行に入り、ロシア語のアナウンスがあり、シートベルト着用のランプが消えた。ただし、シートベルトを外す人はほとんどいない。気流のせいで、飛行機が揺れているからだ。ターボプロップ・エンジンを使っているので、イリューシン18は、理論的には高度1万メートルくらいを飛行することが可能なはずだが、そうするとエンジンの効率が悪くなるので、5000〜6000メートルの低空を飛行しているのだろう。低空では気流の影響を受けやすく、かなり揺れる。

通路側の席に座っている母親が、「フェアー・ドゥー・ユー・カム・フローム？　キタイ？」と尋ねてきた。英語とロシア語のチャンポンだ。「お前はどこから来たのか？　中国か？」ということだ。

「ノー、フローム・ジャパン。ヤー・ヤポーネッツ（いいえ、日本からです。私は日本人です）」と答えた。

すると、それまで緊張した面持ちだった母親が、満面に笑みを浮かべた。

「ヤポーネッツ。オーチン・ハラショー（日本人、たいへんに素晴らしい）」と言って、母親はロシア語で何か言ったが、まったく意味がわからない。

ほんとうは「中国人だったら、何が悪いんだ」と聞き返したいのだが、それに相当するロシア語が頭に浮かんでこない。

ソ連では、中国敵視政策が徹底的に行われているようだ。モスクワ放送でも「今日のソ連邦」でも、中国を批判する特集が頻繁に組まれていたことを思い出した。むかし、モスクワのルムンバ民族友好大学に留学して、中ソ論争で中国側につくようになった元日本人留学生たちが書いた本を読んだことがあるが、その内容を思い出した。そこにはこんなことが記されていた。

〈足立　ソ連で本格的に反中国キャンペーンをやりだしたのは、一九六二年の末、カリブ海危機が終わったころからだった。あの当時のことを思い出してみると、われわれのロシア語の先生で、中国に行ったこともあり、中国語もできる人が、ぼくたちのまえで、急に中国人の悪口を言い始めた。「中国人は、お客の接待がへただ」などということからはじめてね。それというのも、経済地理の先生なんかも、ずいぶんえげつない反中国キャンペーンをやったもんだ。こんなにちっちゃい幼稚園の子供までが、われわれが通りすぎると、おいと指さすんだ。あれは中国人だってね。雪をぶっつけたりしてね。

新谷　そうね。冬、みんなでスケートをやるでしょう。ロシア人はスケートは、それこそ、自由自在で非常にじょうずですよね、それにがらも大きいだろう。そうするとね、あっ、あすこに中国人がスケートをやってる、なんてことになると、すうっと近よってきて、ふいにどーんと体当りをくらわせて行くわけだ。だから中国人に似てるからってんでね、生命が危険になる。
原田　そのうえに、クロスを切るあたりに、なにか小さな金物を置いたりするんだ。するとスケートで全速力で、それに乗り上げると、クロスを切るときは、体がななめになっているから、すごいころび方をするんですよ。そんなことを何度もやられて、ノイローゼになった日本人もいた。
新谷　それで、かれは、でっかい、日の丸のワッペンをスケートの服につけて、「日本人だ」ということを知らせるとかね（笑声）。そんなことをやって身の危険を防ごうとしていた。
足立　それから、街の食堂で食事をしていると、いきなり酔っぱらっている男が、立ち上がって、「ここには中国人がいる場所はないんだ、出て行け」なんてどなり始めるんだな。そこで「なにをぬかすか。おまえはおれをだれだと思っているんだ」と言うとね、まあ結局、かっこうのつかぬことになるわけだ、中国人だと思ってやったけれど、中国人じゃないもんだからね。

一般に日本人が西洋人を見るとどこの国の人かはっきり区別がつかないように、ロシア人の目から見ると東洋人というのは区別がつかないから、みんなもう中国人だと思ってね、そのために、日本人学生も、ずいぶんいろんな侮辱を受けたし、ほんとうに物理的な被害も受けた。

新谷　ブルジョア民族主義というよりもっと以前の民族主義というか、人種差別といおうか、そういう形で、こんにちのソ連では中国人排斥運動が、激しく行なわれている。「私は日本人で、中国人ではない」と言って、自分は被害をのがれるということは、われわれの場合、一応できはしたけれども、全くなさけない話だ。「わたしは何人ではなくて何人です」、などと言わなくては安全を保障されないような社会主義があるだろうか。そんなプロレタリア国際主義ってあるだろうか。これはいったい、ナチス・ドイツのユダヤ人排斥とどれだけの違いがあるというのか。

こういう現象が、一部のきわめて意識のおくれた連中によって引き起こされたというのならまだしも、ソ連では、国家機構を総動員して、全国力をあげてこれをやっているんだ。〉（新谷明生／足立成男／佐久間邦夫／原田幸夫『ソ連は社会主義国か―モスクワ留学生は語る―』青年出版社、1971年、107〜109頁）

中国派の人たちが書いた本だから、若干の誇張はあるとしても、ソ連が国をあげて反中国キャンペーンを展開していることは間違いない。そう言えば、ルーマニアからソ連に入国して、今までに中国人らしき人を一人も見たことがない。僕の隣に座っている母子も、生身の中国人を見たことは一度もないと思う。しかし、中国人に対しては、憎しみと恐怖感を抱いているようだ。国家のプロパガンダは、実に恐ろしいと思った。

女の子は、少し英語を話す。小学4年生で、サマルカンドに住んでいるという。顔から判断して、女の子もお母さんもロシア人かウクライナ人で、中央アジア系の血は入っていない。夏休みで、お母さんと一緒にモスクワの親戚の家に滞在し、これから家に帰るところだと言う。読んでいるのは、学校から貸与されたロシア文学の参考書で、この参考書に収録されている作品について、感想文を書かなくてはならない。レールモントフの詩が好きなので、それについて書くつもりだという。女の子は、英語で僕に話した内容を、お母さんに逐語的にロシア語に訳する。お母さんは、うれしそうに頷く。母子の仲がよく、お母さんはとても教育熱心なのだと思った。僕は、ソ連流に言うと10年生で、ハンガリーのペンフレンドを訪ねるついでに、東欧諸国とソ連を1人で旅行しているという話をした。女の子に「海外旅行に出かける生徒はたくさんいるのか」と問われたので、僕は「ソ連や東欧に行く生徒は少ないが、アメリカに語学研修のために夏休みの間、留学する生徒はときどきいる」と説明した。女の子は、「サマルカンドの学校でも、ブルガリアや東ドイツに、夏休みに団体で生徒が訪問することがある。また、ブルガリアや東ドイツの生徒たちを受け入れることもある」と言った。僕が「ホームステイをするのか」と尋ねると、女の子は「ピオネール・ラーゲリに泊まる」と答えた。ピオネールとは、ソ連共産党の少年組織で、大抵、宿泊施設を持っている。これがピオネール・ラーゲリだ。ソ連の義務教育は、小学校、中学校、高等学校が一貫制で、夏休みは2カ月あるが、そのうち、1カ月は、ピオネール・ラーゲリで過ごすことになっている。他の東欧社会主義諸国も似たようなシステムを取っているので、その期間を利用して、国際交流を行っているのであろう。

この女の子は、好奇心が強そうだ。ブダペシュトのマルギット島で出会ったブラウエル一家のことを思い出した。ハイケに通じる利発そうなところがある。ただし、女の子も母親も名乗らないし、母親は職業について何も述べない。明らかに僕のことを警戒している。僕というよりも、外国人をすべて警戒しているのだと思う。日本から見ると、ソ連も東ドイツもハンガリーも似たような社会主義国だが、それぞれの国柄がすべて異なる。特にソ連と他の東欧社会主義諸国の間には、かなり大きな断絶があることを今回の旅行を通じて実感していた。

ドモジェードボ空港で半徹夜をしたのが、だいぶ身体に響いたようだ。急に眠くなってきた。僕はうとうとし始め、暫くしたら本格的に寝入ってしまったようだ。どれくらいの時間が経っただろうか。肩を強く揺すられて、目が覚めた。肩を揺すったのは、スチュワーデスだ。スチュワーデスは、前の席についているテーブルを出して、機内食のトレーをその上に載せた。アエロフロートの国内線では、6時間以内の飛行では機内食が出ず、ミネラルウオーターを配られるだけだという話をなにかで読んだことがあるが、モスクワ―サマルカンド便では、機内食が出るようだ。かなり分厚い黒パンが2枚、大きな塊のチーズが1つ、それに銀紙に包まれたバターが載っている。ガラスのコップとプラスチックでできたカップが置いてあるが、中には何も入っていない。スチュワーデスが、瓶に入った透明の水とピンク色の水を示す。どちらかを選べということらしい。ピンク色の水を選んだ。微炭酸のアセロラドリンクだった。口にしてみると、ほのかな甘味があっておいしい。その後、スチュワーデスは、バケツから、トングのような金属製の器具で、トレーの上に鶏肉を置いた。茹で鶏のようだ。胸肉の部分だ。スチュワーデスが、「コフェー・オア・チャイ？（コーヒーにしますか、それとも紅茶にしますか？）」とロシア語と英語のチャンポンで尋ねた。僕は「コフエー・プリーズ」と答えた。するとスチュワーデスは、ヤカンからプラスチックのカップに熱湯をなみなみと注いで、アエロフロートのロゴ入りの袋に入ったインスタントコーヒーを僕に渡した。隣の母子は、紅茶を頼んでいる。

インスタントコーヒーをカップに入れた。泡が立ってエスプレッソコーヒーのような感じになった。トレーには、長方形でアエロフロートのロゴが入った紙に包まれた角砂糖が載っていたので、紙をはがして、カップに入れた。なかなか溶けないのは、ホテルの角砂糖と一緒だ。スプーンでよくかき混ぜて、ほぼ砂糖が溶けたところで、口にしてみた。おいしい。ホテルで飲んだコーヒーよりもはるかにおいしい。アエロフロートの機内食用に特別に作っているものなのであろう。次に黒パンを食べてみた。かなり酸っぱい。ホテルのレストランで出た黒パンと異なり、色も真っ黒に近い。ライ麦の含有率が高いのだろう。女の子の隣のお母さんが、僕の右手を突っついた。黒パンにバターを塗って、その上にチーズを切って載せろと手真似で示す。オープンサンドイッチにしろというのだ。言われる通りにしてみた。酸っぱい黒パンと、コクのあるチーズ、それに無塩バターがよいハーモニーを醸し出して、おいしい。

旅行ガイドブックで、ソ連国内線の機内食は、不味くてどうしようもないという記事を読んだことがある。その話を「日ソ友の会」の篠原さんにした。すると篠原さんは、「この記事を書いた人はロシア人のことをよくわかっていないね」と言った。

「どうしてですか」と僕は尋ねた。

「どの民族も食事に関しては、独自の文化を持っている。例えば、鯛の尾頭付きの刺身は、日本でどういうときに出すか」

「お祝いのときです」

「たいへんな御馳走だろう」

「そうです」

「しかし、アメリカ人やロシア人が鯛の尾頭付きの刺身を見たら戦慄する。特に鯛の尾鰭（おびれ）が動いていて、目がついていると、とても残虐に思える」

「その話は聞いたことがあります」

「これは文化が異なるので、どうしようもない」

「わかります」

「ソ連のルイノック（自由市場）に行くと、肉のコーナーに豚の脂身だけを並べている場所がある」

「脂身だけですか」

「そうだ。ソ連を訪れた日本の視察団員が、『ソ連の物不足はほんとうに深刻だ。価格が高い自由市場にも豚の脂身しかない』というような感想を述べることがある。これは大きな間違いだ」

「どうしてですか」

「あれは、最上質の豚の脂身を塩漬けにした特別料理だ。ロシア語ではサーロという。ロシア人の大好物だ。ソ連では、ステーキ肉よりもサーロの方が高い」

「そうなんですか」

「そもそもソ連でいちばん安い肉は牛肉だ。その次に高いのが豚肉と羊肉だ。もっとも牛肉、豚肉、羊肉の値段はそれほど変わらない」

「そうするとビーフステーキは、ソ連ではそれほど高級品ではないわけですね」

「そうだ。鶏のソテーの方がずっと高い」

「鶏肉が高いんですか」

「そうだ。鶏肉は豚肉の3倍する。だから、鶏肉で作ったキエフ風カツレツがソ連では高級料理と見なされている。私や日下も、ソ連からお客さんが来たときは、必ず焼鳥屋に連れていく。そうすると高級品を奢ってもらったと思ってロシア人は喜ぶ。それから、デザートには、店と相談して、バナナを準備してもらうことだ」

「バナナですか」

「そうだ。バナナはソ連で穫れない。だから、超高級品の扱いになる。ロシア人に出しても感謝されないのがマスクメロンだ。中央アジアではメロンがタダのような値段で販売されている。それがモスクワにも大量に入ってくる。明治屋や千疋屋で高級なマスクメロンを買ってロシア人にプレゼントしても、全然、喜ばれない。食については、土地や民族ごとの文化がある。アエロフロートの機内食にしてもそうだ」

「どういうことでしょうか」

「アエロフロート国際線の機内食は、日本航空やルフトハンザ航空と基本的に変わらない。ごく普通の洋食だ。それは、ソ連人以外の外国人も多く利用するからだ。これに対して、アエロフロート国内線を利用するのは、ほとんどがソ連人だ。そうなると機内食も、ソ連人の口に合ったものになる」

「具体的にどういう違いがあるのでしょうか」と僕は尋ねた。

「まず、パンは、ほとんどの場合、白パンではなく、黒パンが出る」

「ロシア人は、白パンよりも黒パンの方が好きなのですか」

「ロシア人だけでなく、ウクライナ人やベラルーシ人、リトアニア人なども黒パンの方が好きだ。それから、機内食で豚肉が出ることはまずない」

「どうしてですか」

「イスラム教徒とユダヤ教徒は豚肉を食べないからだ。ソ連全体で、イスラム教徒とユダヤ教徒を合わせると総人口の3割を超える。特に長距離移動が多く、飛行機をよく利用する人にはイスラム教徒が多い。だから機内食で豚肉が出ることは稀だ」

「そうすると何が出るのですか」

「茹でた鶏肉か牛肉が出る。鶏肉の方が高級感があるので好まれる」

「日本とは逆ですね」

「そうだ。だから、ソ連人は国内線の機内食を喜んで食べている」

篠原さんの話を思い出したので、僕は周囲を見回してみた。確かに、みんなおいしそうに機内食を食べている。

僕も茹で鶏を食べてみることにした。フォークとナイフで切るのが面倒なので、手でつかんでかぶりついてみた。確かに、ジューシーでおいしい鶏肉だ。新鮮なので、鶏肉特有の臭いもない。トレーには、キュウリのピクルスが1本載っていた。かなり酸っぱいのではないかと覚悟して食べたが、日本の糠漬けのような感じで、まったく酸っぱくなかった。国内線の機内食は、土地の人々の口にもっとも合う食材で作られているのだと思った。

食事が終わると、スチュワーデスは、トレーを回収したが、プラスチックのカップだけは残した。そして、トレーを回収し終えた後、「チャイ、チャイ（紅茶、紅茶）」と言って、通路を回り始めた。コーヒーはもう在庫が切れたので、紅茶だけを配っているようだ。ほとんどの乗客がもらっていたので、僕もそれに倣った。ヤカンからカップに熱い紅茶が直接注がれた。スチュワーデスは、角砂糖と一緒にキャンディーをいくつかくれる。隣の母子を見ていると、キャンディーを口に入れてから、紅茶を飲んでいる。紅茶には砂糖を入れていない。僕もそれを真似てみた。

キャンディーは、ひじょうに溶けやすい。そして、キャンディーの中にはジャムが入っている。このジャムが、口の中で紅茶と合わさって、おいしくなる。どうもジャム入りキャンディーを口に入れて熱い紅茶を飲むというのが、ロシア庶民の紅茶の飲み方のようだ。この飛行機に乗って、ずいぶんたくさんのことを勉強した。

　機内食を食べ終えると僕は再び眠くなった。疲れがかなり蓄積していたようだ。どれくらい時間が経ったのであろうか。ずどんという音と揺れで目が覚めた。隣の母子を含め、乗客が全員拍手をしている。どうもアエロフロート国内線では、着陸したときに乗客が拍手をするのが習慣になっているようだ。しばらくして、飛行機が完全に停止した。ベルト着用と禁煙の電光掲示板が消えた。スチュワーデスがロシア語でアナウンスするが、何を言っているのか、さっぱりわからない。誰も席から動かないところを見ると、「追って指示があるまで、着席したままでいてください」とアナウンスしたようだ。しばらくすると、操縦室の扉が開いて、アタッシェケースを持った操縦士と副操縦士が飛行機から降りていった。それに続いてスチュワーデスが降りていった。乗客だけが飛行機の中に取り残された。すると警察官のような制服を着た男が機内に入ってきた。「ミステル・マサル・サトウ」と大きな声で僕のフルネームが呼ばれた。僕は「イエス」と言って手を挙げた。すると制服を着た男は、「こっちに来るように」と手招きした。僕は、通路に出て、飛行機の前の方に行った。制服を着た男は、1列目に座っているドイツ人と僕を連れて、タラップを降りた。タラップの下には、バンが横付けにされていた。男の制服には、緑色の肩章がついていて、帽子の上も緑色になっている。僕は、どこかで見たことがある制服だと思って、記憶をたどった。確か緑色の肩章と帽子は、KGB（ソ連国家保安委員会＝秘密警察）職員が着用するものだ。ドイツ人と僕を迎えに来たのが、インツーリストの職員ではなく、KGB職員であるという現実に直面して、背筋が寒くなった。僕たち2人を乗せた後、KGB職員もバンに乗り込んだ。車は10分くらい走って、空港の事務所の前で停まった。車中から飛行機の方を見ると、乗客が続々と降りていて、歩いて空港ビルの方に向かっている。空港ビルまでは1キロメートルくらいあるので、15分はかかるだろう。空港リムジンバスのサービスはどうもないようだ。

KGB職員は、無言でインツーリストの事務所に案内した。事務所には東洋系の顔をした中年の男性が1人いた。KGB職員は黙って部屋を出ていった。東洋系の男性は、インツーリストの職員であると自己紹介した上で、「飛行機が大幅に遅れて、たいへんに御迷惑をおかけしました、ホテルは確保してあるので心配ありません」と言った。

「わかりました」とドイツ人が答えた。

「ミスター・サトウは、ブハラに行かれるのでしたね」とインツーリストの職員が尋ねた。

「そうです」

「飛行機が遅れたので、サマルカンドに泊まることになります」

「モスクワの空港でインツーリストの職員から多分そうなるだろうと言われました」

「明日のブハラ行きの飛行機は、この空港から午前6時に出発します」と言った。

「今度は、遅れることはないでしょうね」とドイツ人が質した。

「明日は晴れで、風も穏やかです。飛行機は確実に出るので心配しないでください。ただし、問題が1つあります」

「何ですか」とドイツ人と僕が同時に尋ねた。

「今日は、もう観光が終了しています。明日の観光は、午前9時からですので、サマルカンド観光をすることは、物理的に不可能です」

「わかりました。観光は諦めます」と僕は答えた。

「ただし、あなたは、予定では、サマルカンドを観光してブハラに宿泊するはずでした。サマルカンド観光用のクーポン券を購入して、すでにお金を払い込んでいますよね」

「そうです」

「いかがいたしましょうか」

「そういうときは、スプラーフカ（事情変更証明書）を書いてもらって、後で費用を払い戻してもらうという説明を日本の旅行社で聞きました」

「確かに、それも解決法の一つです。しかし、別の方法もあります。私どもの方で、観光ガイドの予約料、車の借り上げ料に相当する金券証明書を作成します。それがあれば、ホテルの部屋をデラックスルームに替えたり、ベリョースカ（外貨ショップ）でお土産を購入するのに用いることができます」

このインツーリスト職員は、金券作成の方に強く僕を誘導しようとしている。恐らく、スプラーフカの作成と、その後の返金手続きが、ひどく面倒なのだろう。別にガイド料と車代の5000円くらい、どうしても返金させなくてはならないという性質のものではない。僕は、「それでは金券を作成してください」と言った。

インツーリスト職員は、ドイツ人の方を向いて、「少し時間がかかるので、あなたを先にホテルに送ります」と言った。ドイツ人は、「わかりました」と言った後で、僕の耳元で、「金券の額を、実際の倍ぐらいに書かせたらいいよ。これはインツーリストへのかなりの貸しになるよ」と囁いた。

40

僕は、金券の額については何も言わなかったが、インツーリストの職員は、サービスを受けることができなかったガイド料金よりもかなり高い金額の金券を作成してくれた。

「インツーリスト・ホテルのレストランやベリョースカでこの金券を使ってください」

「市内のレストランや商店では使えませんか」

「使えません」

「この金券をルーブルに両替することはできますか」

「残念ながらそれもできません。ただし、あなたが食事や買い物をするのはインツーリスト・ホテルかベリョースカなので特に不便はありません」

「わかりました」と僕は答えた。

スプラーフカ（事情変更証明書）を書かないで済んだので、インツーリストの職員はほっとしているようだ。インツーリストの職員に案内されて空港の外に出た。空港というよりも滑走路のそばに小屋が建っているという方が実態に近い。駐車場に、１９５０年代前半のソ連製中型車ボルガが駐まっていた。インツーリストの職員が助手席の扉を開けて、「この車でホテルまで行ってください」と言う。運転手はウズベク人のようで、四角い民族帽を被っている。しきりに僕に話しかけてくるが、何を言っているかわからない。

「ヤー・ヤポーネッツ（僕は日本人です）」と言うと、運転手は右手の親指を立てて「ハラショー（いいね）」と言った。日本人に対しては良い感情を持っているようだ。

これまで、駅や空港からホテルに移動するときは、ガイドが同行した。ガイドは、監視係も兼ねているのだろう。ここでは、借り上げ車に１人で乗せられた。監視が緩いからなのか、よくわからない。車は砂埃を舞わせながら猛スピードで走り、15分くらいでホテルに着いた。インツーリストというカウンターがあるので、そこに行ったが人が出てこない。30分くらい待って、ようやく中年女性が出てきた。ウズベク人ではなく、ロシア人のようだ。

「ホテルは満室ですが、すぐに都合を付けます。食事は済んでいますか」

「いいえ。ただし、機内食でお腹がいっぱいなので、夕食は抜こうと思っています」

「わかりました。それではそこのカフェで少し待っていただけないでしょうか」

「どれくらいかかりますか」

「1時間くらいです」

ソ連のホテルは常にオーバーブッキングをしている。飛行機が遅れてやってこない予約客の部屋については、「もし予約客がやってきたら明け渡す」という条件で宿泊させているのだろう。もっともソ連のホテルでは、見知らぬ人とツインルームをあてがわれることも珍しくないという話なので、僕のせいで野宿することになる人は出ないはずだ。

ホテルのカフェは、モスクワと比べるとかなりくすんだ雰囲気だった。ルーマニアからソ連に入ったときの国境駅を思い出した。あの駅の待合室に雰囲気が似ている。

中央アジアには、緑茶があるという話を聞いたので、「ゼリョーンヌィー・チャイ、パジャールスタ（緑茶をください）」と尋ねたが、ウエイトレスから「ニェット、トーリカ・コーフェ（コーヒーだけです）」と言われた。中央アジアでは紅茶が普及していると思っていたのに、コーヒーが出てきたのは意外な感じだった。

コーヒーを飲みながら、いろいろなことを思い出した。プラハでワルシャワ行きの列車に乗るのに何時間も並んだことが、数年前の出来事のように思えた。フィフィたちとバラトン湖に行ったのも大昔のことのようだ。ルーマニアで観光はほとんどできなかったが、キエフ行きの列車に乗るときのトラブルは一生忘れないと思う。モスクワでは、街のあちこちを観ることができた。また、モスクワ放送にも出演した。将来、勉強か仕事かわからないが、モスクワを訪れる機会がきっとあると思った。

夏休みのほとんどすべてを使った東欧、ソ連旅行も、ブハラ、タシケントを訪ねた後は、ハバロフスクを残すのみだ。そこから夜行列車に乗って、ナホトカでバイカル号に乗り換える。横浜に着くのは8月29日なので、その3日後には学校が始まる。この旅行が僕の将来にどのような影響を与えるのだろうか。今はまだわからないが、この旅行をしなかった僕と、この旅行をした僕とでは、その後の人生が違ってくるように思えた。

結局、2時間近く待たされて、部屋に入れたのは8月21日の午後9時少し前だった。疲れたので、すぐにベッドに横たわると、そのまま寝てしまった。ドンドンと扉が強く叩かれる。開けるとジェジュールナヤ（鍵番）だ。鍵番のおばさんは、「チェックアウト、サマリョート（飛行機）」と繰り返す。時計を見ると午前4時だ。確かブハラ行きの飛行機は6時発で、空港までは車で15分だから、5時にホテルを出れば十分間に合うはずだ。しかし、ここで文句を言っても仕方がないし、そもそも文句を言えるほどのロシア語力がない。ジェジュールナヤについて、1階に行った。インツーリストには、中年男性の職員がいた。パスポートを戻し、航空券を渡してくれた。

「ずいぶん早く空港に行かなくてはならないですね」

「そうです。本来、外国人は2時間前に空港に着いていなくてはなりません。しかし、1時間半前に着いていれば大丈夫でしょう」

「飛行機は予定通りに出発しますか」

「予定通りです」

ホテルからは、行きと同じボルガに乗せられた。運転手も同じ人だ。外国人を担当する送迎車は数台しかないのかもしれない。空港に着くと、インツーリスト・カウンターではなく、特別室のようなところに通された。若くて美人のグランドホステスがいる。ロシア人のようだ。なぜかインツーリストやアエロフロートで、ウズベク人の姿をほとんど見ない。ソファに座るように勧められた。上手に英語を話す。

「ここはインツーリストの事務所ですか」

「いいえ。代表団のための部屋です。私はインツーリストの職員です」

「代表団のための部屋？」

「外国からの代表団や、共産党の公務で空港を使う人のための部屋です。本来は、インツーリスト用の施設を造らなくてはならないのですが、まだ出来ていないのでここで兼用しています」

　壁には絨毯が掛けられ、ホテルのロビーのような立派な部屋だ。

「コーヒーにしますか、紅茶にしますか」

「できれば緑茶にしたいのですが。日本でウズベキスタンではよく緑茶を飲むという話を聞きました」

「確かにここではよく緑茶を飲みます。しかし、カフェで緑茶を出すところはありません」

「なぜですか」

「よくわかりません」と言って、彼女は肩を少しあげた。

「緑茶自体を買うことはできますか」と私は尋ねた。

「それは簡単です。どの食料品店にも、ホテルに入っているベリョースカのお土産コーナーでも販売しています。それから、ホテルのレストランで食事をすると緑茶がついてきます」

「そうですか。それはありがたい」

ようやくこれでソ連の緑茶を試すことができそうだと僕は楽しみになった。

「それで、今はコーヒーにしますか、それとも紅茶にしますか」とインツーリストの職員は言った。僕は「紅茶にしてください」と答えた。

インツーリストの職員は、部屋の隅にあるバーに行ってウエイトレスに指示をしていた。しばらくすると、ウエイトレスが、紅茶とサラミのオープンサンドイッチ、それにビスケットを持ってきた。お金を払おうとしたが受け取らない。「インツーリスト、インツーリスト」と言う。恐らく、「支払いはインツーリストが済ませている」という意味なのだろう。ソ連旅行を円滑に進めるコツは、インツーリストを十分に活用することだ。

しかし、紅茶のカップ、ホルダー、スプーン、砂糖、オープンサンドイッチの白パンは、サマルカンドでもモスクワでもキエフでも完全に同じだ。恐らく、ハバロフスクやナホトカでも同じなのだろう。スプーン、皿、カップに値段が刷り込んである。もっともサラミソーセージは、土地によって少し異なる。今食べているサラミソーセージには羊肉が入っている。恐らく中央アジアの肉製品は羊肉を使ったものが多いのだろう。

30分くらいしたところで、インツーリストの職員が呼びに来た。バスではなく、歩いて機側まで行くようだ。500メートル先に、アントーノフ24（An－24）が駐まっている。それ以外は、複葉機が十数機、駐まっているだけだ。僕が、アントーノフ24の方を指して、

「あの飛行機に乗るのですか」と尋ねると、アエロフロートの職員は、「そうです。あなたが一番最初に乗ります。中央アジアの飛行機は、いつも満席で、しかも乗客は大量の荷物を持って乗り込みます。外国人が後から乗ろうとしても、席が塞がっていることがあるので、こうして最初に乗って貰います。座席が壊れていないか、十分チェックした上で乗ってください」と答えた。これで、午前4時に起こされた理由がわかった。

空港には十数機のカーキ色の複葉機が並んでいる。胴体と翼に赤い星がついている。

「この複葉機は軍用ですか」

「いいえ、農業用です。種まきや、農薬撒布にも飛行機はよく用いられます」

確か、アメリカでは、農業に飛行機を使うという話を聞いたが、ソ連も同様のことをしているようだ。

ブダペシュトからブカレストに移動したときのルーマニア航空機がアントーノフ24だった。双発プロペラのターボプロップ機で、航続距離が2000キロメートル程度なので、中央アジアの都市間移動には便利なのだろう。

インツーリストの職員とは、飛行機のタラップのところで別れた。タラップからはアエロフロートのスチュワーデスが案内をしてくれた。スチュワーデスは、最前列の進行方向に向かって一番左の席を勧めてくれた。僕は最前列は気乗りがしないので、その1列後ろに座ろうとした。腰を掛けたが、尻が床に着きそうになった。シートが壊れているのだ。さっき、インツーリストの職員が「座席が壊れていないか、十分チェックした上で乗ってください」と言っていたことの意味がよくわかった。結局、スチュワーデスが最初に勧めた1Aの席に座ることにした。機内は2人掛けの椅子が2列並んでいる。恐らく50人くらいが乗り込むのだろう。

僕が乗って10分くらいして、地元の人々が乗り込んできた。両手に大きな袋か鞄を抱えている。リュックサックを背負った人も多い。歴史の教科書で見た戦後の買い出し列車の中のようだ。窓から荷物を積み込む様子を見ていたが、トランクや段ボール箱が次々と積み込まれていく。それに子羊か子山羊かよくわからないが、動物も2匹積み込まれる。僕の隣に座った中年女性も大きな袋を膝の上に抱えているが、それが僕の方にまではみ出してくる。ここでは飛行機は買い出し列車やバスと同じ機能を果たしているのだ。この飛行機に乗っている外国人はどうも僕だけらしい。

乗客は、大きな声で互いに怒鳴り合っている。何をめぐって言い合っているのか、僕にはさっぱりわからない。スチュワーデスの手をつかんで、何かを訴える人もいる。スチュワーデスが、「ニェット、ニェット（ダメ、ダメ）」と答えている。どうも通路に荷物を置いてもいいかということで、争っているようだ。確かに誰もが長さ1メートル、幅30センチくらいの袋を2つか3つ持っている。機内に荷物置き場が足りなくて混乱するのは当然のことだ。

もし、僕が一番最後に乗り込んだならば、荷物に占拠されて席を確保することができなかったと思う。そのあたりの事情をインツーリストはよくわかっているので、僕を最初に乗せたのだ。

2人のスチュワーデスが、乗客がシートベルトをしているか、点検している。シートベルトをしていない人が過半数なので、するようにと厳しく指導している。乗客全員がシートベルトをしていることを点検するのと、通路に置いてある荷物をどかせるのに30分くらいかかった。

いよいよプロペラが回り始めた。機体が滑走路の方に向かって移動する。滑走路に着くと機体が一瞬停まる。それから、プロペラの回転が激しくなる。いよいよ離陸だ。飛行機が離陸し始めた瞬間、機内は静かになった。窓から街の様子が見える。青色のミナレットも見えた。今回は観光できなかったが、いつかまた来るので、そのときはゆっくりサマルカンドの街を歩いてみたいと思った。

エジプト航空機でアラビア半島の上空を飛んだとき、砂漠はうっすら赤く見えた。これに対して中央アジアの砂漠は白かった。アントーノフ24は、低高度を飛行しているようで、窓の下の景色がよく見える。ただし、気流の関係で、飛行機がよく揺れる。揺れるたびに、荷物がいくつか通路に転げ落ちる。旅客機ではなく、貨物機に乗っているのではないかと思った。

飛行時間は正味40分くらいでブハラに着いた。何もないところに滑走路が1本あって、小屋が1つある。あの小屋が空港事務所なのだろう。まず、はじめに僕が飛行機から降ろされた。ウズベク帽を被った男が「INTOURIST」という紙を持って立っているので近寄っていった。

「マサル・サトウさんですね。日本人ですね」

英語で話しかけてきた。

「はい、そうです」

「これから車でホテルに案内します」

そして、またおんぼろのボルガに乗せられた。周囲を見渡しても、車は、おんぼろのボルガしかない。それに車がほとんど走っていない。空港にバスが停まっているが、荷物を山ほど持った人で一杯だ。

「あの人たちは、たくさん荷物を持っているけれど、何が入っているのでしょうか」と僕は尋ねた。

「衣類や日用雑貨です」

「自分で使うのですか」

「自分で使ったり、近所の知り合いに配ったりするものもあると思いますが、バザールで販売することが主な目的です」

「バザール？」

「ロシア語で言うとルイノック（自由市場）です。モスクワのルイノックでは食料品しか売っていないでしょうが、ここのルイノックでは、それ以外の商品も売っています」

ソ連の商品は、すべて国定価格になっている。国定価格以上の値段で売ると投機行為罪で逮捕されることがある。しかし、抜け道がある。委託販売だ。使用済みの商品をリサイクルショップで販売することは認められている。その場合、つける価格は自由だ。だから一般商店で不足している衣類や電化製品などは、委託販売店（コミッシオンヌィー・マガジン）の中古品ならば簡単に手に入る。中古品といっても、包みを解いて、蓋を開けて、再び元に戻すので新品とまったく変わらない。ただし、新品よりも高い。同じ商品で、中古品の方が新品よりも高いというのは、資本主義国の常識からすると奇妙だ。しかし、ソ連の消費者は、高い中古品を買うことで、買い物に費やす時間とエネルギーを節約している。モスクワのグム（国営百貨店）にもウズベク帽を被った人たちがたくさんいたが、委託販売店に転売することを目的で買い物をしていたのだ。

中央アジアは、モスクワと比較してかなり物資が不足しているようだ。どんな状態なのか、後で商店とバザールを覗いてみることにしよう。

車は5分くらいでホテルに着いた。鉄筋コンクリート製のホテルだが、建物が少し傾いているようだ。大きな地震があったら崩れるのではないかと不安になった。タクシーに同乗したインツーリストの職員が、ホテルの事務所に僕を案内した。

「後は、ここで手続きを取ってください」と言って、ウズベク帽の職員は去っていった。

「ここはホテルの事務室ですか」と僕は尋ねた。

「いいえ。インツーリストの事務所です。できたばかりなので、まだ看板はかかっていません」と中年のロシア人女性が流暢な英語で答えた。

「残念ながら、このホテルにはエアコンディショナーが入っていません」

「大丈夫です。それほど暑く感じません」

「しかし、気を付けてください。日中の気温は42度まで上がります」

「部屋に入ることができるのは午後からですか」

「いいえ。すぐに入れます。ただし、その前に佐藤さんと相談したいことがあります」

相談とは何だろうか。僕はちょっと身構えた。

「佐藤さんは、日本で個人旅行のクーポンを購入していますね」

「そうです」

「ブハラでは、運転手付きの専用車で、ガイドが3時間、案内することになっています」

「そう聞いています」

「実は、現在、車が完全に出払っています。空港送迎以外に車は用意できません」

「はあ」

「それに英語を話す観光ガイドもいません。ドイツ語かフランス語を話すガイドならば何人かいます」

「僕はドイツ語もフランス語もわかりません」

「そこで相談なのですが、日本人の団体旅行に加わりませんか?」

「団体旅行?」

「そうです。ちょうど、日本の旅行社2社が中央アジアの団体旅行で滞在していて、その観光プログラムは、私どもで担当しています。日本語を話すガイドも同行します」

「日本人ですか」

「いいえ。ロシア人です。モスクワ国立大学附属アジア・アフリカ言語学院の大学院生でワロージャといいます。日本語が上手です。あなたにもそのツアーに加わっていただけると都合がいいのですが」

「僕は構いませんが、日本人の団体客が、個人旅行の人が加わるのを嫌がるのではないでしょうか」

「それは大丈夫です。ずっと行動を共にするのではなく、午前と午後の観光を一緒にするだけだからです」

断っても、別の選択肢はないようだ。ブハラまで来て日本人と団体行動をするのは不思議な感じがするが受けるしかない。

「わかりました。それで進めてください」と僕は言った。

「それならば、午前の観光は10時15分にここを出発します。1時間弱あるので、チェックインを済ませて、部屋でシャワーを浴びてくるといいでしょう」とインツーリストの職員は言った。

パスポートを渡すとすぐにホテルカードを渡してくれた。事前に僕のチェックイン手続きを済ませてくれたようだ。エレベーターが故障しているようで、階段を使うしかない。階段の入口で、「エクスキューズミー、ミスター」と呼びかけられた。20代前半の若い女性だ。顔からしてウズベク人だ。

「ここで宿泊カードと鍵を交換してください」とウズベク人女性は言った。

「あなたはジェジュールナヤ（鍵番）なの」と僕は尋ねた。

「そうです」

「もっと年輩の女性の仕事かと思った」

「ここでは若い人も鍵番の仕事をしています」と言って、彼女は笑った。

小さいホテルのせいか、階ごとでなく入口で鍵の管理をしている。もっとも鍵番の仕事は、単に鍵を管理するだけでなく、部屋に出入りする人間をチェックするという側面もあるのだが、こういう態勢で鍵番を置いていても、監視にはならない。モスクワやキエフと比較するとブハラは統制が緩いのであろう。

鍵番から部屋の鍵を受け取った。部屋は3階なので階段を上っていった。外から見るとおんぼろの鉄筋コンクリートの箱だが、内装は凝っている。大理石とフローリングを巧みに組み合わせている。

部屋は25平方メートルくらいのツインルームだった。清掃が行き届いていて気持ちがいい。バスタブがなく、シャワールームがあるだけだ。蛇口をひねるとゴボゴボという音がして、赤い水が噴き出してきた。暫く流しておけば透明になるかと思い放置しておいたが、10分経っても赤い水のままだ。しかも湯は出ない。ホテルの水道管全体が腐蝕しているのであろう。仕方がないから、赤いシャワーを浴びて、汗を流した。

集合場所に行くと、日本人が十数人集まっていた。インツーリストの職員が、金髪ですらりとした身長180センチくらいの男性に、説明をしている。おそらくこの男性がガイド兼通訳のワロージャなのだろう。ワロージャが話をはじめた。

「皆さん、おはようございます。今日は、一日、ブハラ市内の観光をします。今日は仲間が1人増えます。15歳の高校生でソ連を一人旅している佐藤優さんです。皆さん、仲良くしてください」

僕は自己紹介をした。みんなが拍手したので気恥ずかしかった。大多数が55歳を超えた夫婦だ。既に仕事の一線を退いて、夫婦や気の合うグループで世界各地を旅行しているのであろう。ようやく最近解禁された中央アジアを、いわば秘境の旅といった雰囲気で訪れているのだろう。説教好きそうな高齢者が何人かいたので、巻き込まれないようにすることにした。東京からやってきた高校の社会科教師の夫妻がいたので、そのそばにいることにした。

ワロージャが話を続けた。

「今日はかなり暑くなります。日本と異なり、ブハラは乾燥しています。だから体感温度ではそれほど高いと思いません。しかし、既に気温は40度近くになっています。直射日光を頭に直接受けると危ないので、必ず帽子かスカーフを被ってください。帽子もスカーフも持っていない人は、屋外で直接太陽の光を浴びるところでは、頭にハンカチを被せてください。それから、水筒を持っていくことをお勧めします。適宜、水を飲んでください。バスの中にもミネラルウオーターが用意されています。また、街の水道や井戸の水は直接飲まないでください。お腹を壊すことがあります。コーヒーや紅茶など、火が通ったものならば大丈夫です」

ワロージャの日本語は、少し訛りがあるが、とても上手だ。どうやってここまで日本語が上達したのだろうか。留学経験があるのだろうか。僕は後で尋ねてみることにした。

バスは、1950年代にできたと思われ、相当、くたびれていた。ボディの何カ所かが腐蝕して穴が開いていた。このバスが、ほんとうに走るのかと心配になった。座席のクッションが硬く、しかも道路がでこぼこなので、乗り心地は良くない。

バスの中で高校教師夫妻と話をした。2人は、以前からシルクロードに興味があって、インド、パキスタン、アフガニスタン、イラン、トルコなどを夫婦で旅行するのが趣味ということだ。去年から、ブハラとヒヴァが解禁されたので、思い切ってソ連旅行をすることにしたとのことだ。帰りは、僕と同じバイカル号になるとのことだ。2人は僕に「何でソ連を1人で旅行しているのか」と尋ねたので、僕はこの旅行に至る経緯を説明した。

「いいわね。高校生のときにそういう経験をしておくと、後の人生にとっても役に立つわよ。いい御両親を持ったわね」と女の先生が言った。

「若いうちに外国で刺激を受けておくことはとても重要だ。僕たちの世代だと、海外に出るハードルがまだまだ高かった。僕が高校生の頃は、ソ連や東欧を高校生が1人で旅行することはまず不可能だった。こういう経験は、少し時間が経ってから生きる。ほんとうによい選択をしたと思うよ」と男の先生も言った。

「この後はどこに行くんですか」

「タシケントだ。実は、ブハラかタシケントで大きな買い物をしようと思っている」

「大きな買い物？」

「そう。絨毯なの」と女の先生が言った。

「僕たちは、シルクロード旅行の思い出になる絨毯を手に入れたいと思っているのだけれど、イランやトルコでは高くて手が出ない。実は、ソ連では、手織りの絨毯がとてもリーズナブルな価格で買える」と男の先生が言った。

「それでも私たち2人の半年分の給料くらいにはなるわね」と女の先生が言った。

2人は、午後に特別のプログラムを組んで、絨毯工房に行くということだった。

「あなたも絨毯工房を覗いてみない」と女の先生が言った。

「僕は別の場所を観光します」と言って断った。

バスは広場のようなところで停まった。「これから王宮を見ましょう」とワロージャが言った。

41

城の壁は白いが、中は薄暗い。少し気味が悪い。

「どうぞ皆さん中に入りましょう」とワロージャが言った。裸電球がいくつか点いているだけなので足元がよく見えない。

「ブハラには、旧市街と新市街があります。旧市街の中心に位置しているのが、このアルク城です」

「アルクとはどういう意味ですか」と観光客の一人が尋ねた。

「お城という意味です。このアルク城の辺りが考古学調査ではブハラの発祥の地と言われています」

「いつ頃からあるのですか」と僕が尋ねた。

「少なくとも紀元前4世紀にはあったと言われています。歴代のブハラの王様の居城であるとともに戦闘場でした。7世紀にはフタ・ハウタン女王がアルクに立て籠もり、アラブ人と戦いました」

「ウズベク人はアラブ人じゃないのですか」と誰かが尋ねた。

「いいえ違います。ウズベク人はトルコ系です。中央アジアにアラブ系の民族は住んでいません。トルクメン人、ウズベク人、キルギス人はトルコ系です。タジク人はペルシャ系です」

「タジク人だけがペルシャ系なのですか」と僕は尋ねた。

「はい。以前は、サマルカンドやブハラにもタジク系の人が多かったのですが、現在はウズベク系の人がほとんどです」

「カザフ人はどの系列ですか」

「カザフ人はトルコ系です。キルギス人と似ています。ロシア革命前まではカザフ人のことをキルギス人、キルギス人のことをカラ・キルギス人と呼んでいました」

「カラ・キルギス人？」

「黒いキルギス人という意味です。山岳地帯に住んでいるからそう呼ばれたのだと思います。欧米では、カザフスタンを含め中央アジアと言います。そのときには Central Asia という言葉を用います。ソ連では、トルクメニスタン、ウズベキスタン、キルギス、タジキスタンだけが中央アジアで英語では Middle Asia と言います」とワロージャは説明した。

「どうして違うんですか」

「私は専門家ではないのでよくわかりません。後で調べてみます」

専門家でないにしては、ワロージャは、ブハラのことをよく知っている。大学でどのような科目を専攻しているのだろうか。それにワロージャは、スリムな西側製ジーンズをはいている。これはソ連では買えないはずだ。チャンスがあったら聞いてみようと思った。ワロージャは、私たちに城の中を案内していく。高校教師夫妻が「気味が悪いわね」と囁き合う。

「13世紀の前半にモンゴル軍が襲撃したときには、多くの住民がこの城に立て籠もって抵抗しました。しかし、モンゴル軍に敗れ、籠城していた人たちは皆殺しにされ、城は破壊されました。その後、城は再建と攻撃による破壊を繰り返します。1920年にソ連赤軍がブハラを解放したときは、城は完全に破壊されていました。現在、城は再建途上にあります。さあ、先に行きましょう」とワロージャは言った。

門の入口の両側には鉄格子が嵌められている。その中にマネキン人形が入っている。不気味な感じがする。

「門の入口は、かつて監獄でした。従って、そのイメージを再現しています」

さらに中へと進むと迷宮のような構造になっている。ジュマ・モスク、玉座の間、ハーンの居室の跡などがあった。

「玉座の間で、王に背を向けるのは失礼なこととされていたため、王の接見を受けた人々は入口近くに設けられた壁のところまで後ずさりしてから、壁の向こう側で向きを変えて退出しました。しかし、このような例は東洋では珍しくないと思います」とワロージャが言った。

「それでは、外に出ましょう」とワロージャが言って、僕たちを先導した。僕たちはアルク城の前の広場に出た。

「ここはレギスタン広場と呼ばれています。実は、かつての公開処刑場です。王の圧政に抵抗する市民たちがここで斬首刑にされていました。ソ連赤軍がブハラを解放するまでは、このような残酷な刑罰が行われていました」

ウズベク人と思われる多くの人たちが、僕たちを遠巻きにしている。子どももいるが、誰も話しかけてこない。

「ウズベク人とロシア人の関係はどうなんですか」

「基本的に良好ですが、一部にまだトラブルもあります。ウズベキスタン共産党の第一書記はウズベク人で、地元の政治はウズベク人が主導します。他の中央アジアの諸国でも、地元の民族が第一書記になります。そして、ロシア人やウクライナ人は第二書記として、第一書記を補佐します」

要するにロシア人やウクライナ人の第二書記がお目付役につけられているということだ。ワロージャは話を続けた。

「地元の工場ではウズベク人が働いています。管理職にもウズベク人がいます。ただし、技術職や工場長にはまだまだロシア人が多いです」

「なぜそうなっているのですか」と高校教師が尋ねた。

「ソ連は広大な国です。全国土がソビエト化するには、まだまだ時間がかかります」とワロージャは答えた。裏返して言うと、ウズベキスタンでは、ソビエト化が十分に進んでいないということだ。この青年は、見かけによらず骨があり、大胆なことを言う。

「イスラム教徒もかなりいるのですか」と高校教師夫人が尋ねた。

「かなりいます。住民の全員が何らかの形でイスラム教の影響を受けています。まず、他の地域と比べると、祖父が家長として強い権威を持っています。進学、就職、結婚についても家長の了承が必要になります。もっともソビエト的生活様式がウズベキスタンにもかなり浸透しているので、家長の決定がソビエト法に反するような事例はほとんどありません」

「街の写真を撮るときにも注意した方がいいですか」と初老の男性が尋ねた。

「イスラム教徒の中には写真を撮られることを嫌う人もいます。写真を撮るときは、必ず私に相談してください。これから博物館に行きます。博物館に行った後は、ホテルで昼食をとって休憩にします。日中はひどく暑いですから、観光には適しません。ホテルの中で休んでいてください。午後4時に観光を再開します」

博物館の展示は、月並みなもので、ガイドブックに書いてあることと大して変わらなかった。昼の12時頃になったが酷く暑い。インツーリストにあてがわれているのであろうから、ブハラではかなりましなバスなのだろうけれども、20年くらいは走っていると思う。床も腐蝕して、ところどころ穴があいている。モスクワでもキエフでもこんなバスは見たことがない。当然、エアコンはついていない。バスの中は酷く暑い。

「ロシア人も皆さん日本人も中央アジアの気候には慣れていません。ですから、昼間に街を歩いていると、脱水症状を起こして倒れてしまいます。水を必ず補給するようにしてください」

「ホテルの水道水は飲んでも大丈夫ですか」

「地元の人は、飲んでもお腹を壊しませんが、私たちが飲むと、相当の確率で下痢をします。ですから飲まないでください。ホテルの部屋にはガラスの水瓶があります。そこに入っている水は、煮沸して冷やしたものですから飲んでも大丈夫です。水道の水を沸かして、コーヒーやお茶を淹れても大丈夫です」

どうも生水には雑菌が入っているようだ。生水だけでなく、水道水で洗った生野菜や果物にも注意しなくてはならない。

ホテルに戻ると、汗をだいぶかいたので、部屋に入ってシャワーを浴びた。水道管が錆びているので赤茶色の水が出てきて気持ちが悪い。しばらくすると透明になった。湯の蛇口をひねっているのだが、冷たい水しか出てこない。夏の間はボイラーを止めているのかもしれない。シャワールームに備え付けてあるマッチ箱大の石鹸は、いくらタオルにこすりつけても泡が立たない。不思議な石鹸だ。とりあえず、身体を洗って、フェイスタオル（バスタオルはない）でざっと身体を拭いた。フェイスタオルが硬くて厚く、玄関マットのようだ。

部屋の窓は開きっぱなしになっている。涼しい風が入ってくる。ベッドの上で裸で仰向けに寝ていたら、5分くらいで全身が乾いた。かなり乾燥している。脱水症状を起こすといけないので部屋の水瓶からコップに水を入れて飲もうとした。一口含んだところで吐き出した。まずくて飲めない。1階の売店でミネラルウオーターを買うことにした。

1階に降りていった。

「ミネラーリナヤ・バダー（ミネラルウオーター）」と僕は尋ねた。

「ニェット（ありません）」と売り子の中年女性が答えた。

「ペプシ」

「ニェット」

「ソーク（ジュース）」

「ニェット」

飲み物は何もないようだ。そこにワロージャがやってきた。

「何か困ったことがありますか」とワロージャは尋ねた。

「実は、部屋の水瓶に入った水が臭くて飲めないんです。それでミネラルウオーターを買いに来たのですが、ここにはないようです。コーラもジュースもないようです」

「この売店の飲み物は、朝早く売り切れてしまいます。レストランで頒けてもらうのがいいでしょう」と言ってワロージャは僕をレストランに案内した。

200席くらいある大きなレストランだ。

「大きなレストランですね」

「ここで共産党の会合や、地元有力者の結婚式があります。ブハラではいちばん立派なレストランです。佐藤さんは食事を済ませましたか」

「まだです」

「あっちに団体用の食事が用意されているので、行きましょう」

僕はブダペシュトのヴェヌス・モーテルで、ウィーンから来た日本人の団体客と一緒にいたら、添乗員から「個人旅行者はあっちに行ってくれ」と追い払われたことを思い出した。

「いや、僕は個人客なので別途注文します」

「別途の注文なんか、ここでは取ってくれませんよ」とワロージャが言った。そこで、僕はブダペシュトでの経験を話した。

ワロージャは笑いながら、「ハンガリーはヨーロッパなので何事も厳格です。ソ連は半分、アジアです。個人客とか団体客とかいった細かい区別はしません」と言った。

「よかったら、いっしょに食事をしましょう」とワロージャは続けた。

「喜んで」と僕は答えた。

ワロージャは、他の日本人団体客とは少し離れたところに席を取った。

「昼だからセットメニューしかありません」

「それで構いません」

「飲み物は何がいいですか」

「コーラを飲みたいです」

「部屋にもコーラを持っていきますか」

「はい。それからミネラルウオーターも持っていきたいです」

ワロージャは、ウエイターを呼んで早口で何か言って、紙幣を握らせた。ウエイターは無表情に「ダー」と答えた。

ウエイターはすぐに食事を持ってきた。コップに入ったサワークリーム、かたゆで卵のエッグマヨネーズ、それにバターライスが添えられた肉の煮込みだった。

肉の煮込みを指して、「これはウズベク料理ですか」と僕は尋ねた。

ワロージャは笑って、「ロシア料理です。ビーフストロガノフです。昼食はロシア料理で、夕食がウズベク料理になります。この後、デザートにアイスクリームとブドウ、コーヒーが出てきます」と答えた。

僕たちは互いに自己紹介をした。ワロージャはモスクワ国立大学附属アジア・アフリカ言語学院の大学院で日本語を専攻している。夏にはインツーリストで日本からの観光客をアテンドするアルバイトをしているということだった。

「日本語が上手ですが、日本に留学したことがあるのですか」

「いいえ。東海大学への留学枠があるのですが、私は選考に漏れました。あまり重要でないテーマを研究しているからです」

「研究テーマは何ですか」

「平安時代の日本文学です。日本への留学は、政治や経済、あるいは現代史を専攻している人が優先される傾向にあります」

「それは残念ですね」

「しかし、いずれ日ソにも文化協定ができるでしょうから、そうしたら留学の可能性も生まれると思います」

「それにしても日本語が上手ですね。どうやって勉強したのですか」と僕は尋ねた。

「お世辞に感謝します。日本語は、まず学生たちの間で『電話帳』と呼ばれている分厚い教科書2冊で勉強します。そこで、万葉集から現代日本語を勉強します」

「万葉集からですか」

「そうです。万葉集からです。日本の古典がわからないと、現代の日本語は理解できないと言われました。ソ連の外国語教育は、外国に留学しないでも、その言葉を話すことができるようにプログラムが作られています」

「いいですね」と僕は答えた。

「そうでしょうか」とワロージャは疑念を呈した。

「どうしてですか」

「私の理解では言語は生き物です。外国で、日常的にその言語を話す人から切り離された環境で習得した言語では、その言葉を話す人たちの気持ちを正確に理解することはできないと思います。この国はインテリを外国に出すことについて臆病になりすぎています。インテリもソ連のことが好きなのですから、外国に留学しても亡命せずに必ず戻ってきます」

「ワロージャさんは、将来、どんな職業に就きたいと思っているのですか」

「私は、大学の日本語教師になりたいと思っています」

「十分、なれるじゃないですか」

「実はウラジオストクの極東国立大学からは、採用するという話があったのですが、断りました。私はモスクワ大学附属アジア・アフリカ言語学院で日本語を教えたいです」

「それでは、大学院を卒業した後はどうするのですか」

「科学アカデミー東洋学研究所の研究員になって、日本語の先生になるチャンスを狙います」

「どうしてそんなに日本に関心があるのですか」

「中国のすぐそばにありながら、独自の文化を発展させた日本にとても関心があります。その鍵になるのが平安時代だと思います。だから平安時代について研究したいのです」

ワロージャは、純粋な学問的研究に関心があるようだ。モスクワ放送局のレービンさんとは別のタイプの日本専門家だ。

ところで、食べ物がとてもおいしい。サワークリームもエッグマヨネーズもモスクワで食べたものよりもおいしい。ビーフストロガノフも肉が軟らかく、味付けも塩辛くない。バターライスの米は、日本と同じショートグレインだ。

「おいしいですね」

「見た目はそれほど美しくないけれども、ウズベク料理はおいしいです」

「市内にもレストランがありますか」

「いくつかありますが、外国人が利用することは難しいです」

「どういうことでしょうか」

「率直に言って、ブハラを外国人に開放したのは時期尚早だと思います」

「どういうことですか」

「このホテルや、今朝乗ったバスを見ればわかるように外国人を受け入れられるような態勢が整っていません。せめて、外国人を受け入れる施設については、タシケントのインツーリスト・ホテル並みに整備すべきです。そうでないと、外国人観光客に不快な思いをさせてしまう」

「僕は別に不快な思いはしていません」

「それは、佐藤さんが初めからソ連に好意を持っているからです。だから、不便なことがあっても、寛容に対処することができるのです。しかし、日本からの観光客は佐藤さんみたいな人ばかりではありません。ソ連が大嫌いな人もいます」

「それで何でソ連を観光旅行するのでしょうか」

「世界中のあちこちを観光して、最後に秘境のシルクロードを訪れる人も多いのです。シルクロードのソ連側ルートはつい最近まで外国人には完全に閉ざされていました。高いお金を支払ってブハラを訪れて、このような水準のホテルやバスしかなければ怒るのも当然です。佐藤さんは、ブハラは個人旅行のクーポンを購入したということですね」

「そうです」

「あまりに無謀です」

「そうでしょうか」

「佐藤さんが無謀だと言っているのではなく、個人旅行を勧めるインツーリストが無謀だということです。ブハラには個人旅行の観光客を受け入れる態勢はありません。個人旅行で来た各国の観光客をまとめて、団体旅行に仕立てています」

「それは治安が悪いからですか」

「そうではありません。治安はいいです。しかし、観光ガイドや車の数が不足しています。個人の観光客を受け入れることは物理的に不可能です」

YSトラベルの舟津素子さんは、僕にブハラに行くことを強く勧めたが、こういう実情については知っていたのだろうか。多分、舟津さんは中央アジアを訪れたことはないので、この実態は知らないだろう。

「それでは、どうしてブハラを外国人観光客への開放都市にしたのでしょうか」

「ウズベキスタン側から強い要請があったからだと思います。ブハラは、サマルカンドと並ぶシルクロードの中心都市でした。ウズベク人はブハラを誇りにしています。だから外国人に見せたかったのでしょう」

「ウズベキスタンはモスクワに対して、強い発言力があるのですか」

「はい。ウズベキスタンの発言力は強いです」

ウエイターがアイスクリームとブドウとコーヒーを運んできた。アイスクリームは半分溶けていたが、おいしかった。ブドウはマスカットのような黄緑色をしている。ただし、実は細長い。皮を剝こうとしたが、なかなか剝けない。

「中央アジアのブドウは皮ごと食べます」とワロージャが言った。

皮ごとブドウを食べたが、とても甘い。種も合わせて飲み込んだ。コーヒーはとても濃いブラックコーヒーだった。

「ウズベキスタンでコーヒーは一般的ですか」

「地元の人はあまり飲みません。地元の人は緑茶を飲みます。もっとも緑茶といっても、日本茶のように緑色ではありません。むしろ紅茶に近い色をしています」とワロージャは言った。

「どういうときに茶を飲むのですか」

「食事中です。ウズベク料理と茶は合います。今晩はホテルのレストランでもウズベク料理が出るので緑茶を試してみるといいでしょう」とワロージャは言った。

昼食を済ませた後は、部屋で少し昼寝をした。午後の観光は4時からとのことだった。真昼の直射日光を避けるというのは賢明な選択だ。再び僕たちはワロージャの先導でおんぼろバスに乗った。

「これからカリャンの塔に行きます。塔の説明については、現地に着いてからします。サマルカンドを観光された方はいますか」とワロージャが尋ねた。僕以外の全員が手を挙げた。

「サマルカンドでは、青い屋根の建物が目立ったと思います。それと比べるとブハラでは、灰色の建物が多いです。ブハラの方がシルクロードの標準的なオアシス都市に近いです。遺跡がまだ整備途上なので、観光地としての魅力には乏しいですが、これからはサマルカンドに匹敵する観光都市になります。街の至る所で絨毯を干していますね」

確かにワロージャが言うように、家の壁には絨毯が干してある。

「あれは販売用の絨毯です。絨毯はブハラの特産品です」

「外国人も絨毯を購入することができますか」と高校教師が尋ねた。

「できます。ただし、輸出許可が必要になります。ブハラ市内にも外国への輸出許可を得た絨毯の販売店があります」ワロージャが答えた。

「案内してもらえますか」と高校教師が尋ねた。

「今日はもう間に合いませんが、明日ならば大丈夫です」

高校教師夫妻は、明日は絨毯を買いに行くようだ。中東では絨毯販売は値段の駆け引きがいろいろ複雑だということだが、ソ連ではどうなのだろう。明日、高校教師夫妻に聞いてみようと思った。

バスは15分くらいで広場に着いた、日干し煉瓦の塔がある。

「これがブハラのシンボルのカリャンの塔です。１１２７年、カラハーン朝の時代に建てられた塔です。カラハーンとはタジク語で〝大きい〟という意味です。それをロシア語風に発音するとカリャンの塔になります」

「高さはどれくらいありますか」と誰かが尋ねた。

「46メートルです」

付近に高い建物がないせいか、46メートルよりはずっと高く見える。

「上ることはできますか」

「内部に階段があるので上ることはできますが、観光客の立ち入りは禁止されています」

「どうしてですか」

「暗くて、足場が悪いので、足を踏みはずして落ちると大怪我をする可能性があるからです。塔の土台部分は10メートルが地中に埋められています。日干し煉瓦の積み方を変えて13層の帯状の模様がつけられています。チンギス・ハーンがブハラを征服したとき、城をはじめ全ての建物を破壊しましたが、カリャンの塔だけは、あまりに美しいので残したという言い伝えがあります」

確かに美しい塔だ。800年以上も日干し煉瓦の塔が残っているというのも不思議だ。この地にかつて壮大な文明があったことがうかがわれる。

「18〜19世紀には、犯罪の容疑がある人を袋に入れて、この塔の上から投げました。生きていれば無罪ということで釈放されました」

「生きていた人はいたのですか」

「一人もいなかったと思います。46メートルの高さから放り投げられて生きていることはできません。それでも一応、神様に有罪、無罪を尋ねる裁判をしたことにはなりました」

恐ろしい裁判だ。そんな時代にブハラに生まれなくて本当によかったと思った。

42

カリャンの塔の説明を終えるとワロージャは、その横にある建物の前に僕たちを案内した。

「これがカリャン・モスクです。モスクとはイスラム教徒にとっての教会のようなものです」

「現在は博物館になっているのですか」と誰かが尋ねた。

「いいえ、博物館ではなく、現在も活動しているモスクです。信者は金曜日にモスクに来ます」

「中に入ることはできませんか」

「観光客が中に入ることはできません」

「ブハラ市民のほとんどがモスクに通うのですか」

「そんなことはありません。共産党や市役所で働いている人はモスクには行きません」

「教師でモスクに通う人はいますか」と高校教師が尋ねた。

「いいえ。ソ連では宗教と教育は分離されています。ですから、教師がモスクに通うことはありません」

「ウズベク人でイスラム教徒は何パーセントくらいいるのでしょうか」と僕は尋ねた。

「難しい質問ですね。統計がないので正確には何とも言えません。ただし、若い世代でイスラム教を信じている人はあまりいないと思います。モスクに熱心に通うのは高齢者です。前にも説明しましたが、イスラム教は文化としては、ブハラを含む中央アジアで生きています。

しかし、宗教としてイスラム教を信じている人は少ないと思います」

「コーランは普通に買えますか」と高校教師が尋ねた。

「モスクの聖職者は持っています。普通には販売していないと思います。それから、コーランのロシア語訳はあります。大学の図書館で閲覧することはできます」

「ウズベク人の男性は帽子を被っていますが、これはイスラム教の習慣ですか」

「イスラム教というよりは民族的な習慣です。革命前は、女性は全身を覆うチャドルを被っていました。しかし、現在では普通に洋服を着ています。イスラム教の習慣は急速に廃れていきました」

しかし、宗教と習慣の線引きをすることはそう簡単ではないはずだ。ただ、そう言うとワロージャとの関係が悪くなると思って、口には出さないことにした。

「イスラム教は禁酒のはずですが、ウズベク人はお酒を飲みますか」と誰かが尋ねた。

「もちろん飲みます。ロシア人よりもお酒が強いウズベク人もたくさんいます。また、イスラム教では、ダンスパーティーは禁止されていますが、ウズベキスタンではよく若い男女が集まって踊っています。旧い習慣はどんどん廃れています」とワロージャは答えた。

「では、こちらについてきてください」と言って、ワロージャは僕たちをモスクの向かいに案内した。カリャンの塔やモスクと同じ、少しくすんだ白色の煉瓦を積んだ建物がある。もともとは青色のタイルが貼りつけてあったのだろうが、だいぶ剝がれている。手入れが行き届いていないような感じだ。

「これはマドラサです。マドラサとはイスラム教の聖職者を養成する機関です」とワロージャが言った。

「イスラム教の聖職者になることを希望する人には、若者が多いのですか」と高校教師が尋ねた。

「若者が多いです」

「どれくらいの数の学生がいるのですか」

「よくわかりません」

「数百人ですか」

「そんなにたくさんはいないと思います。100人前後ではないかと思います。この学校は、ウルグ・ベク・マドラサと言います。起源は古く1417年にティムール朝のウルグ・ベクにより設立されました。そのときは現在のような大きな建物ではありませんでした。1585年に改修工事が行われ、今の形になりました。革命後、大学や専門学校などの高等教育機関ができるまでは、中央アジアではマドラサが大学の役割を果たしていました。以前はタシケントなどの、大きなモスクに付属してマドラサがありましたが、今はブハラのウルグ・べク・マドラサだけが、中央アジアで実際に機能しているマドラサです」

「ということは、ソ連全体からイスラム教の聖職者になろうとする人がブハラにやってくるということですか」と高校教師が尋ねた。

「基本は中央アジアとカザフスタンですが、モスクワに住んでいるウズベク人がこのマドラサで勉強することはあります。ソ連には、イスラム教の管理局があります」

「管理局？　政府の機関ですか」と僕が尋ねた。

「帝政ロシア時代の1788年に皇帝エカテリーナ2世による勅令でできた機関です。当時は、イスラム教徒を管理する国家機関でしたが、ソ連体制が成立した後は、国家と宗教団体は分離されたので、イスラム教の宗教団体です。ロシア正教会と同じような扱いを受けています。現在、管理局はタシケント、マハチカラ、ウファ、バクーにあります。タシケント管理局はカザフスタンと中央アジア、マハチカラ管理局は北コーカサス（セーベルヌィー・カフカース）、ウファ管理局はソ連のヨーロッパ部とシベリアを管轄しています。各管理局は、大規模モスクとマドラサを持っています。そして、バクー管理局はトランス・コーカサス（ザカフカース）を管轄しています」

僕はソ連地図を頭の中で描いてみた。マハチカラとバクーはすぐそばだ。なぜ、こんな近くに2つの管理局が置かれているのだろうか。

「地理的に近いバクーとマハチカラの管理局を統合することはできないのでしょうか」と僕は尋ねた。

「それは無理です。バクーのアゼルバイジャン人は、シーア派（十二イマーム派）です。それに対して、他の3つの管理局が管轄する地域のイスラム教徒はスンナ派です。シーア派とスンナ派の信者を同じ団体で管理することはできません」

「4つの管理局のうち、どこが最も大きな力を持っていますか」

「タシケント管理局です。ここからは、『ソ連東方のイスラム教』という機関誌をアラビア語、英語、フランス語で出しています」

「ロシア語版はないのですか」と僕は尋ねた。

「ありません。もっぱら外国人にソ連のイスラム教の実情を知ってもらうことが目的だからです」とワロージャは気まずそうに答えた。

ソ連は無神論国家だ。国内で宗教宣伝に貢献するような文献は必要ないのでロシア語版を作っていないのだろう。その代わり、アラブ世界にはソ連でイスラム教徒が自由に活動できていると宣伝したいのであろう。だから、タシケント管理局は機関誌のアラビア語版を出しているのだ。

「マドラサの中を見学することはできるのですか」と誰かが尋ねた。

「教育施設なので、観光客が見学することはできません。アラブ諸国からイスラム教徒の代表団が訪れるときは、よく見学しています」

「キリスト教と比べてイスラム教は優遇されているような印象を受けます」と僕は尋ねた。

即座に「そんなことはありません」という強い調子の答がワロージャから返ってきた。

「ロシア正教会にも聖職者を養成する教育機関があるのですか」

「あります。大学レベルがセミナリーで大学院レベルがアカデミーです。セミナリーは、モスクワ、レニングラード、オデッサの3カ所に、アカデミーはモスクワとレニングラードにあります。佐藤さんはモスクワでザゴルスクを訪れましたか」

「いいえ」

「あそこは、ロシア革命前はセルギエフ・ポサードと呼ばれていました。聖セールギー修道院を中心とする修道院の街です」

「修道院は今も残っているのですか」と僕は尋ねた。

「一部は無神論博物館になりましたが、大部分は残っています。ザゴルスクにロシア正教会の本部があります。また、修道院の中にセミナリー（大学）とアカデミー（大学院）があります」

「観光客でも訪問することは可能なのですか」と高校教師夫人が尋ねた。

「可能です。毎日、インツーリストが観光バスで一日ツアーを行っています」

高校教師夫妻は、知っていれば申し込んだのに残念だと話している。

「セミナリーやアカデミーを見学することはできるのですか」

「観光客には認められていません。教育の場なので、外部の雑音が入ってくることを学校側が嫌がっています」

「どうやればセミナリーに入学することができるのでしょうか」

「私の周辺でセミナリーに入った事例が一件もないので、何とも言えません。恐らく両親が非常に熱心な信者の息子が入るのだと思います。信教の自由は保障されているので、そのような選択をする人がいても国家は特に干渉しません」

「確かロシア正教以外のキリスト教もソ連にはあると思います」と僕はワロージャに水を向けた。

「あります。バプテスト教会、メノナイト教会などは多いです。17世紀にドイツから移民した人の子孫がこれらの宗教を信じています。意外と思われるかもしれませんが、カザフスタンとウズベキスタンにプロテスタントの教会が多くあります」とワロージャは言った。

「仏教寺院はありますか」と僕は尋ねた。

「あります。バイカル湖東岸のブリヤート自治共和国、カスピ海西岸のカルムイク自治共和国の住民にはチベット仏教の信者が多いので、仏教寺院があります」

僕はソ連の地図を再び思い浮かべてみた。ブリヤートとカルムイクはひどく離れている。なぜこのような離れた場所に仏教寺院があるのだろうか。僕が質問をする前に高校教師が答えてくれた。

「確か、元朝の時代、カスピ海沿岸はかなり早い時期にモンゴルによって占領されたのですよね。カルムイク人は仏教徒で、周辺の地域がイスラム教に改宗したときも仏教徒にとどまったのですよね」

「そうです。レーニンも父方の祖先はカルムイク人です」とワロージャは答えた。

レーニンにカルムイク人のルーツがあることを僕は初めて知った。

カリャンの塔の周辺を見学しただけなので、午後の観光時間は、まだ1時間くらい残っている。そこでワロージャがツアーの人々に提案した。

「残り時間で2つのうちどちらかの観光が可能です。一つは郊外に行って沙漠を見ることです。もう一つは、市内のバザール（自由市場）を訪れることです」

決を採ると僕以外の全員が沙漠を訪れる方を選んだ。ワロージャはいろいろな気配りをする人だ。

「佐藤さん、バザールならば、明日、1人で行くことができます。明日、行き方を教えます」とワロージャは言った。

バスで30分ほど、幹線道路を走ると、建物が一軒もない郊外に出た。幹線道路であるにもかかわらず、あちこちに大きな穴が開いている。運転手は巧みにハンドルを切ったが、そのせいで、バスに乗っていたほとんどの人が車酔いを起こしてしまった。僕も気分が良くない。

ワロージャに促されて、僕たちは車の外に出た。相変わらず熱風が吹いているが、日差しはかなり優しくなっている。皮膚がチクチク刺されるような感じではない。外に出ると地平線が見えた。沙漠と言っても、アラビア半島の砂漠とは異なり、ところどころに灌木がある。

「ウズベク人はここでよくピクニックをします。休みの日にはお茶を飲みながら、家族や友だちと長時間、話をしています」

「緑茶を飲むのですか」と誰かが尋ねた。

「そうです。ブハラの人たちは基本的に緑茶を飲みます。これに対してタシケントの人たちは緑茶よりも紅茶の方を好みます」

「どうしてですか」

「タシケントは都会で、ロシア文化が浸透しているからです。ブハラは外国人に対して開放されて数年ですが、観光でタシケントやサマルカンドを訪れるロシア人はいても、ブハラまで足を延ばす人は少ないです。ですから、ブハラには旧い中央アジアの伝統が残っています」

「ブハラの人たちはコーヒーを飲みますか」

「ホテルのレストランとカフェにコーヒーはありますが、飲むのは外国人かロシアやウクライナからの観光客です。ウズベク人でコーヒーを好むのはロシア、ウクライナ、ベラルーシで勉強したことのある人くらいです。ここの人たちは、飲み物については伝統を尊重します」とワロージャは答えた。

地平線を見たのはこれが初めてだ。キエフからモスクワに列車で移動するときに、どこかで地平線が見えないかと期待した。地平線らしきものは見えたが、一部は家か森にかかり、見渡す限り地平線が広がっている場所に立ったのは今回が初めてだった。日本がどの方向にあるのかもまったく見当がつかない。もし僕がこの街で生まれていたならば、物の見方、考え方はどのようになったのだろうかと思った。以前、「日ソ友の会」の篠原さんが「ソ連はロシアだけじゃない。中央アジアを自分の目で見ることがたいせつだ」と述べていたが、その通りだと思った。

ホテルに到着するとワロージャが「夕食は午後7時からなので、レストランに集まってください」と言った。

「僕は個人客なので、団体とは別のテーブルを用意してください。インツーリストで食券も購入しています」と僕は言った。

「昼にも言いましたが、ブハラでは、団体客とか個人客とかいう区別はしていません。だから、団体席に座って食事を取ればいいです。食券は取っておいて、タシケントでチョコレートかお土産物に換えるといいでしょう」

「ただで、食事をするのは嫌です。食券で支払うことはできませんか」

「団体旅行者用の席なので、ウエイターはインツーリストの食券を受け取らないと思います。どうしてもお金を払いたいのですか」

「払いたいです。招待されたわけでもないのに、ただで他人の食事を分けて貰うのは嫌です」

「わかりました。そこまでおっしゃるならば、私に1ルーブルください」

「1ルーブル?」

「そうです。1ルーブルを、佐藤さんの食事代としてレストランの支配人に必ず渡しておきます。そうすれば、佐藤さんもきちんと対価を支払って食事をしたことになります。これでいかがですか」

確かインツーリストのクーポン券で昼食、夕食は2ルーブル60コペイカだったはずだ。しかし、そんな話をしてもワロージャが面倒くさがるだけなので、僕は財布から1ルーブル札を出してワロージャに渡した。

「ロシア人ならばこういうときには、奢られてしまいます。日本人は佐藤さんのように対価を払おうとします。私は日本人のこのような几帳面なところが好きです」とワロージャに言われた。

部屋に帰ってシャワーを浴びた。相変わらず鉄錆の混ざった赤い水だったが、特に気にならなかった。外気温は40度近くあるはずなのに、まったく汗をかかない。湿度が低いからなのだろう。それでもシャワーを浴びるとさっぱりする。

夕食までに少し時間がある。数学の問題集を解こうと思ったが、やる気が出ない。窓からぼんやりと外の景色を見ることにした。ここは想像を超える別世界だ。中央アジアも含んでいるのだから、ソ連はとてつもなく大きな国だ。同じ社会主義国であるハンガリーに住んでいるフィフィ一家も東ドイツのブラウエル一家も、ブハラを訪れたらほんとうに驚くだろう。そんなことをぼんやりと考えていたら、7時少し前になったので、1階のレストランに降りていった。キエフでもモスクワでも、夜のレストランにはバンドが入って爆音がした。しかし、このレストランは静かだ。ステージがあって、アンプが置いてあるので、生バンドが演奏することはあるのだろう。

テーブルには昼の観光に行った人たち以外にも数人、日本人が加わっていた。日本人だけで20人くらいになる。漏れ聞こえてくる声から判断すると、他には、ドイツ人やアメリカ人の団体がいるようだ。また、ウズベク人の団体もいるようだ。

「音楽はかからないのですか」と誰かが尋ねた。

「今日はバンドは来ないようです。音楽がかかった方がいいですか」

「いや、かからない方がいいです」と全員が答えた。

「なぜ、ソ連のレストランは耳をつんざくような大きな音で音楽をかけているのですか」と高校教師が尋ねた。

「レストランとはそういう場所だと誰もが思っているからです。もっともバンドが入っているのは高級レストランだけで、市内の中小レストランは静かです」

「バンドは、ブハラの人たちがやっているのですか」と高校教師夫人が尋ねた。

「いや、サマルカンドかタシケントからやってきます。とにかくブハラの人たちにとって、街が外国人観光客に開放されたことは、大きな変化なのです。今までになかった刺激があちこちから入ってきて、目を回しているというのが実態です」とワロージャが説明した。

ウエイターがやってきて料理を次々と並べる。まず、キュウリの漬け物、キャベツの漬け物、サラミソーセージ、トマトとタマネギのサラダにキャビアとイクラが並ぶ。モスクワのレストランの前菜と同じメニューだ。ただし、パンだけが丸いナンだ。

「これがウズベク料理ですか」と僕が尋ねた。

「ウズベク料理とロシア料理がミックスされています。ロシア料理は、前菜をたくさん並べます。ウズベク料理にはそのような前菜の伝統がありません。ここに出てきた中では、トマトとタマネギのサラダとパンがウズベク料理です」とワロージャが説明した。

ワロージャは、ナンに無塩バターを塗ってイクラをのせて食べる。僕もそれをまねてみた。まだ温かいナンとイクラがバターを媒介に見事に調和している。

トマトとタマネギのサラダを食べてみた。塩と胡椒だけで味付けされている。ひどく辛い。胡椒の辛さではなく、タマネギを水でさらしていないから、こんな凄い味になるのだろう。サラダはあきらめて、キャベツの漬け物を食べてみた。これは浅漬けでおいしい。

ウエイターがウオトカ、白ワイン、スパークリングワインを持ってきた。

「ウズベキスタンはシャンペン（スパークリングワイン）がおいしいです」とワロージャが言ったので、僕以外は皆、スパークリングワインを飲んでいる。

「モスクワのシャンペンに比べて甘いですね」と高校教師が言った。

「中央アジアのワインやシャンペンは、モスクワと比較して甘い傾向があります」とワロージャが説明する。

皆は、酒の話で盛り上がっているが、僕はまったくわからないので黙っていた。ウエイターに「ペプシ」と頼んだが、「ニェット」と言われた。そして、ウエイターは、グラスにガス入りのミネラルウオーターを注いだ。少し塩辛い。

「モスクワで飲んだミネラルウオーターより塩辛い感じがします」と僕は言った。

「グルジアのミネラルウオーター、ボルジョミです。確かに他のミネラルウオーターと比べると少し塩辛いですが、この水を飲むと酔いません」とワロージャは言う。

「ほんとうですか」と高校教師が尋ねる。

「ほんとうです。試してみてください」とワロージャが言う。

皆、楽しそうにスパークリングワインとウオトカを飲んでいる。

「ソ連ではビールは飲まないのですか」と高校教師が尋ねた。

「もちろん飲みます。酒屋では瓶ビールが売られていますし、どの街にもビアホールがあります。路上でタンク入りのビールを売っていることもあります」

「しかし、ホテルのメニューでは一度も見たことがありません」

「ビールは、ホテルで飲むような酒ではありません。ちょうど、クワスがホテルのレストランで出ないのと同じです。ホテルのレストランでは、ビールの代わりにシャンペンを飲みます」とワロージャは言った。もっともワロージャはシャンペンはほとんど飲まずにウオトカばかりを飲んでいる。

「どうしてシャンペンを飲まずに、ウオトカばかり飲んでいるのですか」と高校教師夫人が尋ねた。

「ロシア人は、シャンペンとウオトカを混ぜて飲むことはあまりしません。悪酔いをするからです。シャンペンを飲んだ後は、ワインかコニャックを飲みます。ウオトカを飲むときは、最初から最後までウオトカです」とワロージャは答えた。ワロージャは、シャンペンやワインよりもウオトカの方が好きなようだ。

ウエイターが前菜の残りをいくつかの皿にまとめた。

「これから、温かい前菜が出ます。マンティとラグマンです」とワロージャが言った。

両方とも初めて聞く名前だ。

しばらくしてウエイターが、大きな餃子を持ってきた。それを見てワロージャが説明した。

「これがマンティです。ペリメニ（シベリア餃子）を大きくしたようなものですが、中身は牛肉や豚肉ではなく羊肉です。ウズベキスタンでは社会主義化が進んでいるので、食もロシアにだいぶ近づいています。ただし、豚肉はあまり使いません。もっともウズベキスタンに在住するロシア人やウクライナ人は豚肉が好きなので、タシケントの精肉店では豚肉も売っています」

「羊肉が人気があるのですか」

「羊肉がブハラでは最も標準的です。これから出てくるラグマンも羊肉と羊の脂をベースにしています」

「羊の脂？」と僕は尋ねた。

「そうです、羊の脂を小麦粉に混ぜて生地を作ります。その生地をのばして麺にします。日本のウドンのような感じです」とワロージャが答えた。

ウエイターが橙(だいだい)色と金色の派手な模様がついたドンブリを持ってきた。ウドン用のドンブリによく似ている。中には、汁と麺が入っている。麺は見た目はウドンのような感じだ。食べてみたが、コシがほとんどない。羊肉の塊がのっている。スープは、ビーフシチューのような感じだ。ただし、羊の強烈な臭いがする。それに大きめに切られたトマトと細かく切られたウイキョウがのっている。ウイキョウは臭い消しなのだろう。味はなかなかいい。ウズベク風のウドンだ。この種の麺類を食べるのは、日本を離れてから初めてのことだ。

「おいしいです。ウドンに雰囲気がよく似ています」と僕は言った。

「佐藤さんは、モスクワでレストラン『ウズベキスタン』に行ったことがありますか」とワロージャが尋ねた。

「いいえ、ありません。食事はすべてホテルのレストランで取りました」と僕は答えた。

「モスクワには、ウズベク料理、アルメニア料理、アゼルバイジャン料理など、民族料理の専門店があります。そういうレストランは外国人もよく使います。特にウズベク料理は米や麺を使い、日本料理に近いので、日本の外交官、ジャーナリスト、商社員にも利用者が多いです。今度、モスクワに行ったときには立ち寄ってみるといいでしょう」

「またソ連を訪問することがあるかどうかはよくわかりませんが、もしモスクワを訪れたならば、必ず行くことにします」

僕は果たして将来、モスクワに行くことになるのだろうか。新聞記者か商社員になってソ連を担当すれば、きっとモスクワに駐在して、ときどきウズベク料理をレストランで食べることになるだろう。こういうことを想像していると何となく楽しくなる。

43

「食事はこれでだいたい終わりですか」と僕は尋ねた。

ワロージャは笑いながら「まだ始まったばかりです」と答えた。

「この後、何が出てくるのですか」

「まず、シャシリク（串焼き肉）が出てきます。シャシリクも羊、鶏とケバブが出てきます」

「ケバブとは何ですか」

「羊肉で作ったハンバーグステーキのようなものです。ただし、香りの強い草を練り込んであります。ウズベキスタンの人気料理です」

「牛肉や豚肉は出ないのですか」

「牛肉はときどき出ますが、シャシリクではなくステーキにして食べることが多いです。ウズベク人よりも、ロシア人やウクライナ人が牛肉を好みます。豚肉は、少なくともレストランでは出ません」

「イスラム教の影響ですか」

「イスラム教というよりもウズベク人は民族的習慣として豚肉を好みません。精肉店でも豚肉は売っていません。豚肉だけでなく、豚肉を原料にしたソーセージ、ハム、ベーコンの類も売っていません。ソーセージなどの加工肉は牛肉によるものが多いです。羊肉は癖があるので、加工肉には向きません。もっともタシケントは大都会で、ロシア人やウクライナ人もたくさんいるので、食料品店で豚肉も売っています」

ワロージャは、イスラム教の影響ではなくウズベク人の民族的な習慣と言うが、実際はイスラム教が、生活レベルで染みついているから豚肉が売られていないのだと思った。

シャシリクは、羊、鶏、ケバブ、トマトとピーマンが1人1本ずつ出てきた。とても1人で食べきれる量ではない。

「無理して食べないで残してください。ウズベク人の習慣では、残り物が出ないと、お客さんを充分に歓待していないことになります。この後、プロフという焼き飯が出てきます」とワロージャが言った。僕は、ワロージャの助言に従って、ケバブと羊肉だけを食べた。羊肉は、変な臭いがしない。北海道の帯広で食べた、たれに漬けないと臭いが気になって食べられない羊肉とは全然違った。

続いてプロフが出てきた。見た目は大皿に盛った炒飯のようだ。タマネギとニンジンがたくさん入っている。それにぶつ切りにした羊肉が交ざっている。ただし、全体が油でべたべたしている。日本で食べる炒飯のようなサラサラした感じはない。味はおいしい。当初、植物油と思っていたが、どうも羊の脂のようだ。どれだけ大量の脂を使っているのだろうか。

デザートには、アイスクリームとマスカットブドウが出た。コーヒーか緑茶の選択だったので、緑茶を選んだ。僕と同じテーブルにいる日本人は皆、緑茶を注文した。しばらくしてウエイターが、湯飲みのようなカップに入った緑茶を持ってきた。香りがあまりなく、味にもコクがない。高校教師が、「現在の日本の緑茶には、アミノ酸が添加されている。それが人工的な旨味になっているのだけれど、この緑茶は無添加だ。だからこういう素朴な味がする」と説明した。確かにあっさりしているが、何となく親しみの持てる茶だった。

夕食が終わった後、僕はすぐに部屋に戻ってシャワーを浴びた。相変わらず、鉄錆混じりの赤い水が出てきた。しかし、昨日よりはずっと勢いがあった。シャワーに打たれているととても気持ちがいい。今日一日の疲れが飛んでいくようだ。シャワールームにある石鹸を、パリパリに硬くなった備え付けのタオルにこすりつけてみたが、全然、泡が立たない。それでもいいから全身を洗い、髪の毛には石鹸をこすりつけた。そういえば、チェコスロバキア、ポーランド、ハンガリー、ルーマニアでは、いつも髪の毛をシャンプーで洗ったが、ソ連に来てからシャンプーを見たことがない。日常生活で用いる物資が、同じ社会主義圏といってもソ連と東欧ではだいぶ違うようだ。

シャワーを浴びて、トランクスとTシャツだけを着て、ベッドに横になったらすぐに眠くなった。珍しく夢を見た。しかも未来の夢だ。

僕は車を運転している。隣には知らない女性が乗っている。恐らく、僕の妻なのだと思う。ということは、僕は30歳くらいになっているのだろうか。現在の年齢の倍だ。車はおんぼろのボルガだ。インツーリストの送迎で何度も乗った。僕は左ハンドル車を運転している。となると、ここは日本ではない。この前、訪れたモスクワ放送局の建物の横を通った。恐らく、僕はモスクワで生活している。大学を出た後、新聞記者か商社員になったのだろうか。よくわからないが、僕は観光客ではなく、モスクワで仕事をしていることだけは確かなようだ。僕はモスクワの街をあちこち走っている。交通渋滞はまったくない。隣に座っている女性は何も話さない。なぜずっと話をしないのか気になる。僕が怒らせてしまったので、ふくれているのかもしれない。僕は車を降りる。ルイノック（自由市場）の前だ。隣に座っていた、女性も車もいつのまにか消えている。何か買わなくてはいけない。しかし、僕はロシア語ができない。ここで英語が通じるだろうかと思ったところで目が覚めた。

まだ外は真っ暗だ。時計を見ると8月23日の午前3時半だ。窓を開けて外を見てみた。街の灯りがまったく見えない。真っ暗な街だ。今年の3月、北海道で夜遅く、音威子府から稚内に向かう途中に車窓から見た景色もこんなふうに真っ暗だった。しかし、木がたくさん生えていたし、雪が積もっていた。それに対して、ブハラの窓からは木も見えない。当然、雪も積もっていない。そして、月と星がとても明るく光っている。星がこんなに明るいとは思わなかった。

もう一度、寝ようと思ったが、なかなか寝付けない。そこで両親と妹に宛てて手紙を書いた。ブハラは、想像を超える別世界だということを書いた。手紙を書いていると、あっという間に時間が過ぎていく。ホテルでは午前6時半から朝食が始まる。僕は7時過ぎに食堂に行った。朝食はモスクワのホテルと変わらなかった。昨晩、あれだけたくさん食事を取ったのでお腹は空いていない。コーヒーとクッキーを1枚取って、考え事をしていた。

「佐藤さん、おはようございます。よく眠れましたか」と声をかけられた。振り向くとワロージャだった。

「今日は一日、佐藤さんは何をしますか」

「特に用事はありません」

「日本人の観光団は、博物館の見学に行きます。そして、ホテルに戻ってきて食事をして、市内にお土産を買いに行きます」

「何かいいお土産があるのですか」

「クラシック音楽が好きな人でしたら、レコードを買うことができます。ソ連のレコードは音質もいいし、値段は日本の5分の1なので、人気のあるお土産です」

「しかし、それならばモスクワでも買えるのではないでしょうか」

「モスクワでクラシック音楽のレコードは品薄です。人気があるからです」

「ブハラでは人気がないのですか」

「ロシア人やウクライナ人は買うと思います。しかし、地元の人たちはヨーロッパのクラシック音楽よりは、地元の民族音楽を好みます。もっとも若いウズベク人の間では、ロックミュージックが人気です」

「ウズベク人もロックミュージックを聴くのですか」

「音楽には国境がありません。モスクワでもブハラでも西側のラジオで放送されたロックミュージックをカセットテープに録音しています。若者文化はどこでも同じです」

ワロージャは、ソ連人の若者が西側のラジオを聴いていることを当たり前のように述べている。ワロージャは、夏休みだけのアルバイトとはいっても、インツーリストの嘱託職員だ。こんなことを言ってもいいのかと心配になってきた。

「ワロージャは外国の短波放送を聴くことがあるのですか」と僕は恐る恐る尋ねた。

「聴いていますよ」とワロージャはあっさり答えた。

「そんなことを言って、問題にされないのでしょうか」と僕は尋ねた。

「コムソモール（共産青年同盟、ソ連共産党の青年組織）の会合で、そういうことを言えば問題にされるでしょう。しかし、そういう間抜けたことを言う人は、少なくとも私の周囲には一人もいません。ソ連の知識人ならば、誰でも西側の短波放送を聴いています」

「短波ラジオは簡単に手に入るのですか」

「入ります。デパートのテレビ・ラジオ・コーナーで売っています。テレビは品薄で数カ月待たないと手に入りませんが、ラジオならば比較的簡単に手に入ります」

「自分で短波ラジオを作ることも認められているのですか」

「もちろんです。ソ連の大学や専門学校には必ずアマチュア無線のクラブがあります。アマチュア無線に従事する人たちは、軍用無線機を改造するか、自分で無線機を組み立てます」

「僕は日本でアマチュア無線局を開設しています」

「ソ連人と交信したことはありますか」

「超短波の50メガヘルツを用いているので、長距離は届きません」

「私はアマチュア無線はやりませんが、友人で熱心な学生が何人もいます。アマチュア無線の知識があれば、短波ラジオを作ることは簡単といいますが、そうでしょうか」とワロージャは尋ねた。

「部品さえあれば簡単です」と僕は答えた。

「日本では、ソ連が極端に不自由な国と思われているようです。しかし、ロシア人もウズベク人も日本人と同じ人間です。生活だって大きく異なっているわけではない」

「今回の旅行を通じてそのことを痛感しました」

「ソ連の新聞やラジオでは得られないニュースがあることは確かです。ＢＢＣ（英国放送協会）、ＶＯＡ（ボイス・オブ・アメリカ）のロシア語放送で情報を補っています。もちろん西側諸国には自らの利益がある。だから、西側のラジオ放送の内容を鵜呑みにしているわけではありません」

「正しいアプローチだと思います。妨害電波が出されることはないのですか」

「ときどきあります。しかし、どういうニュースを（ソ連）政府が嫌がっているかもわかります。だから今では政府が西側の放送を妨害することはほとんどありません。私は日本に関する情報を得るためにラジオ・ジャパン（ＮＨＫの国際放送）のロシア語放送をときどき聴いていました。放送時間が短いのと、電波が弱いので、日本に関心がある人でもこのラジオを聴いている人は少ないです」

ＮＨＫの国際放送がロシア語でなされているのを僕は初めて知った。日本に在住するソ連人がこういう放送に協力するはずはない。帝政ロシアから日本に移住したロシア人の子孫がアナウンサーをしているのだろうか。あるいはロシア語に堪能な日本人が放送しているのだろうか。帰国したら調べてみようと思った。

「日本では、政府がソ連や中国の放送を妨害することはまったくありません。ところで、僕は中学1年生のときにモスクワ放送局に手紙を書きました。ソ連人でＮＨＫに手紙を書く人はいますか」

「そういうことをする人はいないと思います。ソ連人の場合、仕事で必要な人を除いて、外国人と手紙のやりとりをすることはまずありません」

「ハンガリーや東ドイツでは、西側の人々とも国際文通をしている生徒がたくさんいます」

「そうでしょう。東ドイツやハンガリーは、ソ連とはだいぶ文化が異なります。社会主義国といっても、国や地域によって事情はとても異なります。佐藤さんだって、モスクワしか訪れずに、ブハラに立ち寄ることがなければ、ソ連についてまったく異なる印象を抱いたと思います」

「それは間違いありません」と僕は答えた。

ここで今まで遠慮して聞かなかった中国について尋ねてみることにした。

「モスクワ国立大学附属アジア・アフリカ学院では中国語を勉強している人もいますよね」

「います。人数はいちばん多いです」

「ソ連人の学生は中国に留学できるのでしょうか」

「現在はまったくできません。以前は最大の留学先でした」

「中ソ対立が原因ですか」

「そうです。もっともアジア・アフリカ学院では、外国に留学しなくても語学をマスターできるように配慮されたプログラムが組まれています。ですから、中ソの留学生交換がなくなってもソ連の中国語教育に特に悪影響はありません」

「北京放送を聴く学生はいますか」と僕は尋ねた。

「非常に少ないと思います。少なくとも私の周囲にはいません」とワロージャは答えた。

「中国語を専攻する学生でも北京放送を聴かないのですか」

「多分、聴かないと思います。まず第一に情報がありません。毛沢東に対する個人崇拝の言葉が繰り返されるだけです。第二に言葉遣いが感情的です。あれだけ感情的にソ連とロシア人を非難すれば、普通の人ならば北京放送を聴いて気分が悪くなるだけです。むしろ中国語の勉強ならばBBCの中国語放送の方がいいと、中国語を勉強している学生は言います」

「どうしてですか」

「きれいな北京語で、しかも中国に関する情報が充実しているからです。私は中国語はまったくわかりませんが、中ソ関係に関する情報は主にBBCのロシア語放送から得ています。北京放送から得られる情報はほとんどないと思います」

ワロージャは、言葉遣いはていねいだが、中国のことを心の底から嫌っているようだ。モスクワからサマルカンドへの飛行機で隣り合わせたロシア人母娘が中国人を嫌っていたことを思い出した。ソ連では反中国感情が社会全体に蔓延しているようだ。

「佐藤さんも一緒に博物館に行きますか」とワロージャが尋ねた。

「いや、団体の人たちとは別行動で、バザール（市場）に行ってみようと思います」と僕は答えた。

「バザールですか」と言って、ワロージャは黙った。

「何か問題がありますか」

「いいえ。特に問題はありません。ただし、インツーリストのガイドは出払っているので、案内してくれる人がいません」

「最初から1人で行こうと思っていました」

「それならばいいです。ただし、バザールのウズベク人で、ロシア語をまったく理解しない人もいます。外国人は珍しいので、警戒する人もいるかもしれません。カメラは持っていきますか」

「持っていきます」

「それならば、写真撮影には注意してください。必ず周囲にいる人に身振りで『写真を撮ってもいいか』と尋ね、オーケーが出てからシャッターを押してください」

「わかりました」

「それから、カメラ、ジーンズ、Tシャツ、ボールペンなどを売ってくれと言われても断ってください。観光客が物を売るとトラブルに巻き込まれる危険性があります」

「忠告に感謝します。守ります」と僕は答えた。

「ホテルの前から出るバスは、乗り換えないとバザールには行けません。ロシア語がわからないと、迷ってしまいます。だから、ホテルの前に停まっているタクシーを使うといいでしょう。『バザール』と言えば、連れていってくれます」

「いくらくらいかかりますか」

「タクシーには料金メーターがついていますが、ほとんど壊れています。3ルーブル程度だと思います。お釣りもきちんとくれるはずです」とワロージャは答えた。

「午前と午後のどちらに行った方がいいでしょうか」と僕は尋ねた。

「バザールは午後4時くらいまでやっていると思います。しかし、賑やかなのは早朝です。できるだけ早く行った方がいいと思います」とワロージャは言った。

時計を見ると7時半を少し回ったところだ。ワロージャに「それじゃこれから出かけます」と言って、僕は部屋に戻って鞄を取り1階に降りて、玄関から外に出たが、タクシー乗り場にタクシーが停まっていない。ホテルの職員に尋ねると、ホテル専属のタクシーは今出たばかりなので、しばらく経たないと戻ってこないとのことだった。「電話でタクシーを呼んでもらえないか」と尋ねたが、「それよりもホテルの専属タクシーが戻ってくるのを待った方がいい」と言われた。面倒なので手を抜いているという感じでもない。ブハラにはタクシーがあまりないのだろう。1階のロビーに座ってソ連のガイドブックを読んでいると30分くらい経ったところでホテルの職員が「タクシーが来ました」と伝えてくれた。外に出ると灰色に塗って、市松模様のラインが入ったタクシーが停まっている。旧いボルガだ。少なくとも10年は経っている。外に運転手が立っていた。運転手はロシア人かウクライナ人のようだ。少なくともウズベク人の顔ではない。運転手が助手席の扉を開けたので、僕は車に乗った。クッションは新しいものに取り替えられているようだ。座り心地がいい。運転手からロシア語で何か話しかけられた。恐らく「どこに行くのか」ということだと思って、「バザール」と答えた。すると何か尋ねてくる。どうもバザールが複数あるようだ。僕は、通じるかどうかわからないが「ボリショイ・バザール（大きな方のバザール）」と答えた。通じたようだ。運転手は「ダー（はい）」と言って、車を走らせた。ワロージャから料金メーターは壊れている可能性が高いと言われたが、このタクシーではきちんと稼働している。ただし、めまぐるしいスピードでメーターが回る。10コペイカきざみで料金が上がっていくようだ。20分くらいでバザールに着いた。メーターには2ルーブル80コペイカと表示されていたので、3ルーブル札を渡した。運転手が釣り銭の20コペイカを出したので、僕は身振りでチップとして取っていいと伝えた。すると運転手は怪訝そうな顔をして、小銭の入った箱からきれいな20コペイカ硬貨を探して、ロシア語で何か言って、僕に渡した。恐らく、最初の硬貨が汚れていたので、僕が腹を立てたと勘違いしたようだ。外国人からチップをもらうのは、キエフやモスクワでは当たり前になっていたが、ブハラでは異なるようだ。ここでも別世界にやってきたのだということを感じた。

バザールは巨大だった。大宮の埼玉県営サッカー場くらいの大きさはある。一部に鉄筋コンクリートの建物があるが、大部分は屋外だ。ただし、店の上には長屋の屋根だけがかかっているようになっている。だから直射日光や雨から商品を守ることができる。

とにかく食材が豊富だ。トマト、キュウリ、キャベツ、ピーマン、ニンジン、タマネギなどの見慣れた野菜から、一度も見たことがないような不思議な野菜までたくさんある。特に香りが強い葉野菜が多い。食習慣もロシア人とはだいぶ違うようだ。

野菜売り場の横に行列ができている。何かと思って覗いてみると、大きな秤がある。学校にある体重計のような、ばね式の自動秤ではない。人が乗ると白衣を着た中年のウズベク人女性が分銅を素早く動かして、体重を量る。体重計が家庭に普及していないのであろうか。多くの人が体重を量っている。中には100キログラムを軽く超えているような女性もいるが、人前で恥ずかしがらずに秤に乗っている。僕も行列の後について、15分くらい待った後に秤に乗った。白衣の女性が早口で数字を言った。僕が「ヤー・ニ・ガバリュー・パ・ルースキ（僕はロシア語を話せません）」と言うと、ポケットから紙切れを取り出して、ボールペンで、52,5と書いてくれた。ロシア語では小数点を「.」ではなく「,」で示すようだ。日本を出るときの体重は55・0キログラムだったので、2・5キロ痩せたことになる。あまり痩せると母親が心配するので、これからは毎食、きちんと取って帰国までに体重を元に戻さなくてはならないと思った。

さらに先を歩いていくと果物のコーナーになった。メロンとスイカが山のように積んである。特にメロンはバスケットボールくらいの大きさのものがいくつもある。また、楕円形のメロンもある。メロンを売っている男性が、1切れ勧めてくれた。あまり甘くはなかったがジューシーなおいしいメロンだった。代金を払おうとすると、男性は手を横に振って「いらない」と身振りで示す。どうも僕に渡してくれたのは試食用で、販売は1個単位で行っているようだ。ロシア語でいろいろ話しかけてくるが、まったく理解できないので、「ヤー・ヤポーネッツ（僕は日本人です）」と繰り返す。そうすると何人も人が集まってきた。好奇心が強い人たちのようだ。いろいろなことを尋ねられるが、ロシア語がわからないので、身振りだけでは、コミュニケーションがとれない。大学生になったらロシア語をきちんと勉強して、自由に意思疎通ができるようになりたいと思った。気が付くと十数人に囲まれていた。マスカットや干し杏、干しブドウやナッツ類を勧めてくれる。僕が鞄からカメラを取り出して、身振りで「写真を撮ってもいいか」と許可を求めると、数人が首を横に振った。何人かは、写真を撮ってもらいたそうな目をしていたが、トラブルになるといけないのでやめた。その後、食肉売り場を見た。台の上に羊や牛の首が並べてある。横に大きな塊の肉が置いてある。客が注文すると大きな包丁で豪快に肉を切る。日本の精肉店のように肉を薄くスライスすることはないようだ。豚肉はまったく見かけない。鶏は丸ごと1羽で売っている。食肉売り場の隣では、乳製品と蜂蜜を売っていた。チーズが何十種類もある。また、蜂蜜もたくさん種類があるようだ。紙に蜂蜜を少しつけて、舐めてみろと客に勧める。蜂蜜の入っている瓶は、市販のピクルスやヨーグルトの広口瓶を使っている。どうもバザール用の瓶は作られていないようだ。それから、どの店にも包装紙がない。新聞紙を使っている。ハンガリーの商店には、さまざまな種類の包装紙があった。同じ社会主義国でもブダペシュトとブハラとではまったく別の世界だ。もし、東欧とキエフ、モスクワしか訪れなかったならば、この旅行の印象はまったく違ったものになっただろう。東京でYSトラベルの舟津素子さんが僕に「ブハラには絶対に行った方がいい」と勧めてくれたわけがわかった。ソ連はほんとうに広い。

乳製品売り場の隅に長い行列ができている。覗いてみるとアイスクリームの量り売りをしている。客がグラム数を言うと、天秤の片側に分銅をのせて、反対側にウエハースでできた皿を置く。冷凍ボックスに入ったアイスクリームをスプーンで皿にのせる。秤が水平になるまで皿にアイスクリームを追加する。アイスクリームが多すぎると、今度はスプーンでアイスクリームを皿から取って冷凍ボックスに戻す。その間に皿にのったアイスクリームが溶けていく。少ない場合は問題ではないが、少しくらい多いときは、サービスすればいいと思うのだが、ウズベク人の常識は異なるようだ。秤がピッタリ水平になるまで、アイスクリームの量を調整する。それを客たちが注意深く見守っている。先ほどの体重計にしても、このアイスクリームの量り売りにしても、ウズベク人は秤に強い関心を持っているようだ。面白そうなので、僕も行列の後ろについてみた。20人くらいの行列だったが30分は待たされた。僕の番になったので、紙に「200」と書いて出した。200グラムの分銅と小さい分銅がのっている。小さい分銅はウエハースの皿の重さに相当するのだろう。こういう細かいところにこだわるのが面白い。アイスクリームの販売員は、40歳前後のウズベク人だ。顔が赤茶色に日焼けしていて、年季の入った四角いウズベク帽を被っている。スプーンで3〜4回、量を調整して僕の注文したアイスクリームができ上がった。1ルーブル札を渡すと、釣り銭が80コペイカ戻ってきた。100グラム10コペイカで販売しているのだろう。

アイスクリーム売り場の隣は、立ち食い食堂になっていた。シャシリクやプロフなどを売っている。せっかくの機会なので、これまでに食べたことのないものを食べてみることにした。こういうときは長い行列の後につくことがコツだ。どの国でも食べ物屋の前に行列ができるのは、そこの食べ物がおいしいからだ。いちばん長い行列ができているのは、大きな鍋で揚げた物を売っている店だった。横から覗いてみると大きな揚げ餃子だ。日本のカレーパンよりも一回り大きい。ただし、パン粉はついていない。恐らくは夫婦と思われるウズベク人が2人で働いている。挽肉と野菜の餡をその場で大きな餃子の皮のようなものに包んで揚げている。そして揚げたての餃子を新聞紙に包んで渡す。客たちは、店の横でおいしそうに食べている。

ここでも30分くらい待たされた。僕の番になった。僕が「ドゥバー（2つ）」と言うと、餃子を2つ、目の前で揚げてくれた。衣がきつね色になったところで、網で引き上げる。油切りをした後で、新聞紙に餃子を包んで渡してくれた。僕が金を払おうとすると2人とも首を横に振って受け取らない。そして、男性が「ヤポニヤ、ハラショー（日本はよい）」と言って、右手の親指で上を指した。どうも日本人だからサービスしようということだ。遠慮なく厚意を受けることにした。揚げ餃子は羊肉と香草が素晴らしいハーモニーを作り出していた。味も、塩辛くもなければ、薄くもない。少しスパイスが効いている。実においしい。行列ができるのも当然だと思った。

44

　そろそろホテルに帰らなくてはいけないと思った。バザールの外に出ると駐車場があった。駐車場の隅にタクシーと書かれた錆びかけた看板があった。駐車場には、軽トラックと乗用車が数十台駐まっていたが、どれもモスクワでは見たことがないようなポンコツ車だ。これでほんとうに走るのかと心配になってきた。トラックの荷台が木製なだけでなく、扉や運転席の一部も木材で修理されている。日本でならばこんな車は絶対に車検を通らないだろう。また、乗用車はドイツのフォルクスワーゲンを一回り大きくしたようなポベーダ（勝利者）だ。モスクワでたくさん見たジグリ（ラーダ）やモスクビッチはほとんど駐まっていない。ブハラではモスクワよりも20年くらい旧式の車しかないようだ。それにいくつかの車のフロントグラスに髭を生やした男のポートレートが貼ってある。近づいて見てみるとスターリンだった。スターリンのポートレートを見るのは初めてだった。スターリン批判以後、ソ連ではスターリンの肖像画は一掃されたという話を読んだが、ここではどうもそうではないようだ。

タクシー乗り場に行くと、かなり旧いボルガが1台停まっていた。タクシーについては、モスクワでもブハラでもボルガということになっているようだ。運転手はよく日焼けした男で、四角いウズベク帽を被っていた。僕が助手席の扉を開けて、「ゴスチニッツア（ホテル）・ブハラ」と言うと、運転手は「ダー（はい）」と言って、助手席に座るように手招きした。この車のフロントグラスにもスターリンのポートレートが貼ってある。

運転手は、乱暴に車を発進させた。かなりのスピードで道路を走っていくが、速度計が壊れているので、どれくらいスピードが出ているのかわからない。運転手はしきりに話しかけてくるが、何を言っているのかさっぱりわからない。この人がロシア語を話しているのか、ウズベク語を話しているのかもわからない。僕がロシア語で「ヤー・ヤポーネッツ（僕は日本人です）」「ヤー・イズ・ヤポーニイ（僕は日本から来ました）」と言うと、運転手は右手の親指を立てて、「オーチン・ハラショー（とてもよい）」と答える。そのときは片手運転になるので、車がふらふら揺れる。僕は交通事故に遭遇するのではないかと心配になった。

ホテルに着いた。こんなにぼろぼろな車なのにタクシーメーターは最新のものが付いている。タクシー代として3ルーブル出すと、運転手は釣り銭で20コペイカ硬貨をくれた。僕がチップのつもりで硬貨を運転手に渡すと、運転手はそのコインを小銭の入った箱に入れた。そして、「イズビニーチェ（済みません）」と言って、箱をかき混ぜて別の20コペイカ硬貨を僕にくれた。ピカピカに光った新しい硬貨だ。僕がチップを渡したのではなく、20コペイカ硬貨が汚いのでクレームをつけたと思ったようだ。「これはチップです」と説明したかったが、「チップ」というロシア語を知らないので、そのまま硬貨をポケットに入れた。往きも帰りもタクシーの運転手はチップを受け取らなかった。ワロージャが「お釣りもきちんとくれるはずです」と言っていたのは本当だった。

ホテルに戻ると空腹を覚えた。バザールでアイスクリームと大きな揚げ餃子を食べた後だが、それでは腹が満たなかったようだ。レストランに行くとワロージャが1人でコーヒーを飲んでいた。

「ここに座ってもいいですか」と僕は同席を求めて声をかけた。ワロージャは、「どうぞ」と答えた。

「今日は何をしていましたか」とワロージャが尋ねた。

僕はバザールでの経験について、詳しく話した。

「最近では、あまり見かけなくなりましたが、アイスクリームの量り売りはモスクワでもありました。真夏だと、アイスクリームの量を加減しているうちにどんどん溶けていく。この国の人たちは奇妙なところで几帳面です」と言ってワロージャは笑った。

「モスクワには体重を量るビジネスがあるのですか」

「以前に比べると減りましたが、ゴーリキー公園やヴェー・デー・エヌ・ハー（ВДНХ、国民経済達成博覧会）にはときどき出ています。むしろ観光地でのイベントという感じです。モスクワでは家庭用体重計が普及しているので、街の体重測定が減ったのです」

「ブハラでは家庭用体重計は普及していないのですか」

「普及していないと思います。モスクワと中央アジアでは、出回っている物資が大分異なります」

僕はモスクワのグム（国営百貨店）で、ウズベク帽を被った人たちがどの売り場でもたくさん買い物をしていたことを思い出した。

「ロシアの体重計は、120キロまで目盛りがあります。日本では確か100キロまででしょう」

僕はわが家の水色のヘルスメーターを思い浮かべた。確かに目盛りは100キロまでしかない。

「どうしてですか」

「100キロを超える人が珍しくないからです」

「120キロを超える人はいないのですか」と僕は尋ねた。

「ときどきいます。そういう人がいる家には体重計が2つあります」

「体重計が2つ？」

「そうです。右足と左足をそれぞれ別の体重計に置きます。2つの体重計の表示を合計するとその人の体重になります」

「ほんとうですか」

　僕はワロージャが冗談を言っているのではないかと思った。

「本当です。試してみるといいでしょう」とワロージャは答えた。

　モスクワでもキエフでもブハラでも、若い女性はみんなスマートだ。それが中年になるとひどく太り始める。この点についてもワロージャに聞いてみた。

「それは簡単です。若い女性は、見た目を気にして、あまり食べません。それが結婚して子どもが生まれると、あまり我慢をせずに好きなだけ食べるようになります。周囲もみんな太っているので、特に見た目を気にすることもありません。ただし太りすぎは健康によくないので、痩せた方がいいというキャンペーンを政府は行っています。だから、家庭用体重計を大量に生産するようになりました。そのうちブハラにも普及するようになるでしょう」というのが、ワロージャの答えだった。

「ところで、ブハラには、なぜ旧い車しかないのでしょうか」

「ブハラだけでなく、地方都市はほとんどそうです。モスクワでも自動車を買うのはとてもたいへんです」

「確か注文してから2〜3年待つという話を読みました」

「2〜3年じゃないです。普通、10年くらい待ちます。15年待たされることも珍しくない」

「もっと早く手に入れる方法はないのですか」

「中古市場で買うことはできますが、新車よりもはるかに高くなり、それから事故車や欠陥車の可能性が高いです」

「事故車や欠陥車!?」

「そうです。大きな事故を起こした車は、縁起が悪いと言って手放す人がいます。それから、ソ連車はほとんどが欠陥車と言っていい」

「どういうことですか」

「部品の噛み合わせや、配線にどこか問題があります。車を持っている人は、修理を重ねて、自分に合った車に仕上げます。それがまた楽しいんです」

「ワロージャは車を持っていますか」

「僕は持っていませんが、父が持っています。よく修理しています」

「ジグリですか」

「いや、旧いボルガです。ジグリはイタリアのフィアットのコピーなので故障が少ないし、乗り心地がいい。みんなジグリを買いたがっています」

「タクシーにボルガが多いのはなぜですか」

「政府や大企業の公用車がボルガだからです。公用車の払い下げがタクシーになります」

それでモスクワでもキエフでもブハラでも、タクシーはすべてポンコツ車なのだ。それから僕はワロージャに、運転手がチップを受け取らなかった理由について尋ねた。

「不思議ですね。ウズベク人はロシア人以上にチップを取る人が多いです」とワロージャは言って、考え込んだ。しばらくして、ワロージャはこう言った。

「その運転手は日本人を初めて乗せたので緊張していたのだと思います」

「緊張していたようには思えませんでした。僕にずっと話しかけていました」

「緊張した人が饒舌になることはよくあります。恐らく佐藤さんのことが怖かったので、『汚い釣り銭を渡すな』とクレームをつけられたと思ったのでしょう。地方の人たちは、今でも外国人を見ると緊張します。もっともこれからブハラには外国人観光客が増えてくるので、状況も変わってくると思います。ウズベク人は客人を歓待する習慣があります。だから、外国人観光客に慣れれば、この街の人たちの雰囲気もだいぶ変わると思います」

「ところで、ロシア語にチップという言葉はあるのですか」

「もちろんありますよ。〝チャエビエ〟と言います」

「〝チャエビエ〟？　どういう意味ですか」

「お茶代という意味です。日常的にもよく使います」

「日本の旅行ガイドにはソ連ではチップはいらないと書いてありました」

「それは外国人が事前に購入する宿泊、食事のバウチャー（予約券）にチップが含まれているからです。ソ連ではチップを抜きにして観光することはできません」と言ってワロージャは笑った。

「ところで、僕はとてもお腹が空いています。食事は何時からですか」

「6時半からなので、まだ1時間ちょっとあります。今日は昨日のような本格的な御馳走ではなく、普通の夕食です。早くできるか聞いてきましょうか」

「お願いします」

ワロージャは手を上げてウエイターを呼んだ。ウエイターがやってくると早口のロシア語で何か言った。ウエイターは「ダー、ダー（はい、はい）」と答えている。

「大丈夫です。早く夕食を取ることができます。定食でメニューは1種類しかありませんがいいですか」

「もちろん構いません」と僕は答えた。

ワロージャは、「これから部屋に戻ってインツーリストに宛てて報告書を書かないといけない」と言って、去っていった。

ウエイターが、サラミソーセージとチーズ、ハムの盛り合わせと、トマトとキュウリのサラダを持ってきた。ミネラルウオーターと一緒にリンゴの皮の煮汁を持ってきた。甘さが抑えられていておいしい。パンは黒パンと白パンを両方持ってきた。別の皿に無塩バターを大量に盛ってある。メインは、ケバブのようなハンバーグだった。デザートはアイスクリームとコーヒーだった。典型的なロシア風夕食だ。

部屋に戻るとシャワーを浴びて荷物をまとめた。これから空港に行って、タシケント行きの飛行機に乗るからだ。タシケントはウズベキスタン共和国の首都だ。ブハラとどう違っているのだろうか。僕は好奇心に胸を膨らませた。

ホテルの玄関でワロージャが待っていた。

「佐藤さん、これでお別れになります。きちんとしたお世話ができずに済みませんでした」

と言ってワロージャは日本式に頭を下げた。

「何をおっしゃいますか。ワロージャさんは、とてもよくしてくださいました。それに日本語が上手だ」

「お世辞に感謝します。佐藤さん、１９８０年には大学生になっていますか」

「ストレートで大学に合格すれば3年生です」

「その年に是非、モスクワに来てください」

「なぜ1980年なのですか」

「モスクワ・オリンピックがあるからです。ソ連で行われる初めてのオリンピックです」

そういえば、1980年がモスクワ・オリンピックのある年だということを忘れていた。「日ソ友の会」の篠原さんも日下さんもモスクワ・オリンピックをきっかけに日ソの草の根交流が進むと言っていた。

「その頃までにロシア語が上手になるように努力します」と僕は答えた。

「日本人にとってロシア語は決して易しい言語ではありません。でも、ロシア人が日本語をマスターする方がずっと難しいと思います。日ソ間に文化協定が締結されれば、多くの留学生の交換が行われるようになります。モスクワ・オリンピックをきっかけにそうなればいいと思います」とワロージャは言った。

インツーリストの運転手がやってきて、僕のスーツケースを旧いボルガのトランクに入れた。空港まで同行する添乗員はいないようだ。

「空港には英語を話すことができるアエロフロートの職員がいます。何かわからないことがあったら、遠慮なく相談してください」とワロージャは言った。

親しくしてくれた人と別れるときは、何となく淋しい。しかし、それが後で旅行のよい思い出になるのだと思った。

空港では、仮設の小屋のようなところで待たされた。一般の乗客の待合室と外国人を区別しているようだ。コーヒーや紅茶を出すような施設もないようだ。英語を話すアエロフロートの女性職員が、「佐藤さんは、一般の乗客が乗り込んだ後で飛行機に乗ることになります。座席は最前列になります」と伝えた。僕は数学の問題集を取り出して、暗算をしながら時間をつぶした。浦和高校の1年生は今頃、夏休み後の数学テストに備えて問題集を何度も繰り返して解いていることだろう。勉強に遅れが出ているのではないかと不安になってきた。

しばらくするとアエロフロートの職員がやってきて「これから飛行機に御案内します」と言った。掘っ立て小屋の200メートルくらい向こうに双発プロペラのアントーノフ24が駐まっている。中央アジアの近距離移動にはこの飛行機を使っているようだ。飛行機に乗り込むと異様な臭いがした。漬け物やにんにくのような臭いだ。膝の上に大きな荷物を抱えている人もたくさんいる。旅客機というよりも貨客機という感じだ。満席で、唯一空いている1Aの席に僕は案内された。隣にはウズベク帽を被った初老の男性が座っている。目礼をしたが、相手は目を逸らした。僕のことを警戒しているようだ。乗客で外国人は僕だけのようだ。

僕を乗せると、アエロフロートの職員は隣席のウズベク人に早口で何か言って降りていった。ウズベク人は何も言わずに頷いたが、僕とは目を合わせようとはしない。飛行機はすぐに離陸した。すると機内から、ピンポンとスチュワーデスを呼び出すベルが十数回鳴った。いったい何が起きたのだろうか。飛行機が水平飛行に入り、禁煙とベルト着用のランプが消えると、立ち上がり、狭い廊下を歩き出す人がいる。スチュワーデスはベルを鳴らした乗客のことを一切無視している。乗客たちは大きな声で話し始め、機内がバザールのような雰囲気になった。モスクワからサマルカンドに向かったとき、サマルカンドからブハラに向かったときの飛行機とは雰囲気がまるで違う。この景色にどこかで既視感があった。僕は記憶をたどっていった。

小学1年生の夏休みのことだ。父親に「優君、一緒に銀行に行くか」と言われて、団地の横を6時13分に出る朝一番のバスに乗って、大宮駅から東北本線に乗って、上野まで行った。当時、父は富士銀行小舟町（こぶなちょう）支店に勤めていたので、普段は京浜東北線で上野まで行って営団地下鉄（現在の東京メトロ）銀座線に乗り換える。その日は、「こっちの方が旅行の雰囲気が出るので、東北本線に乗ろう」と言って、父は東北本線の上りホームに僕を連れていった。当時の大宮駅は、空襲の後、廃材で作ったままだったので、ひどくみすぼらしかった。柱にも古くなった線路が使われていた。もっとも翌年に埼玉国体（国民体育大会）があるので、京浜東北線のホームは改装され、東口には駅ビルが建設中だった。

　ホームに電気機関車に引かれたこげ茶色の車両が入ってきた。ドアは手動だ。列車が停まる前にデッキから飛び降りてくる人がいる。

「飛び降りや、飛び乗りはとても危険だから、優君は絶対にやったらいけないよ」と父は言った。

「わかった」と僕は答えた。

　列車のデッキはとても高い。父が僕を抱え上げてくれた。列車の中はボックス席になっている。そこに女性が何人も座っている。横には白い布で包んだ大きな袋がある。僕は目をまん丸にして女性たちを見ていた。

「行商の人たちだよ」と父が言った。

「ギョウショウって何？」と僕は尋ねた。

「あの袋の中には、野菜や卵が入っている。それを東京のレストランや個人の家に運んでいくんだ」

「何で八百屋さんで買わないの。東京にも八百屋さんがあるんでしょう」

「八百屋さんを通さないで、直接、農家の人が野菜を売るんだ。とてもいい野菜を持ってくる。以前は、うちの団地にも行商の人たちがよく来たよ」

「どうして」

「お父さんとお母さんが団地に住み始めた頃は、周囲にお店がなかった。だから、行商の人が来てくれるのはとても便利だ」

「今もときどき団地の広場に車で魚屋さんが来るよね。あれも行商なの」

「そうだ。今、団地に来る行商は、魚屋さんとお茶屋さんだけになった」

「何で女の人だけが行商をしているの」

「昔から農家では、女の人が行商をしてお金を作ることになっている」

「男の人は何をしているの」

「田んぼか畑で仕事をしている」

「お母さんは、ずっと家にいるんじゃないの」

「農家の場合、お母さんも普段は農業を手伝っている。そして家事をして、ときどき行商もする」

「農家のお母さんはとっても忙しいの」

「忙しいし、仕事がきつい」

「うちのママよりもたいへんなの」

「ママはママで一生懸命仕事をしている。ただ、ママと比べると農家のお母さんは力仕事が多い。ママは農家の出身だったから、農業のたいへんさを知っている。農家だと小学3年生くらいになると両親の仕事を手伝うようになるよ。優君の小学校でも、農家の子には特別の休みがあるはずだ。仕事が忙しいときに家族を手伝うためにだ」

僕の小学1年生のクラスには42人いたが、農家の子どもは2人だけだった。寄生虫検査で農家の子にギョウ虫がいることがわかって、クラス全員が虫下しの薬を飲んだ。担任の堀部美代子先生が、「一昔前までは、みんなのお腹にギョウ虫がいたんですよ。ギョウ虫がいるといってお友だちをいじめるような人は先生が許しませんよ」と厳しく言っていた。農家の同級生のお母さんも行商をしているのだろうか。僕は父に尋ねてみた。

「行商は埼玉の北部や、栃木や群馬の農家の人たちがしている。大宮や浦和ではもうなくなっていると思うよ」

「あの大きな荷物は重いの」

「かなり重い」

「お父さんは持つことができる」と僕は尋ねた。

「お父さんは腰が弱いので、できない。しかし、ああいう大きな荷物には持ち方と歩き方のコツがあって、それに注意すれば、大丈夫だ。お父さんも戦争中は背中に30キロの無線機を背負ってよく移動した。その頃のお父さんはとても痩せていたが、荷物を背負って10キロメートルくらい歩いても何ともなかったよ」と父は答えた。

「あの荷物で席を2つもふさいでいるけれど、お金は取られないの」

「ああいう大きい荷物を持っていると、お金を取られる。ただし、人間よりはずっと安い」

「どうして」

「行商で一生懸命仕事をすることが世の中のためになるからだ。だから、荷物の料金を安くしている」

行商の女性たちは大きな声で話している。しかし、北関東の独特のアクセントで早口で話すので、単語は断片的にわかるが、何を言っているか、さっぱりわからない。

「あの人たちが何を話しているのか、僕にはさっぱりわからない」

「お父さんにもまったくわからない」

その日と翌日、父は非番だったが、読みたい本を職場に忘れたので、取りに行くことが目的だったようだ。本を鞄に入れると、地下にある発電施設やボイラーを見せてくれた。そして、その後、上野の国立科学博物館に連れていってくれた。博物館も面白かったが、行きの列車の中での行商人の姿の方が強く印象に残った。飛行機の中の喧噪な雰囲気を見ながら、父と東北本線の列車に乗ったときの記憶が鮮明に甦ってきた。このウズベク人たちは行商のために飛行機に乗っているのだと思った。

飛行機の中でスチュワーデスがアルミニウムのカップにミネラルウオーターを注いで配ったが、「おかわり」を要求する人が何人も出てきて混乱した。そうこうしているうちにベルト着用と禁煙のランプがついたが、通路を歩いている人が何人もいる。アエロフロートの国内線はそもそも全面禁煙なので、なぜ禁煙のランプが点灯するのかよくわからない。スチュワーデスが大きな声で注意すると乗客はようやく席についてシートベルトを締めた。

飛行機が着陸すると全員が大きな拍手をする。飛行機が停止する前に立ち上がり、荷物を取り出して、出口の前に人が集まる。スチュワーデスが大声でそれを制している。飛行機の中にいるという感じがまったくしない。飛行機が完全に停止すると、まずパイロットが降りた。その後、アエロフロートの制服を着た男性職員が入ってきて、「ミスター・マサル・サトー」と大声で叫んだ。僕は「イエス・アイ・アム」と大きな声で答えた。アエロフロートの職員は、僕を機内から連れ出して、大型バスに乗せた。他の客も乗せてからバスが出発するのかと思ったが、僕とアエロフロートの職員の2人を乗せただけで、バスは空港ビルに向かっていった。ブハラやサマルカンドの空港と異なり、タシケント空港はモスクワのドモジエードボ空港のような立派な建物だ。僕は、英語で「インツーリスト」と書かれた部屋に通された。インツーリストのバッジをつけた職員が数名いる。若い女性の職員が僕の方に近付いてきた。

「ミスター・サトウですね。飛行はどうでしたか」

「かなり賑やかでバザールのようでした」

「ブハラ—タシケント便はいつもそんな感じです。荷物が出てくるのにしばらく時間がかかります。とりあえず、コーヒーか紅茶を飲みませんか」

「緑茶はありますか」

「ここにはありませんが、あなたが泊まるホテル・ウズベキスタンにはあります。それでは紅茶にしますか」

「お願いします」と僕は答えた。

インツーリストの職員は電話をして「チャイ」と言っている。空港のカフェに注文をしているのだろうか。5分くらいしてウエイトレスが紅茶とチョコレートケーキを持ってきた。

「プラハ風のケーキです。食べたことがありますか」

「モスクワで食べました。とても好きです」

「それはよかったです。ブハラの印象はどうでしたか」

「とても楽しかったです」と言って、僕はカリャンの塔やバザールの話をかいつまんでした。

「それはよかったです。これからブハラの観光施設は整備されていくので、ミスター・サトウがこの次に訪問するときにはずっと快適になっていると思います。宿泊先はホテル・ウズベキスタンになります」

「東京ではホテル・タシケントに泊まることになるだろうと言われました」

「ホテル・タシケントもインツーリスト傘下のホテルで外国人が泊まりますが、ホテル・ウズベキスタンは最新式のホテルです。レストランもショップも充実しています。きっと楽しんでもらえると思います」とインツーリスト職員は言った。

ソ連の最新式ホテルとは、いったいどのようなものなのだろうか。好奇心が膨らんできた。

第八章　中央アジア

45

「紅茶をもう一杯いかがですか」とインツーリストの職員が尋ねた。

「もう十分です」と僕は答えた。

「荷物をピックアップしたので、ホテルに行きましょう」と言って、インツーリストの職員は席を立った。僕は彼女の後についていった。空港の出口のところに灰色のボルガが停まっていた。

「この車に乗ってください」と彼女が言った。

「案内人は一緒に乗らないのですか」と僕が尋ねると、インツーリストの職員は「案内人がいなくても大丈夫です。ホテルには10分で着きます。詳しい説明は、ホテルのインツーリストの窓口で聞いてください」と言った。

ボルガは比較的新しい。年代物の車しかなかったブハラに比べるとタシケントは大都会だ。近代的な高層ビルと団地のような建物が続いている。大通りを走って10分ほどでホテル・ウズベキスタンに着いた。20階建てくらいのクリーム色の近代的なビルだった。車のそばにホテルのポーターがやってきて、トランクから僕のスーツケースを取り出した。僕はポーターの後について、インツーリストの事務所に行った。

インツーリストの事務所では、日本人に似た顔をした中年の女性が応対してくれた。英語が上手だ。

「ブハラの旅はいかがでしたか」と尋ねられたので、「とても興奮しました」と言って、カリャンの塔を見たときの印象やバザールでの経験をかいつまんで話した。

「それはよかったです。ブハラは外国人旅行者に開放されて、まだそれほど時間が経っていないので、いろいろ不便なことがあったと思います」

「確かにホテルのシャワーから赤い水が出てきたときは驚きました。しかし、それ以上に楽しいことが多かったです。日本語に堪能なワロージャさんが案内をしてくれたので、ブハラについて深く知ることができました」

「それはよかったです。残念ながら、今、タシケントには日本語を話すガイドがいません。佐藤さんはタシケントに2泊されるのですね」

「はい」と僕は答えた。

「飛行機は夜遅い便なので、観光は、明日でもいいでしょうか。他に日本人の個人旅行客が何人かいるので、一緒に観光することになりますが、構いませんか」

「もちろん問題ありません」

「次の訪問地はハバロフスクでしたね」

「そうです。ハバロフスクに1泊して、それから夜行列車に乗ってナホトカに出ます」

「ナホトカからは船で横浜に向かうのですね」

「そうです。バイカル号に乗ります」

「ソ連にはどれくらい滞在することになりますか」

「2週間弱です」

「かなり長い旅行ですね。どの土地が印象的でしたか」

「キエフもモスクワもブハラも、どこもとても印象的でした。ソ連はとても広い国で、いろいろな人たちが暮らしていることがわかりました」

「中央アジアを旅行するとソ連の印象が変わると外国人旅行者は異口同音に言います」

「確かに中央アジアに私たちと同じような顔をした人がたくさん住んでいるとは、意外でした」

「日本へのお土産は買われましたか」

「まだです」

「このホテルのベリョースカ（外貨ショップ）は、品揃えが豊富です。のぞいてみるといいでしょう」

「ありがとうございます。僕はソ連製の腕時計とカメラを買いたいです。ベリョースカにありますか」

「ありますけれど、あなたは日本製の時計とカメラを持っているでしょう」と怪訝そうな面持ちでインツーリストの職員は尋ねた。

「もちろん持っています。日本でソ連製の腕時計やカメラを持っている人がいないので、是非、手に入れたいと思います」

「しかし、日本製の方が品質もデザインもずっと良いと思います」

「ソ連は人工衛星の打ち上げに成功しました。だから、きっとソ連製の腕時計やカメラも性能がいいのだと思います」

「わかりました。ベリョースカには腕時計やカメラもあるので、店員に相談してみるといいでしょう。出発まで佐藤さんのパスポートはお預かりします。ホテルカードが身分証明書の代わりになります。ソ連のシステムには慣れていますよね」

「はい。僕が泊まっている階のジェジュールナヤ（鍵番）にカードを渡すと鍵と交換してくれるのですよね」

「そうです」

僕はカードを受け取ってエレベーターで12階に上がった。ジェジュールナヤは中年のロシア系の女性だった。カードを渡すと鍵を持ってついてきてくれ、部屋の扉を開けてくれた。ツインルームだ。窓から市内の景色がよく見える。タシケントは近代的な都市で、歴史遺産のような建物は見えない。

ジェジュールナヤが「コーフェ、イリ、チャイ（コーヒーか紅茶か）？」と尋ねたので、僕は「コーフェ・パジャールスタ（コーヒーをください）」と答えた。

しばらくして、ジェジュールナヤは、コーヒーと袋に入ったビスケットを持ってきた。お金を払おうとしたが、受け取らない。コーヒーには、細長い角砂糖が添えられていた。コーヒーはかなり熱いにもかかわらず、角砂糖はなかなか溶けない。ソ連に来て驚いたことの一つが、砂糖がなかなか溶けないことだ。まるで氷砂糖のようだ。コーヒーは濃くておいしい。ソ連滞在期間も1週間を切った。来週の今頃は、大宮の団地に戻っている。その翌日から学校が始まる。そう考えると、今、タシケントにいるのが夢のように思えてならない。

ベッドに横になってみた。かなり硬いが寝心地は悪くない。シーツと枕カバーには、きれいにアイロンがかかっている。部屋にはソファセットがあり、壁にはラジオがついている。ただし、テレビはない。浴室をのぞいてみると大きなバスタブがあった。湯の蛇口をひねると勢いよく熱湯が出てきた。水の蛇口をひねって適当な温度にして、バスタブ一杯に湯を張った。しばらくぶりにゆっくり風呂に入った。2学期になるとまず数学の試験がある。学校から配布された問題集のうち、100題が指定されたが、まるまる同じ問題が10題出されるということだ。暗記しておけば満点が取れるが、いきなり問題に取り組むと2〜3題で時間切れになるという。先輩が「数学は暗記科目だ」と言っていたが、そのことを生徒に皮膚感覚で理解させるためにこのような試験をするのだろう。数学の問題集と教科書は持ってきたが、旅先で集中して勉強することはなかなかできない。夏休みのほぼ全期間を旅行するという計画が、今後の勉強のことを考えると無謀だったようにも思えるが、今更、後悔してもはじまらない。ただし、旅行は僕の将来に無視できない影響を与えるという予感が何となくする。

風呂から上がって、備え付けのタオルで身体を拭いたが、糊がききすぎていてゴワゴワする。風呂に入って気分も爽快になった。ゆっくり寝ることにした。

翌朝目が覚めると午前10時を過ぎていた。朝食は間に合わないが、お腹はすいている。僕はベリョースカに行って土産物を買うことにした。ベリョースカは、レストランと同じ2階にあった。夏なのに毛皮の帽子やコートが並んでいる。酒類や菓子類もたくさんある。ハンガリーでフィフィから、父への土産にトカイワイン、母への土産にテーブルクロス、妹への土産に民族衣装のブラウスをもらった。これに加えて何を土産にするか考えた。チョコレートやタバコはハバロフスクで買えばよい。父はちょっと変わった土産を喜ぶ。四角いウズベク帽を土産に買うことにして、帽子売り場に行った。四角いウズベク帽が何種類もある。どの帽子がいいか、店員に尋ねてみることにした。数人いる店員は全員ロシア系の女性で20歳前後に見える。

「父親への土産に四角いウズベク帽を買いたいと思います」

「目的は飾っておくことですか、それとも実際に被りますか」

父は写生が趣味だ。絵を描くときには帽子を被っている。ウズベク帽も写生のときにきっと被るだろうと思った。

「実際に被ります」と僕は答えた。

「それならば、飾りのないシンプルなものがいいでしょう」と店員が言って、いくつか帽子を見せてくれた。父の頭のサイズは、僕よりも少し小さい。被ってみて少しきつめの帽子を買った。

「腕時計とカメラを買いたいのですが」と尋ねた。

「本気ですか」と怪訝そうな顔をして、店員が僕に尋ね返した。

「本気です。ソ連は人工衛星を打ち上げる力があるのだから、きっと優れた腕時計やカメラを作っているのだと思います」と僕が答えると、店員は笑って僕をまずカメラの売り場に連れていった。

　ソ連製のカメラが30台くらい並んでいる。小型カメラから本格的な一眼レフのカメラまである。一眼レフのカメラには「ZENIT」と書いてある。

「このカメラを見せてください」と尋ねた。「どうぞ」と言って、店員はカメラを僕に渡した。ずっしり重い。店員が小冊子を渡してくれた。このカメラのマニュアルだ。図解がついているが、解説はすべてロシア語だ。取り扱いも難しそうだ。写真部の豊島昭彦君が一眼レフのカメラは扱いがとても難しいと言っていたことを思いだした。もう少し簡単なカメラを買うことにした。

　透視ファインダー式のスタイルのいいカメラがあった。ローマ字語で「SOKOL」と書いてある。

「どういう意味ですか」と僕は尋ねた。

「ソーカルとは、ロシア語で鷹の意味です。レニングラードのカメラ工場で作られています。評判のいいカメラです」

「日本製のフィルムでも使えますか」

「35ミリフィルムならば、どれでも使えます。評判のいいカメラです」

「手にとってみてもいいですか」

店員は、「どうぞ」と言って僕にカメラを渡した。ずっしり重い。カメラを置いて、マニュアルの小冊子をのぞいてみた。最後の頁に仕様が書いてある。８４５г．と書いてある。８４５グラムということだ。使いやすそうなカメラだ。値段を見ると１４５ルーブルと書いてある。日本円にすると4万３５００円だ。かなり高い。ただし、箱には42ルーブルというシールが貼られている。

「この42ルーブルというシールは何ですか」と僕は尋ねた。

「このカメラの値段です」と店員が答えた。

「１４５ルーブルじゃないんですか」

「ベリョースカでは、42ルーブル相当のドルか円で購入できます。トラベラーズチェックで支払うこともできます」

「値引きしているのですか」

「ソ連製品については、カメラだけでなく時計や毛皮も大幅に値引きしています」

外貨獲得のために、一部のソ連製品は大幅に値引きをしているようだ。42ルーブルならば1万２６００円だ。これならば手が届く。

「これを買います」

「わかりました。他に買いたい物はありますか」

「腕時計を買いたいです」

「カメラはソ連製でもかなり性能がいいと思います。お客さんの評判もいいです。しかし、ソ連製の腕時計はあまり勧めません。故障しやすいです」

「ブダペシュトでソ連製の腕時計を買いました。いま左腕につけています」

そう言って僕は、腕時計を店員に見せた。

「これは海外輸出用のモデルですね。この店には国内用の腕時計しか置いていません」

「自動巻はありますか」

「こちらのショーウインドーに入っている腕時計はすべて自動巻です。ただし、手巻きの時計の方が正確なので、自動巻はお勧めしません」

「僕は自動巻の腕時計に関心があります。見せてください」

店員はショーウインドーから腕時計を5個取り出した。どれも分厚くて重い。青い文字盤で日付と曜日が出る時計が気に入った。曜日の表示は英語とロシア語に切り換えることができる。

「この腕時計が気に入りました」と僕は言った。ローマ字で「POLJOT」（ロシア語で〝飛行〟の意味）というロゴが入っている。

「評判のいい時計です。ただし、防水にはなっていないので、手を洗うときには外してください」

「わかりました。いくらですか」

「12ルーブル相当の外貨です。ルーブルで買うときの半額以下になっています。あわせてベルトも買いますか。この時計ならば、ブレスレットの方がいいと思います」

そう言って、店員はブレスレットを持ってきた。とても軽い。アルミニウム製なのだろう。このブレスレットは1ルーブルもしなかった。店員は時計にブレスレットを装着してくれた。左手に腕時計をしてみた。ずっしりと重さが伝わってくるが、いい感じの時計だ。

買い物をして、すっかりいい気分になった。部屋に戻って、フィルムをさっき買ったカメラに装塡してみた。ぴったりはまる。何枚か部屋から外の風景を撮ってみた。現像は日本に戻ってからだが、よく撮れているかどうか心配だ。ベッドで横になると、疲れがたまっていたのか、眠ってしまった。

目が覚めると外は真っ暗だ。時計を見ると午後9時を回っている。お腹が空いた。まだレストランは開いているだろうか。レストランに行くと、もう閉店だという。レストランのフロアマネージャーが「地下のバーは12時まで開いているので、そこでオープンサンドイッチなら食べられるだろう」と言う。地下のバーに行って「食事をしたいのです」と頼むと、ウエイターは「ローストチキンと、チーズとサラミのオープンサンドイッチならばできます」

と答えた。僕は「それをお願いします」と言った。

ウエイターは僕を中央のテーブルに案内した。店は薄暗く、客はあまりいない。

「飲み物は何にしますか。シャンペンにしますか、ワインにしますか」とウエイターが尋ねた。

「アルコールは飲みません。ミネラルウオーターとコーヒーをください」と僕は答えた。

「わかりました」と言って、ウエイターは厨房に消えた。

すぐにウエイターは、サラミソーセージとチーズのオープンサンドイッチとミネラルウオーターを持ってきた。それから10分くらいして、ローストチキンとコーヒーを持ってきた。ローストチキンは、ニンニクのソースがかかっているようだったが、とてもおいしかった。お腹もいっぱいになって、コーヒーを飲んだので、店を出ようと席から立ったときに日本語で「君は日本から来たのか」と声をかけられた。

「はい、そうです」と言って声がした方を向くと、男性4人と女性1人の日本人がテーブルを囲んでいる。

「よかったら、こっちに来ないか」と60歳くらいの初老の男性が言った。

僕は深く考えずに「はい」と言って、その人たちの方に行った。60歳くらいの男性が1人、残りの人たちは40代のように見えた。

「君は大学生か」と初老の男性が言った。

「いいえ、高校生です」と僕は答えた。

「高校生でソ連を旅行しているのか。珍しいな。お父さんがソ連で働いているのか」

「いいえ。夏休みを利用して観光旅行をしています」と答え、僕は、これまでの旅行についてかいつまんで話をした。

5人は、私立大学の関係者で、ときどき一緒に海外旅行をしているということだった。ソ連を旅行するのは初めてということだった。

初老の男性は、かなり酒を飲んでいて、残りの4人は少しもてあましているようだった。

「ソ連はほんとうに酷い国だ。観光をしていても楽しいことなど何もない。君は何でこんな国を旅行しているんだ」

「僕は観光をしていて楽しいと思います。キエフやモスクワやブハラでも、ただ観光するだけでなく、ソ連人との触れ合いが楽しかったです」

「ソ連よりも日本の方がずっといい国と思わないか」

「日本には日本のいいところがあり、ソ連にはソ連のいいところがあると思います」

「ソ連にいいところがあるだと」

「そう思います」

「君はソ連以外の国に行ったことがあるのか」

「海外旅行は初めてです。今回、スイス、チェコスロバキア、ポーランド、ハンガリー、ルーマニアを訪れました」

「共産国ばっかりじゃないか」

「そうです」

「私たちは、東ヨーロッパを旅行したことはないわ。どんな感じだった」と女性が尋ねたので、僕はチェコスロバキア、ポーランド、ハンガリー、ルーマニアの旅行について話した。質問が飛び交い、楽しく話をしているところに、初老の男性が割り込んできた。

「俺はアメリカ、イギリス、フランス、ドイツなど、世界のあちこちを旅行したことがある。まず、資本主義国をきちんと見てから共産国を訪れるべきだ」

「そうかもしれませんが、僕はまずハンガリーとソ連を訪れてみたいと思いました」

「親がよく許したな」

「両親ともに社会体制の異なった国を若いうちに見てくるのはいいことだと考えています」

「変わった親だな」

「あなたに僕の両親についてとやかく言われる筋合いはありません」

やりとりが険悪になってきた。

「この年で、ソ連を旅行するなんて、共産主義にかぶれているんじゃないだろうか。少し頭がいいと思って、生意気なことをするんじゃない」

「特に生意気なことをしているとは思いません」

「いや、その態度が生意気だ。親がきちんと躾けているのか」

「ちょっと待ってください」と言って、僕はテーブルを右手で叩いた。そんな強く叩いたつもりはなかったが、大きな音がして、コップがテーブルから落ちて割れた。

「君は何をするんだ」と言って、初老の男が立ち上がった。

「別に何もしていません。テーブルを叩いたことは謝ります。しかし、人を呼びつけておいて、あなたの態度は失礼だと思います」

「とにかく君がテーブルを叩いて、こんなことになった。手をついてきちんと謝れ」と初老の男性が言った。

「わかりました。こうすればいいんでしょう」と僕は言って、絨毯に手を突いて土下座をした。

それを見ていた女性が泣き出して、「もういいからそんなことしないで」と言って、肩に手をかけた。僕が帰ろうとすると女性が名刺を出して、「ちょっと頑固な人なので済みません」と言った。勤務先に青山学院大学と書いてある。この人は青山学院大学の職員で、初老の男性は教授なのだろうか。いずれにせよ、これ以上、この人たちと一緒にいてもよいことはなさそうなので、部屋に戻った。

部屋に戻ってからも、しばらくの間、不快で寝付けなかった。その場の勢いとはいえ、テーブルを叩くようなことはすべきじゃなかった。その後の土下座もすべきではなかった。しかし、やってしまったことはもうどうしようもない。感情にまかせてこういう行動をしてはならないと深く反省した。同時にソ連旅行をしただけで、共産主義にかぶれているというような短絡的な見方をする人がいることには注意しなくてはならないと思った。

翌8月25日の朝、8時過ぎに電話がかかってきた。インツーリストからで、「10時から市内観光で、他の日本人旅行者と一緒に案内しますが、構わないですか」という話だった。僕は一瞬、昨日の初老の男性と同行することになるのは嫌だなと思ったが、「問題ありません」と答えた。一緒になったら、少し気まずいが、僕の方から「昨夜は失礼しました」と声をかけることに決めた。10時にインツーリストの事務所に行くと、20代の日本人男性が1人いた。昨夜、バーで遭遇した5人がいないのでほっとした。男性は、会社員で夏休みを利用して中央アジアを旅行しているという。ソ連は既に何度か訪れ、ロシア語も少しできるという。ガイドと3人で市内観光をすることにした。ガイドは英語が上手な中年の男性だった。

ガイドは僕たちに「タシケント大地震について御存じですか」と尋ねた。僕は「知らない」と答えたが、会社員の男性は、「1966年4月26日に起きた地震のことですよね」と答えた。ガイドは「よく御存じですね」と答えた後、この地震でタシケントの建物はほとんど倒壊してしまい、現在の市街地はその後の都市計画によって造られたものであるという説明をした。

「ブハラのような歴史遺産はないのですね」と僕が尋ねるとガイドは「残念ながらありません」と答えた。市内観光でも歴史的な名所はほとんどなく、共和国の共産党本部、議会、政府などの建物と博物館を見学した。それ以外には、ナボイ劇場を見せられた。この劇場は、第二次世界大戦後、ソ連に抑留された日本人捕虜によって造られたという。タシケントの大地震でも倒壊しなかった数少ない建物の一つだという説明があった。

観光が終わって昼前にホテルに戻ったが、お腹が空かない。昨夜の出来事があまりに不快であったために、食欲が抑えられているようだ。人間の偏見はほんとうに嫌になる。偏見を持ちながら世界各地を旅行しても、それで現地事情を知ることにはならない。もっとも僕だってソ連についてどのくらい知ることができたかはわからない。短期間の旅行で得た知識と長く現地に住んでいる人の認識は当然、異なるはずだ。将来、僕がどこか外国に長期間滞在して仕事をするようになるか、あるいは国外にまったく出ずに日本国内で仕事をするようになるかはまだわからない。しかし、いずれの場合でも、外国については多面的に情報を集めて、偏見を排する努力をできるだけしなくてはならない。それから、僕が初老になっても、若い人に上から目線で威圧的になってはいけないと思った。

ホテルはチェックアウトし、荷物をインツーリストの事務所に預けて街を少し歩いてみた。途中でレコード店に入って、ソ連ポップスのレコードを2枚買った。その後、ホテルのカフェで、数学の練習問題を解きながら、時間をつぶしているとインツーリストの職員がカフェにやってきて、「空港行きの車の手配ができました」と僕に告げた。車は行きと同じ灰色のボルガだ。空港に行くとアエロフロートの受付で、「飛行機は直行便ではなく、ノボシビルスク経由になる」と言われた。アエロフロートの職員は「今日は直行便が欠便になりました。ノボシビルスク経由でも、ハバロフスク発ナホトカ行の列車には十分間に合います」と言う。

「ノボシビルスクでの待ち時間はどれくらいですか」と僕は尋ねた。

「2〜3時間です」

この様子だと、ハバロフスクに着くのは夜遅くになる。くたくたになって観光はできないだろう。それよりも列車と船に乗り遅れないように細心の注意を払わなくてはならないと思った。

46

ハバロフスク行きの飛行機は、最新のイリューシン62型機だ。尾翼のところにジェットエンジンが4つ付いている。アエロフロートのモスクワ―羽田間の直行便もイリューシン62型機だ。以前から乗りたいと思っていた飛行機にようやく乗ることができる。

タシケントからハバロフスク行きの飛行機に乗る外国人は僕1人のようだ。インツーリストの待合室で待っていると、案内係がやってきて、バスに僕を案内した。大型バスに僕と案内係の2人だけで乗っているのは不思議な感じだ。案内係とはタラップのところで別れて飛行機に乗り込んだ。中央に通路があり、左右に3人掛けの座席がある。飛行機は満席のようで、僕は最前列の進行方向に向かって一番右に座った。隣にはスーツを着た役人風のロシア人が座っていた。新聞を読んでいる。

飛行機が飛び立つと、疲れがたまっていたのか、すぐに寝てしまった。スチュワーデスが機内食を運んできたが、眠いので遠慮した。ガタンと飛行機が揺れたので、目が覚めた。隣の席の男性が、「ノボシビルスク」と言った。窓から外を見てみたが、真っ暗だ。

飛行機が停まると、まず操縦士たちがタラップを降りていった。それと入れ替わりで、中年の金髪の太った女性が飛行機に乗り込んできた。

「ミスター・サトウ！」と大きな声で叫ぶので、僕は少し驚いたが「イエス」と答えた。女性の胸にはインツーリストのバッジがついている。ノボシビルスク空港のインツーリスト職員なのだろう。彼女についていくと旧いマイクロバスに乗せられ、薄暗い待合室に案内された。

「飛行機が出るのは2時間後です。出発の30分前になったら呼びに来ます」と言って出ていった。今までのインツーリストの職員が愛想がよかったのとは少し異なる。しかし、決して無愛想なわけではない。彼女もきっと疲れているのだろう。待合室に100人分くらいの椅子がある。中央に本棚があって、「ご自由にお持ちください」と日本語で書いてある。本は、モスクワのプログレス出版所から出ている各国語版のレーニンの著作、ソ連共産党中央委員会でのブレジネフ書記長の演説、それからソ連の政治や経済に関する小冊子だ。日本語はレーニンの著作しかないが、すでに「日ソ友の会」の事務所でもらった本ばかりなので、外国語のパンフレットを手に取ってみた。英語、ドイツ語、フランス語、スペイン語、アラビア語、ヒンズー語に朝鮮語の小冊子まである。これらの言葉を話す外国人が訪れるということなのだろう。中国語の小冊子は一冊もなかった。中国人の観光客はきっと一人も来ないのだろう。そういえば、ソ連と東ヨーロッパを旅行している間に、中国人の姿を見かけたことは一度もない。

しばらくしてから、先ほどのインツーリストの職員が、紅茶とビスケットを持ってきた。

「毛布が必要でしたら言ってください」

「毛布ですか」

「ソファに横になって仮眠をとるならば毛布を持ってきます」

「飛行機の中で十分寝たので、ここでは起きています」

「私は隣の事務所にいます」

「徹夜で仕事をしているのですか」

「そうです。もっとも今日一日仕事をしたら、明日から3日間は休みになります」

「たいへんですね」

「若い頃は平気でしたが、歳を取るとこの仕事はきついです。紅茶やコーヒーが飲みたくなったら遠慮せずに言ってください。準備します」

疲れているだけで、悪い人ではないようだ。僕は紅茶を飲みながら、タシケントのベリョースカで買った「ソーカル」カメラをいじっていた。説明書がロシア語で書かれているのでよくわからない。日本のカメラは、シャッターが上に付いているが、このカメラは前面の右側に付いているようだ。カメラいじりに熱中していると、ふいに後ろから声をかけられた。振り向くとパイロットのような制服を着て制帽を被った男性がいた。

「ヤー・ニ・ガバリュー・パ・ルスキ。ガバリーチェ・ポ・アングリスキ（僕はロシア語を話しません。あなたは英語ができますか）」と言うと、相手は「ニムノーシュカ（少し）」と言って英語で話し始めた。航空会社の事務職員で、現在は東ドイツに勤務しているという。ノボシビルスクに家族がいるので、夏休みに帰省していたということだ。そういえば、胸に飛行機の形の横にINTERFLUGと書かれたバッジをつけている。インターフルークは、東ドイツの国営航空会社の名前だ。

「インターフルークで働いているのですか」と僕は尋ねた。

「いや、アエロフロートで働いています。このバッジはインターフルークの友人にもらいました。あなたは日本人ですか」

「そうです。高校生で、東ヨーロッパとソ連を旅行しています」

「お父さんがモスクワで働いているのですか」

「いいえ。父は東京で仕事をしています。1人で観光旅行をしています」

「それは珍しいですね。どこから来ましたか」

「タシケントです」

「それも珍しいですね。面白かったですか」

「タシケントよりもブハラの方が興味深かったです」と言って、僕はブハラでの出来事をかいつまんで話した。

「私はブハラには一度も行ったことがありません。ロシア人でもブハラに観光で訪れる人はそれほどたくさんいるとは思いません。いい経験をしましたね」

「確かにいい経験をしました。それから、タシケントのベリョースカでソ連製のカメラを買いました。実は説明書がロシア語だけなので、何が書いてあるかよくわからずに困っています」

「日本人がソ連製のカメラを買うのですか。珍しいですねえ。私たちは、みんな日本製のカメラを欲しがっている」とアエロフロートの職員は言った。

「僕の父は、ソ連は人工衛星を打ち上げる技術があるのだから、カメラや時計などの精密機械の技術も優れているはずだと言っています。だから、僕はソ連製のカメラと時計を買いました」

「そう言われると、私たちとしては嬉しいです。実際のところ、日本製には及びませんが、ソ連製のカメラや時計も決して出来が悪いわけではない。ただし、問題はよく故障することです」

「頻繁に故障するのですか」

「それは、物によります。しかし、1回か2回、修理をすると、だいたい長い間使うことができます。同じカメラや時計を10年以上使っている人はたくさんいます。説明書を見せてください」

僕は説明書を渡した。日本製品の説明書ならば、カメラのイラスト付きで、使い方をわかりやすく説明しているはずだ。しかし、ソーカルの説明書には、イラストもなく、小さなロシア文字が並ぶばかりだ。

「今までに見たことがあるカメラですか」と僕は尋ねた。

「いや、初めてです。ただし、ソーカルという名のカメラは有名です。かなり高かったんじゃないでしょうか」

「定価は145ルーブルでしたが、42ルーブル相当のドルで買うことができました」

「ベリョースカでソ連製のカメラを買う日本人は珍しいので不思議がられたのではないでしょうか」

「確かに少し不思議そうな顔をしていましたが、喜んで売ってくれました。レニングラードの工場で作られたカメラでソーカルとは鷹の意味だと教えてくれました」

「確かにこれはLOMOで作られたカメラですね」

「ロモ？」

「レニングラード光学機器合同の略です。ソ連製のカメラの大多数がこの工場で作られています。レンズは、東ドイツの技術を用いた優れたものが使われています」

「東ドイツの技術？」

「そうです。ドイツのカール・ツァイス社の名前を聞いたことがありますか」

「あります」

「戦前からドイツにあるレンズの有名な会社ですが、現在は東ドイツと西ドイツに会社があります」

「同じ会社ですか」

「まったく別の会社です。戦前のドイツの有名企業が、東西ドイツに分かれて存在している例はたくさんあります。カメラならばライカを御存じですよね」

「もちろんです。とても高価なカメラを出しています。カメラ好きの同級生が、大人になったらライカのカメラを必ず買うと言っていました」

「ライカは、東ドイツにもあります。ペンタコンという会社からプラクチカという名前で出ています」

「それは初めて知りました。ソ連で購入することはできますか」

「稀にしか売られませんし、すぐに売り切れてしまいます。東ドイツを旅行するソ連人にとってプラクチカのカメラはお土産としてとても人気があります」

社会主義体制になってからも東ドイツのカメラの評判はいいようだ。ブダペシュトで出会ったブラウエル一家もきっとカメラを持っていたはずだ。カメラについての話をしなかったことが残念だ。日本に戻ってから、ハイケに手紙を書いて、東ドイツのカメラについて聞いてみようと思った。アエロフロートの職員は、熱心にソーカルの説明書を読んでいる。

「このカメラの使い方は、難しくありません。カメラの後ろの蓋を開けて、35ミリフィルムを装填してください」

「日本製のフィルムでも大丈夫と聞きましたが」

「大丈夫です。ただし、日本製のカラーフィルムはソ連では現像できません。また、ソ連製や東ドイツ製のカラーフィルムも、日本や西側では現像できないと思います」

「現像と焼き付けは日本で行います」

「わかりました。レンズの下に付いている目盛りをフィルムのASAに合わせます。後はファインダーを覗いてピントを合わせてシャッターを切るだけです」

「シャッターの位置が日本のカメラと違います」

「確かにソ連の他のカメラとも違う位置に付いています」

「写真を撮ってみます」

「いや、このカメラにはストロボが付いていないので、うまく写らないでしょう」とアエロフロートの職員は言った。

その後しばらく、僕はこの人にキエフやモスクワの印象について話していた。30分ほどすると制服を着たアエロフロートの男性職員がやってきて、ロシア語で何かを告げた。僕と話をしていたアエロフロートの職員は、「それではモスクワ行きの飛行機が出るので私は行きます。このカメラで思い出になる写真をたくさん撮ってください」と言った。

時計を見るとハバロフスク行きの飛行機が出発するまでにまだ1時間以上ある。ガイドブックをアタッシェケースから取り出したが、少し経つと眠くなってうとうとしてしまった。

「ミスター・サトウ」と声をかけられた。目を開けるとインツーリストの女性職員がいた。目の下に隈ができている。徹夜で疲労困憊(こんぱい)しているのだろう。

「ハバロフスク行きの飛行機が出ます。ご案内します」

彼女は、再び僕をおんぼろのマイクロバスに乗せた。この車はガソリンがどこかから漏れているのであろうか。腐敗臭とガソリンが混ざったようないやな臭いがする。2〜3分で車はイリューシン62型機のタラップの下に着いた。スチュワーデスがタラップの下まで降りてきて、僕を機内に案内した。機内はやはり満席だったが、乗客は少し入れ替わっているようだった。僕の席は、進行方向の右の窓側で変わらなかったが、隣には役人風の男性ではなく、中年の太った女性が座っていた。

飛行機が飛び立ってしばらくして水平飛行に入ると機内食が出てきた。黒パンとゆでた鶏肉、それにチーズとケーキだ。飲み物は紅茶とコーヒーのチョイスがあったので、紅茶を頼んだ。お腹が空いていたので、機内食がとてもおいしく感じられた。旅行記では、アエロフロート国内線の機内食は、ひどくまずいと書かれていたが、そんなことはない。どうも日本人が書いたソ連旅行記は、苦労話を多く盛り込むことが流儀になっているようだ。しかし、チェコスロバキアやルーマニアでの経験と比べるとソ連旅行の方がずっと快適だ。機内食を食べてしばらくすると眠くなった。なぜこんなによく眠くなるのだろうか。自分でも不思議に思った。

機内のアナウンスで目が覚めた。アナウンスはロシア語と英語で行われ、「もうすぐハバロフスク空港に着陸するので、座席のリクライニングを元に戻し、シートベルトを締めるように」との案内だった。

飛行機は滑らかに着陸した。飛行機の中が乾燥していたせいか、喉が少し痛い。いつものようにまずパイロットが飛行機から降りた後、インツーリストの職員が迎えに来た。僕以外にも十数人外国人がいるようだ。いずれも白人だ。僕は、空港のインツーリストの待合室に案内された。十数人の外国人は団体客のようで、僕とは別の待合室に案内された。待合室には、アエロフロートのバッジをつけた中年のロシア人女性がいて、片言の日本語で、「佐藤さんの車が外で待っています。スーツケースが届いたらすぐに出発します」と言った。僕は、喉の調子がよくないので、「水をください」と頼んだ。彼女は、瓶に入った炭酸入りのミネラルウオーターとコップを持ってきた。瓶から水をコップに注いで、立て続けに2杯飲んだが、喉のいがらっぽい感じが続いている。風邪を引いて扁桃腺を腫らしたのではないかと心配になってきた。そういえば、少し熱っぽい感じもする。とにかく、ホテルにできるだけ早くチェックインして、部屋で休息することにした。

ホテルに着いたのは、深夜だった。ホテルのインツーリストの部屋の掲示はほとんど日本語でなされている。日本の観光地にやってきたような感じだ。インツーリストの職員が数人いるが、誰もが流暢に日本語を話す。僕の担当は、若い男性だ。僕は、「身体の調子がよくないので、できれば早く部屋で休みたい」と言った。男性は、

「空いてる部屋があるのですぐに案内します。食事券です。佐藤さんは、明日の夜行列車でナホトカに向けて出発します。観光は明日の午前中にすることができます。日本人のお客さんがかなりいるので、バスに日本語ができるガイドが添乗することになります」と言った。

「そうしてください。少し調子がよくありません。熱があるようです」と僕は言った。

「希望するならば医師の診察を受けることができます。ホテルには診療所があります」

「いや、その必要はありません。軽い風邪だと思います。日本製の風邪薬を持ってきたので飲みます」

「もし、調子が悪くなったら、遠慮なく部屋の電話から私たちのところに電話をください。最善を尽くします」

「どうもありがとうございます」と僕は答えた。

部屋に入ると、テーブルの上にあるミネラルウオーターの栓を抜いて、日本から持ってきた風邪薬の錠剤を飲んだ。バスルームの鏡で喉を見てみると、扁桃腺が赤く腫れ、ところどころ白い斑点がついている。過去の経験からすると38度近い熱が出ているはずだ。そういえば、タシケントを飛び立ったころから、体調がよくなかった。明日の夜にハバロフスクを発つまでに体調を整えなくてはならない。とにかく、ベッドで寝て、安静にしていることにした。

ベッドに横になってしばらくすると寒気がして身体が震えてきた。だいぶ熱が上がっているようだ。日本から持ってきた熱冷ましの薬を飲むと1時間くらいでだいぶ楽になった。その後、ぐっすり眠った。どれくらい時間が経っただろうか。電話のベルで目が覚めた。電話を取ると少し甲高い女性の声がした。日本語を話している。

「佐藤さんは、午前中の観光を希望されていますね。バスが10時半に出ます」

時計を見ると8月26日午前10時を少し回ったところだ。熱は下がっているようだが、喉が少し痛い。体調もよくない。

「風邪を引いたようで、身体の調子がよくありません。観光を遠慮させてもらうことはできますか」

「もちろん構いません。ただし、今日の午後は観光プログラムがありません。佐藤さんは、ハバロフスクでは観光しないことになってしまいます」

「それでも構いません。それからホテルのチェックアウトは確か正午でしたね」

「そうです」

「夜行列車に乗るグループは、このホテルから出発するのですよね」

「そうです。列車は駅を午後9時に出発するので、ホテルのロビーに午後8時までに集合することになります」

「それまで部屋にいることはできるでしょうか」

「それでは、担当の人と相談してみます。後で宿舎の担当から電話で返事をするようにします」

「追加料金は支払います」

「お金のことは心配しないでいいです。佐藤さんは、身体の調子がよくないので、これは人道的な問題です。物理的に部屋が空いているかどうかの問題です」と言って、女性は電話を切った。

人道的問題とは、ずいぶん大きな話になってしまったようだ。無理やり、医者に連れていかれるのではないかと少し心配になってきた。そういえば、ソ連の旅行記で、風邪で高熱を出したら、感染症の疑いがかけられ、病院に数日間、入院させられたという話を読んだことがある。そんなことになるとナホトカから予定通りに船に乗ることができなくなり、帰国が10日も遅れてしまう。夏休み直後に行われる数学テストも受けられなくなる。それはまずい。

1時間くらい経って、電話がかかってきた。昨日、チェックインの時に担当だったインツーリストの男性職員の声だ。

「部屋の調整がつきました。午後8時までその部屋を使っていただいて構いません」

「追加料金を支払います」

「その必要はありません。それよりも医師の診察を受ける必要はありませんか。病院には医師が待機しています」

「御心配なく。大丈夫です。風邪薬を飲んで寝ていたら、だいぶ調子がよくなってきました」

「わかりました。何かあったら遠慮なくインツーリストに連絡してください」と男性は言っ

は、ほとんど大衆食堂で食事をしたが、おいしかった。特にジャガイモのピュレーがおいしかった。ハンガリーでは、フィフィ家で家庭料理を堪能した上、キューバ料理店にも行った。ルーマニアの食事だけは、あまりおいしくなかったが、食べられないほどまずくもなかった。

ソ連に入ると料理の雰囲気がまったく変わった。明らかに東ヨーロッパ諸国の人々と異なる嗜好をロシア人は持っている。中央アジア料理の影響もあちこちに入っていると思った。ロシア人が、ジャガイモだけでなく、米や蕎麦の実をよく食べるのには驚いた。それから、毎食、肉をたくさん食べる。また、夕食にスープが出ないのにも驚いた。もっとも家庭では、夕食のときにボルシチやサリャンカを飲むことも多いらしい。将来、ソ連に留学することがあっても、食事に不自由することはないと思った。

インツーリストの事務所で渡された食事券がだいぶ余っている。余った食事券は、ベリョースカでの買い物に使うことができると聞いていたので、食後に立ち寄ってみることにした。ベリョースカの商品の値段は、ルーブルとドルだけでなく、円でも表示されている。日本人観光客が多いのだろう。

僕は店員に残った食事のチケットを渡して、これをチョコレートとクッキーの詰め合わせに替えてくれと頼んだ。店員は、「クッキーの詰め合わせはないが、ウエハースならある」と言った。大きなそろばんで計算して、20枚入りの板チョコ5ケースと、ウエハースの詰め合わせ5個になるという。板チョコを100枚もらっても配るのに困る。そこで、チョコレートは3ケースにしてもらい、残りはタバコに替えてもらった。飛行機の絵が描いてあり、下にロシア語で「Tu-134」と書いてある。ツポレフ134型旅客機のことだ。タバコは2カートンになった。タバコと比べてチョコレートはだいぶ値が張るようだ。チョコレートとウエハースを生徒会本部、応援団、文芸部の先輩たちへの土産にすることにした。

部屋で荷物を整理した。チョコレートとウエハースはスーツケースに入らなかったので、大きなビニールの手提げに入れた。何とか1人で運ぶことができる。チェックアウトの手続きを済ませて、ホテルのロビーに集まった。ほとんどが日本人だ。日本人以外は2割くらいしかいない。ブハラで一緒だった高校教師夫妻がいる。大きな絨毯を丸めて持っている。

「ブハラからどうやって絨毯を持ってきたのですか」と僕が尋ねると、夫人は「たいせつなものなので、機内に持ち込んだ」と答えた。ブハラからサマルカンドを経由してハバロフスクにやってきたということだった。

「ハバロフスクの印象はどうですか」と男性の教師が僕に尋ねた。

「風邪で寝ていたので、観光には行きませんでした」

「それは残念だ。アムール川は一度、見ておくといいと思います」

「是非、次の機会に見に行きます」と僕は答えた。

僕のチェックインを担当したインツーリストの職員が、英語と日本語で注意事項について話した。

「皆さんは、すでに寝台列車の切符を持っていると思います。もう一度、切符を確認してください」

僕たちは切符を確認した。

「切符に書かれた車両番号のところに車掌がいます。切符は車掌に渡してください。車掌が皆さんを客室に案内します。それから、ナホトカでは、駅のすぐ前でバスが待っています。すぐにバスに乗り込んでください。ナホトカでは外国人は通過だけが許可されています。町を観光することはできません。それでは皆さん、パスポートを持っているか再度確認してください。パスポートを忘れるとナホトカで出国できなくなります」

僕たちはパスポートを再度確認して、バスに乗り込んだ。

47

バスは、ずいぶん旧式で、座席も硬く、15分くらいの移動だったが、かなり疲れた。駅に着くと、バスに同乗したインツーリストの職員が「切符に書かれている車両に行ってください。そこからは車掌が案内します」と言った。僕の車両は6号車だった。車両に行くと30歳くらいの女性の車掌が、僕をコンパートメントに案内してくれた。コンパートメントには、既に3人が待っていたが、いずれも日本人男性だ。1人は20代半ばくらい、残りの2人は30歳くらいだ。顎鬚を生やした30歳くらいの男性が、「あなたのベッドは上段ですが、都合が悪ければ下段と替わってもいいです」と尋ねてきた。僕は「上段で構いません」と答えた。

僕たちは、互いに自己紹介をした。20代の青年は、3年前に日本を出てヨーロッパ放浪の旅を続けていたが、フィンランドを旅しているときに現地の女性と恋に落ちて、結婚し、日本に連れていくところだということだった。30歳くらいの男性2人は、都立高校の教師で、気が合うので毎年のように一緒に海外旅行をしているとのことだ。今回はもう一人、同行者がいるが、別のコンパートメントを割り当てられたようだ。顎鬚を生やした人は千葉大学卒で、酒匂（さこう）と名乗った。この列車に乗るほとんどの人が、数時間前にモスクワからの直行便でハバロフスクに着いて、そのままこの列車まで連れてこられたようだ。

自己紹介が終わった頃に車掌がコンパートメントに入ってきた。

「スカジッチェ・パジャールスタ（教えてください）」と酒匂さんが話し始めた。この人は、流暢ではないが、ロシア語を話すことができるようだ。

「紅茶を欲しい人はいるかと尋ねています。全員でいいですよねえ」と酒匂さんが尋ねた。

「私の妻の分もお願いします」と青年が言った。

フィンランド人の妻は、隣のコンパートメントにいるということだ。軟席（一等車）ならば、2人用のコンパートメントが割り当てられるが、経費を少しでも節約したいので、硬席（二等車）にしたということだ。

その後も酒匂さんと車掌は話をしていた。車掌が外に出ていくと、酒匂さんは僕たちの方を向いて、「夕食と朝食は食堂車でとることができる。ただし、食堂車に客が殺到すると、かなり待たされる可能性があります。コンパートメントへの食事の配達はないということです」と説明した。

「コンパートメントに食事が配達されることもあるのですか」と僕は尋ねた。

「あるよ。シベリア横断鉄道やモスクワとヨーロッパを結ぶ鉄道では、車掌に頼めばコンパートメントまで食事を運んでくる。食堂車の混雑を避けるためだね」と酒匂さんは答えた。

この人はだいぶソ連旅行に慣れているようだ。

「ソ連旅行をよくするのですか」と僕は尋ねた。

「ソ連は10回くらい訪れているが、いつも通過で、モスクワ以外の街を見たことはないよ」

「南回りならば、格安航空券も出ているのに、何でソ連経由を選ぶのですか」

「ロマンがあるからだ」と酒匂さんが答えた。

「そうだね。ソ連経由でヨーロッパに出る旅行にはロマンがある」ともう一人の高校教師も答えた。

「どういうロマンですか？」と僕は尋ねた。

「船と列車と飛行機のすべてに乗ることができる」

「しかし、毎回、モスクワに2泊するのは、退屈ではありませんか。それにホテル代もかさむ」

インツーリストは、ナホトカ—ハバロフスク—モスクワのルートを用いてヨーロッパに出る外国人には、モスクワに2泊することを義務づけている。「そうやってあの国は観光客から外貨をむしり取るの」とYSトラベルの舟津素子さんが言っていた。

「いや、抜け道がある」

「抜け道？」

「そうだ。横浜から船でナホトカに出て、夜行寝台列車でハバロフスクに向かうまでは一緒だ。それから、アエロフロート国内線でキエフに向かう」

「キエフ行きは頻繁に出ているのですか」

「毎日出ている。待ち時間も3時間くらいだ。航空運賃も4万円で、モスクワ行きと変わら

「どういうことですか」

「あなたは洋書を買ったことがあるか」

「何回かあります」

「アメリカの本か」

「いいえ。ソ連の本です。モスクワのプログレス出版所から出ている英語版のソ連共産党小史や哲学の本を買いました」

「いくらくらいしたか」

「ソ連共産党小史が1000円で、哲学の本が400円でした」

「それは異常に安い。多分、ソ連が宣伝用に特別の補助金を出している本だと思う。あなたはロシア語は読めるの」

「読めません。アルファベットを判読できるだけです」

「ロシア語の本は、神保町のナウカか日ソ図書で買うことができるけれど、値段もとても安い。特に学術書は、英語やドイツ語と比べると10分の1から20分の1だ。だから、ロシア語ができると最新の情報を安価に入手することができる」

　ロシア語で情報を得るのが経済的だという話は初めて聞いた。大学に入ったらロシア語を真剣に勉強しようと思った。

「英語の本は、そんなに高いのですか」と僕は尋ねた。

「アメリカで出ている本は、比較的安い。それでも、現在、1ドルはだいたい300円だけど、丸善や紀伊國屋では1000円で換算している」

「3倍以上じゃないですか」

「それも船便で取り寄せたときの値段だ。航空便だとさらに倍になる」

「原価の6倍以上ということですね」

「しかも学術書の元値が日本よりも高い」

「イギリスはどうなんですか」

「アメリカよりもさらに高い。イギリスで出た学術書は、1年後にはアメリカでも出る。3割くらい安い。だから、アメリカ版が出るのを待つこともある」

「イギリスの本は、日本ではいくらくらいになるのですか」

「1ポンドが640円だけど、2500円で換算している」

「4倍じゃないですか」

「アメリカからよりも、イギリスからの方が送料も高い。ちょっとした学術書でも3万円を超えることがある」

確かに浦和の須原屋にも英語の本がたくさん並んでいるが、3万円とか5万円の本が多かった。安い英語の書籍は、いずれもモスクワのプログレス出版所から出ているものだった。

「ドイツやフランスの本は高いのですか」

「1フランが70円だけど、日本の書店では200円で計算している。1マルクは120円だけれども300円で計算している。フランスとドイツの本は、イギリスの本と比べれば安いが、それでも日本の本と比べれば、かなり高い」

　僕はフランス語の本を手にとってみたことはないが、須原屋に並んでいるヘーゲルやカントの本が1万円を軽く超えているので、驚いたことがある。

「浦和の須原屋で売っている東ドイツの本は、500円から1000円です」

「赤色の表紙のマルクス／エンゲルスやレーニンの著作か」

「そうです。東ドイツのディーツ出版社から出ている本です」

「あれもプログレス出版所と同じで、東ドイツが宣伝目的で補助金を出している。500円では、ベルリンからの郵便料金にも満たない。東ドイツから出ているレクラム文庫は持っているか」

「いいえ。西ドイツのシュツットガルトから出ているレクラム文庫のマルクス／エンゲルス『共産党宣言』だけは持っています」

「東西ドイツの分裂にともなってレクラム文庫も東西で発行されるようになった。西ドイツのレクラム文庫は、岩波文庫のサイズだ」

「岩波文庫の最終頁にもレクラム文庫をモデルにしたと書いてあります」

「そうだ。東ドイツのレクラム文庫も最初は文庫サイズだったが、現在は新書サイズだ。東ドイツのレクラム文庫も、稀だけれども丸善で見かける」

「高いのですか」

「西ドイツのレクラム文庫と比べると半分以下の値段だ。2000円以内で買うことができる」

「2000円ならば大金です」

「ただし、洋書としては安い」

「いずれにせよ、日本では洋書がひじょうに高いということですね」

「そう。西ヨーロッパで学術書を20冊くらい買えば、ナホトカ経由でヨーロッパを往復する交通費は補塡されることになる」

「今回もそれくらい本を買ったのですか」

「知人から頼まれた本もあるので、もう少し多く買った」

「超過手荷物料金を支払わないで済みましたか」

「済んだ。ただし、超過手荷物料金を払ったとしても、モスクワ―ハバロフスクの国内航空便だけなので金額は知れている」

書籍を買うことで、実質的に旅費の節約になるとは夢にも思わなかった。社会人になってから僕も英語やドイツ語の本を買い付けるためにナホトカ経由で西ヨーロッパに出かけることになるのだろうか。そのときにはブダペシュトに立ち寄ってフィフィに会うことにしよう。

車掌が紅茶とビスケットを持ってやってきた。青年が「妻を呼んできます」と言って、コンパートメントの外に出た。しばらくして、金髪で小柄な女性を連れて戻ってきた。

酒匂さんが女性に英語で話しかけたが、返事をしない。

「英語はわからないんです」と青年が言って、僕にはまったく理解できない言葉を話した。

「フィンランド語ですか」と僕は尋ねた。

「そうです」と青年が答えた。

「フィンランド語は大学で勉強したのですか」

「いいえ。そもそも僕は大学を出ていません。高校時代に五木寛之の『霧のカレリア』を読んで、フィンランドに憧れるようになりました」

「それで、フィンランド人と結婚することになったのか」と酒匂さんが質した。

「いろいろな経緯があるのですが、簡単に言うとそういうことになります」

「霧のカレリア」は、五木寛之が1967年に発表した短編小説だ。主人公の冬木衛は、祖父の代からのガラス工芸会社を経営している。経営の危機に陥っているときに取引先のデパートから北欧ガラス製品のデザインを盗んできたらどうかと唆(そそのか)される。そして、モスクワ経由で冬木はフィンランドに渡った。ヘルシンキの街で、ガラス工芸店に勤めるアイノという女性と親しくなり、彼女を通じてフィンランドの歴史を知る。特にソ連との戦争に敗れたために民族発祥の地であるカレリア地方を割譲せざるを得なくなったという話に冬木は心を動かされる。しかし、アイノとは愛し合うようになるが、彼女の善意を利用してデザインを盗用するという悲しくかつ重苦しい物語だ。

「五木寛之の小説があなたの運命を変えたわけだね」と酒匂さんが言った。

「そんな大げさな話ではありませんが、確かに『霧のカレリア』を読まなければ、僕がこいつと知り合うこともありませんでした」と青年ははにかみながら答えた。

「五木寛之は小説もいいけれど、対談も面白い」と酒匂さんが言った。

「僕は対談は読んでいません」と青年が反応した。

「『箱舟の去ったあと』が面白かったです。中学3年生のときの担任が五木寛之のファンで、ホームルームの時間に、羽仁五郎との対談を読み上げて紹介していました。『人生をおりることの意味について、担任は話していました」と僕は言った。

1972年に五木氏は、休筆宣言を行い、対談、翻訳などの仕事を精力的にこなしていた。

そして、1974年に執筆を再開した。（埼玉県）大宮市立植竹中学校で数学を担当していた大高英二先生は、僕たちの担任をしていたとき27歳だった。受験勉強との関係で、「人生をおりる」ということの重要性について大高先生は語っていた。そのとき読み上げたのは以下の箇所だ。

〈羽仁　（前略）ぼくとあなたとは本質的にまったく同じ人間で、だからきょうも喜んできたんだ。羽仁説子にも、五木君とぼくとは同じ型の人間だって言ったんですよ。なぜかといえば、あの『さらばモスクワ愚連隊』というあなたのデビュー作の中で、あなたは自分の一生の文学の原則をはっきりと書き切っている。これはたいしたものだ。ああいうことをいった人は、いままでにあまりないと思う。

あなたは直木賞だそうだけど、これは非常なミスチョイスだね。直木賞じゃないよ。芥川賞なんだ。

五木　それはちょっと困るなあ。逆のような気がしますが（笑）。

羽仁　まじめにきいてくれよ。このごろの作家の小説なんか絶対に読まないのを、あなたのはちゃんといくつも読んだんだから。

五木　光栄です。

羽仁　光栄だなんて、いいかげんなことをいうなよ。まじめにきいてもらいたい。

五木　はあ。

羽仁　つまりだね、あの『さらばモスクワ愚連隊』の主人公がジャズバンドをやめたときに、「自分は人生からおりた気でピアノをやめた」といっている。あれがあなたの文学の最大目標だろうと思うんです。あの「人生をおりた」という言葉は、ダイヤモンドのように輝いている。みんな人生からおりなきゃだめだよ。いまの若い人たちを見るとそれがわかるね。みんな人生をおりようと志してるんだ。学生でも、青年労働者でも。そういうところにこそ、文学もあるし、学問も、運動も、そして青春というものもあるんじゃないか。人生をおりる、それが第一条。憲法第二条はなんだと思うかね。

五木　憲法第二条って、なんだったかな。

羽仁　日本国憲法じゃない。あんたの文学の第二条だ（笑）。それはあの文句に続いて、すぐあなたは追いかけて書いているね。「私は破滅をみずから求めていたのではないか」と。これはアウグスチヌスの伝統の上にあるものだよ。アウグスチヌスの『懺悔録』の中に、自分はいと高きにのぼって行き、そこで神を見たことがある、と。しかし、自分は地獄の底まで落ちこんでそこで神を見た、そしてそのときはじめて本当に神を知った、とこういうんです。

人生をおりる、という文句を見たとき、僕は感動したよ。これは凄いぞ、と思ったんだ。

そして次に、無意識に破滅を求めている、というくだりで、青年たちが五木寛之を読む本質がわかったと思った。だからその根本原則をあなたが変えたら、青年たちを裏切ることになる。〉（五木寛之『箱舟の去ったあと―五木寛之討論集』講談社文庫、１９７４年、16〜17頁）

受験勉強をしていると、偏差値の高い学校に進学することを人生の目標と勘違いしてしまう危険があると大高先生は強調した。そして、自分の父親は満州で大きな農場を経営していたが、日本に戻ってきてからは、まったく仕事をする気をなくしてしまい、母親が苦労して自分と姉を育ててくれたという話をした。大高先生自身も高校時代には牛乳配達のアルバイトをしていたという。高校、大学で奨学金を受けた。返済が免除される関係で教育学部の数学科に進み、教師になったということだ。自分の父親にとっては、満州での開拓がすべてで、人生のエネルギーを使い果たしてしまった。もし、父親が「人生をおりる」可能性があるということを考えていたならば、戦後、腑抜けのようになって、勤労意欲を完全に失うことはなかったと思うと大高先生は言った。僕は、意味を完全に理解したわけではなかったが、大高先生の話は印象に残ったので、記憶に基づいてできるだけ正確に話した。

「その先生は五木寛之の思想をよく理解しているね」と酒匂さんが言った。無口な酒匂さんの友人も頷いて、こう続けた。

「大高先生もほんとうは、大学の教員になりたかったと思うよ。しかし、かなり早い段階で、その夢をあきらめてしまったのだと思う。人生の夢をあきらめても、腐ってしまわないためには、『人生をおりる』という自発的選択が重要なのだと思う」

「確かにね。俺もお前も人生をおりているからね」と酒匂さんが言った。

「どういう意味ですか。僕にはよくわかりません」

「あなたは高校2年生だったね」

「いや、まだ1年生です」

「浦和高校のような進学校にいると、誰もが東大か国公立大学の医学部を狙う」

「確かにその傾向は強いと思います」

「しかし、誰もが志望校に合格するとは限らない」

「確かにそうです。浦高は、1学年410人ですが、毎年250人が東大を受けます」

「そのうち現役で合格するのは？」

「20人前後です」

「東大に受からなかった生徒はどうするか」

「ほとんどの生徒が浪人して、再び東大にチャレンジすると思います」

「それで合格するのは？」

「20人前後です」

「ということは、同学年で40人つまり約1割が東大に合格するということだね。全国の公立高校では、かなり多い方だ」

「神奈川県の湘南高校の方が少し合格者数が多いと思います」

「それで東大に落ちた生徒はどうなっているか」

「早稲田か慶應に行くか、あるいは国立二期校の東京外国語大学か埼玉大学に進学します」

「第1志望の大学に進学できなかった学生で、『人生をおりる』という発想ができない人は、受験の失敗体験が一生尾を引く」

「どういうことでしょうか」

「自分には能力がないという劣等感に悩まされる」

「事実だから、仕方ないのではないでしょうか」と僕が言うと、酒匂さんは首を横に振った。

「そうじゃない。人間には才能だけじゃなく、適性もある。受験勉強に強い学生が、研究職に向いているわけではない。受験勉強には、それに耐えられる適性も重要になる。うちの高校は偏差値は決して高くない。東大合格者もあまり出ない。学年トップでも早慶に合格するのがやっとだろう。しかし、そういう生徒の中にも、後に大学の教員になる人もいる。研究職に適性があったからだ。大学入試でも適性がない場合には、自分からおりたというような

「合理化をした方がいい場合もある」

「合理化というとイメージがよくありません」

「確かに心理学の教科書では、合理化は否定的に描かれている。現実の人生を考えると、巧みに合理化をできることも重要だ」

「確かに酒匂の言う通りと思う」と酒匂さんの友人が言った。

僕は酒匂さんの話をもっと詳しく知りたくなった。

48

「現実の人生で巧みに合理化を図るとはどういうことですか」と僕は尋ねた。

「少し露悪的な言い方かもしれない。しかし、人生は必ずしも自分の思うとおりには行かない。そのときに目標を完全に諦めてしまうこともある。それも一つの選択だ」

「具体的にはどういうことでしょうか」

「例えば、学生時代には真面目に革命を考えて、学生運動をしていた人がいるとする。この場合、学生運動が果たして革命運動につながるだろうかということは、脇に置いておくとする。内ゲバで学生運動は袋小路に入っていく。大学の教員になって、研究を通じて革命について考えてゆくには、勉強をサボってしまった。だから大学院に進学することはできない。そういうときにどうするか」

「大学生は遠い未来のことなので、うまく想像ができません。酒匂さんは学生運動をしていたのですか」

「僕は、運動には関心があったけれども、性格が非実践的なのでもっぱら本ばかり読んでいた。かなり早い段階から高校の教員になりたいと思っていたので、教職課程の単位を一生懸命取っていた。学生運動に挫折した学生は、だいたい民間企業に就職していった」

「学生運動をしていると就職で不利になるんじゃないですか」

「デモで1回か2回くらい逮捕されても、企業はそんなことは気にしない。むしろ、保身だけ考えて何もしない学生よりも、活動家の方が役に立つくらいの感覚だ」

「それで、実際に役に立つんですか」

「役に立っている。学生運動の情熱を今度は会社での仕事に向ける。そういう例はいくらでもある」

「学生時代と社会人になってからの違いをどう整理するのでしょうか」

「おそらく、過去の自分と現在の自分のインテグリティーについて考えることはやめてしまうのだと思う」

「どうもそういう生き方は好きになれません」と僕は答えた。

「僕もそういう生き方は好きになれない。僕は大学で研究を続ける気にはならなかった。それは僕にその才能がないからだ。そのことは客観的にわかっているつもりだ。しかし、大学で関心を持っていた勉強を捨てて、民間企業に勤めたいとは思わなかった」

「どうしてですか」

「民間企業に就職すると、アカデミックな勉強をする時間的余裕がなくなってしまうからだ。それで高校教師になろうと思った。高校教師ならば、教える内容自体はそれほど高度でないとしても、一生、勉強を続けることができる。そして、2年に1回くらい外国に出て、見聞を広め、洋書を買い漁ってくることができる。僕はこういう人生も悪くないと思う」

「それを酒匂さんは合理化と位置づけるのですね」と僕は尋ねた。

「そうだ。僕は大学で研究を続けたかった。しかし、学者になるには能力も適性もなかった。だから高校教師という選択をした」

　酒匂さんの話はとても説得力があった。

「実は、僕も教師になろうと思っているのです」

「ほお。高校の教師か」

「いいえ。中学校の教師です。伊豆七島のどこかで英語を教えたいと思っています」

「どうして、離島の英語教師になりたいと思うの」と酒匂さんは尋ねた。

僕は、中校時代の英語の先生と、英語を教えてくれた教会の牧師から強い影響を受けたという話をした。英語を一生懸命勉強すると、日本では知ることができない、さまざまな事柄を知ることができるという説明をした。酒匂さんは、何度か頷きながら、僕の説明を聞いた。

「大学はどこに行きたいと思っているの」と酒匂さんが尋ねた。

「早稲田大学文学部でロシア文学を勉強したいと思っています」

それに続けて、僕は学習塾の先生の影響を受けて、本をいろいろ読むようになったこと、特にショーロホフの『人間の運命』が面白かったので、ロシア・ソビエト文学を勉強してみたくなったという話をした。「露文科でも英語教師の免許は取ることができるという話を聞きました」と僕は言った。

「確かに、早稲田のどの学部で、何を勉強しても、英語教師の免許は取ることができる。ただし、教職で単位をかなり追加的に取らなくてはならない」

「どれくらいたいへんなのですか」

「1年分、多く勉強する心づもりでいた方がいい」

1年分、多く勉強するということは、どれくらいたいへんなのか、僕には見当がつかなかったが、黙っていた。

「どうして、あなたは高校ではなく、中学の英語教師になりたいと思うの」と酒匂さんが尋ねた。

「特に大きな理由はありません。現在、浦和高校で英語を担当している教師にあまり魅力が感じられないからかもしれません。中学の英語の先生の方が教え方がていねいで、熱心でした」

浦和高校の英語教師は、英語の発音がひどく、しかも教科書と副読本を丸暗記させるというスタイルで授業をしていた。生徒の質問は一切受け付けず、「とにかく丸暗記しろ」というのが口癖だった。実際に英語を使ったことがあるのは、戦争中にフィリピンにいたときだけで、「俺の英語も結構通じた」と自慢していた。浦高では英語の授業と漢文の授業がほとんど同じようなやり方で行われていた。中学まで英語が好きだった生徒も、浦高に入った後は、英語学習への情熱を失うというのが普通の姿だった。

「英語教師になりたいなら、中学よりも高校の方がいい」と酒匂さんが言った。

「どうしてですか」

「中学英語と高校英語ではレベルがまったく異なる。習得しなくてはならない語彙数にしても中学英語では800語足らずだ」

「確かにそれくらいだったと思います。浦和高校の入試はこのレベルで済みましたが、早稲田大学高等学院の試験ではわからない単語がたくさん出て、答案がほとんど書けずに落ちてしまいました」

「高等学院の場合は、高校1年生の1学期くらいまでの範囲の単語が出る。それでも1500語くらいだと思う。それが、早稲田大学の入試になると8000語くらいの英単語をマスターしなくてはならない」

「そんなにたくさん覚えなくてはならないのですか」

「そうだ。中学まで英語が得意科目だった生徒でも高校でついていけなくなることはよくある」

「そうなんですか」と僕は答えた。浦高の英語教師が、「英語は丸暗記だ」ということを強調するのも、受験対策を考えているからかもしれない。

「それとともに注意しなくてはならないのは数学だ」

「確かに高校に入ってから数学が急に難しくなりました」

「あなたは文系、理系のどちらのクラスに所属しているのか」

「浦高は文系、理系のクラス分けを行っていません」

「数学、理科、社会の選択はどうなっているのか」

「数学は、数I、数IIB、数IIIが必修です。理科は、1年生のときに生物Iと地学I、2年生で物理Iと化学Iを勉強します。3年生は化学IIが必修ですが、それ以外に物理II、生物II、地学IIのうちから1科目を選択しなくてはなりません」

「全員に理系の勉強をさせるのか」

「そうです。クラスでも理系志望が大多数です」

「社会科はどうなっているか」

「1年生では地理Bが必修です。2年生のときに日本史Bと倫理・社会を勉強します。3年生で世界史と政治・経済を勉強します」

「社会科も全科目を勉強するわけだ。授業がかなり駆け足になる」

「倫理・社会の先生は、教科書を一切使わずに、独自のプリントで授業をするというので有名です。日本史の先生も世界史の先生も、1〜2学期は古代史だけを講義し、途中を飛ばして3学期は現代史について教えるということです。試験範囲だけは、講義の内容と関係なく、指定されるということで、みんな文句を言っています」

「きっと浦高の社会科の先生も、大学で研究を続けたいと思っていたが、事情があって高校の教師になったのだと思う。古代史の講義は、自分が続けている研究を発表する場になっているのだと思う。超進学校だから、そういう授業ができるのだと思う。うらやましいよ」と

「批判的です。文化大革命は権力闘争だと伯父は批判していました。そして中ソ対立は困った出来事で、社会主義の威信を毀損すると怒っています。中国、ソ連の双方と距離を置いている北朝鮮は比較的ましだと言っていました。しかし、金日成に対する個人崇拝はおかしいと批判していました」

「伯父さんは社会主義国ではどこを評価していたか」

「社会主義国ではありませんが、イギリスを高く評価していました。社会福祉が充実していて自由もあるのでいい国だと言っていました。労働党がもう少し社会主義的だったならば、議会を通じた社会主義化がイギリスでは可能になると言っていました」

「伯父さんは、日本の共産党についてはどう考えている」

「大嫌いです。マルクス主義とはまったく関係のない官僚主義政党だと言っています」

　そう言って、伯父が、徳田球一書記長時代に日本共産党が沖縄独立論を掲げ、多くの沖縄の青年がそれに殉じたが、その後党が、徳田は間違っていたと非難し、沖縄の本土復帰に路線転換したことに憤っていたという話をした。

「伯父からは、自分が正しいと思うならば、新左翼運動の活動家になっても構わないが、日本共産党にだけは決して関係してはいけないと厳しく言われています」と僕は言った。

「面白い」と言って、酒匂さんはしばらく黙った。何か考え事をしているようだ。

「それもある。しかし、それ以上に日本人が朝鮮半島を植民地支配したことが、現在にどういう影響を及ぼしたかについて知りたい。朝鮮半島の分裂も、日本の植民地支配に起因する。朝鮮半島の現状に対して、日本人は責任を負っている」

「伯父もそう言っています。しかし、僕にはそれがどういう意味なのか、今ひとつよくわかりません」

「自分で理解できないことを理解するふりをするのはよくない。あなたの場合、いずれ朝鮮半島の問題についても深く考えるようになると思う。その時期が来れば考えればよい」と酒匂さんは言った。

「わかりました」と僕は答えた。

酒匂さんは、いろいろなことを知っていて、自分の考えもあるのだろうが、それを他人に押しつけることはしない。こういう教師から学ぶことができる生徒は幸せだと思う。

「朝鮮語を勉強したことはありますか」

「ありません」

「ハングルを読めるようになるだけならば、それほど時間はかからない」

「韓国では漢字を使うが、北朝鮮ではまったく使わないという話を聞いたことがあります」

「一昔前まではそうだった。だから、韓国で出ている新聞や書籍は、漢字で内容を推察することができた。しかし、現在は韓国でもハングル一本化が進んでいる。日本語の延長ではなくまったく別の外国語として、初歩からていねいに勉強しなくてはならない。それから、韓国語と朝鮮語の間には無視できない差異がある」

「お互いに意思疎通ができないほど違いがあるのでしょうか」

「一部の単語がわからないだけで、意思疎通には支障がない」

「単語に違いがあるのでしょうか」

「ある。特に固有名詞で差が大きい。この『国家と革命』は、当然のことながら、北朝鮮の言葉で書いてある。表紙にモスクワ、プログレス出版所と記されているが、表記はモスクバーになっている。北朝鮮の表記だ」

「韓国の表記だとどうなるのでしょうか」

「モスコーになる。他にもハンガリーは、朝鮮語ではウェングリヤ、韓国語ではハンガリだ」

「北朝鮮で外国の地名はロシア語読みなんですね」

「そうだ。ヘリコプターは、韓国語ではヘリコプターだが、朝鮮語ではベルタリョートだ」

ロシア語がわかれば、朝鮮語についても類推がつく単語が多いようだ。

「日本では、朝鮮語と韓国語の学習書は、どちらの方が普及しているのですか」

「韓国語の方が多いと思う。三省堂の『わかる朝鮮語』は、朝鮮語の表記だが、韓国語も読めるように配慮したていねいな作りになっている。辞書はほとんどが韓国語ベースだが、大学書林から出ている『朝鮮語小辞典』は、単語のスペルも配列も北朝鮮の基準に基づいている」

「配列？」

「そうだ。文字の配列が、韓国と北朝鮮では異なる。ある民族の文化を理解するためには、その国の文化をきちんと勉強しなくてはならない」

「だから、酒匂さんは、英語、フランス語、ドイツ語に加えてロシア語、朝鮮語を勉強しているのですね」

「努力はしている。しかし、きちんと理解しているのは英語だけだ。フランス語やドイツ語と朝鮮語になると読むことはできるが、話すことはまったくできない。ロシア語はまったくの、入門レベルだ」

「それは謙遜でしょう。さっき車掌と話をしていた」

「あれは、旅行のために最低限、必要になるロシア語だ。話せるうちには入らない」

車掌と十分に意思疎通ができているのに酒匂さんは、ロシア語がほとんどできないという。外国語ができるというときの水準が高いのだろう。

酒匂さんの話を聞きながら、僕はいつか韓国と北朝鮮に行きたいと思った。その後、酒匂さんから、なぜ高校1年生の夏休みにソ連と東欧を旅行することに決めたのかと聞かれたので、僕は、周囲の生徒がアメリカに行くので、それとはまったく別の体制のソ連を訪れてみたいと思ったこと、さらにハンガリーにペンフレンドがいることと、モスクワ放送に知り合いがいる話をした。それに続いて今回の旅行の印象について、かいつまんで話した。

「面白い。あなたは、将来、ソ連に関係する仕事をするような気がする」と酒匂さんは言った。

「どうしてそう思うのですか」と僕は尋ねた。

「一種の縁みたいなものと思う」

「縁？」

「そうだ。あなたは人間に対する関心が強い」

「そうでしょうか。僕にはよくわかりません」

「あなたの話を聞いていると、ハンガリーのペンフレンドとバラトン湖に出かけたことと、ワルシャワの大衆食堂で知り合った男たちの家を訪ねたことが印象に残る」

「確かにこの2つは今回の旅行で印象に強く残った出来事です」

「ソ連では、思ったように地元の人々と親しくなることができなかった。それに不満がある」と酒匂さんは言った。

そう言われてみると、ソ連旅行で知り合ったのは、インツーリストのガイドやアエロフロートの職員など、仕事で僕と接した人たちだけだった。ただし、そのことに不満を感じたわけではない。

「特に不満は感じていません」と僕は答えた。

「しかし、あなたの好奇心を十分に満たすことはできなかった」

「確かにそうです」

「あなたは将来、好奇心を満たすためにもう一度、この国を訪れるような気がする」

「しかし、50万円近い金をまた親に出してくれと言うことはできません」

「新聞社か商社に就職すれば、モスクワに勤務する機会はいくらでもある」と酒匂さんは言った。

母親は僕に「優君が将来、新聞記者になると嬉しい」という話をしていたことがあるが、僕は新聞記者になりたいと思ったことは一度もない。商社員になってビジネスをするなどということも、僕の発想にはまったくなかった。

「新聞記者や商社員になることは、考えたことがありません。将来は英語の教師になりたいと思っています。酒匂さんに言われて、中学校よりも高校の教師が魅力的に思えてきました。

教師になれば、夏休みに海外旅行をすることもできます。いつかまたソ連を訪れてみたいと思います」と僕は答えた。

「確かに教師は休みが多いし、自分の勉強ができるので、いい仕事だよ。ただ、あなたの場合は、血の気が多そうなので、教師にはならないような気がする」と酒匂さんは言って、とりあえずこの話は打ち切りになった。

酒匂さんの友だちの高校教師が、「みんなで食堂車に行かないか」と言った。僕は、おなかが空いていないので、「少し疲れたので、ベッドで横になっています」と答えた。僕以外の3人は、コンパートメントを出て、食事に出かけた。二段ベッドの上段に上って横になっていると眠くなってきた。

列車が激しく揺れて、ベッドから落ちそうになって目が覚めた。外は明るくなっている。あのままぐっすり眠ってしまったようだ。

「目が覚めたかい。だいぶ疲れがたまっているようだ」と酒匂さんが言った。

「もうすぐナホトカに着きますか」と僕が尋ねると、「あと2時間だ」と酒匂さんが答えた。

「ナホトカに着いた後はどんな手続きになるのですか」と僕は尋ねた。

「おそらくホームには、赤いネッカチーフをしたピオネール（共産主義少年団）の子どもたちが待っている」

「誰を待っているのですか」

「僕たちだ。花束をプレゼントしてくれる。その花束を持って、駅前に停めてあるバスに乗る。10分くらい走ったら、港に着く。それから出国手続きが始まる」

「どんな手続きなのでしょうか」

「まず、使い残したルーブルを円に両替する」

「ガイドブックには、ルーブルを円やドルに逆両替することは、事実上、不可能だと書いてありました」

「そんなことはないよ。正規に両替した証明書があれば、逆両替も可能だ。あるいは近いうちにソ連に来るならば、税関にルーブルを預けておいてもよい。預かり証を発行してくれるので、入国するときにルーブルに替えてくれる」

「そんな便宜を図ってくれるんですか。知らなかった」

「ただし、ルーブル紙幣の持ち出しは禁止されているので、もし残ったお金を税関に預けずに持ち出そうとすると没収される」

「ルーブルのコインを友だちへの土産に持っていきたいのですが」

「それは大丈夫だ。コインの持ち出しは認められている。その後、禁制品を持ち出していないかどうかのチェックがある」

「禁制品て何ですか」

「特に厳しくチェックされるのがイコン（聖画像）だ。持ち出そうとするのが発覚すると、没収だけではなく、多額の罰金を支払わされる。最悪の場合は、今後、ソ連に入国できなくなる。あるいは中央アジアの絨毯のような工芸品だ」

僕はブハラで一緒だった高校教師夫妻が買った絨毯が没収されるのではないかと不安になった。

49

車掌がコンパートメントの扉を開けて、何か言っている。酒匂さんが対応しているが、ルーブルとかコペイカという単語が断片的に聞こえる。

「お金で何かトラブルが生じているのですか」と僕は尋ねた。

「いや、トラブルじゃない。もうすぐナホトカに着くので切符を戻しに来た。それと同時に、僕たちが飲んだ紅茶代を回収している」と酒匂さんが答えた。

「それじゃ、僕も自分の分は払います」

「その必要はないよ。全員分を合わせても50コペイカにもならない。ソ連で紅茶は極端に安い。チップを合わせて1ルーブル渡すことにした」

「ほんとうにソ連では飲み物が安い。1ルーブルは300円だろう。ちょっと高い喫茶店ならばコーヒーか紅茶1杯でそれくらい取られる」と酒匂さんに同行している高校教師が言った。

「ただし、日本の喫茶店のように、長時間、話し込むことができる場所は、外国では少ないよね」と酒匂さんが言った。

「そうだね。日本の喫茶店は、場所に金を払っているようなものだものね。もっとも俺たちも学生時代にどれくらい喫茶店代を使っただろうか」

「大学の授業料よりも多かったことは間違いない」

「それはそうだ」

　僕も大学生になったら、友だちと喫茶店に行って、いろいろな議論をするのだろうか。高校生活をできるだけ早くスキップして大学生になりたいと思った。

「大学時代の友だちは、その後も関係がずっと続くものなのでしょうか」と僕は尋ねた。

「一生続くような友だちができる場合が多いと思うよ。それに大学に入ってからできる友だちは、高校時代までの友だちとだいぶ違う」

「どう違うのでしょうか」

「高校までは、同じクラスであることが友だちになるときにかなり影響を与えるだろう」

「そう思います」と僕は答えた。

「しかし、大学になると、高校までのようなクラスはない」

「しかし、学部や学科には分かれているんでしょう」

「強いて言うと、語学の授業が比較的少人数で行われるので、高校までのクラスのような要素を持つ」と酒匂さんは言った。

「そうだな。確かに語学のクラスが1～2年生のときはホームルームのような機能を果たす」と酒匂さんに同行している高校教師が同意した。

「僕はロシア語を選択したいと思っているのですが、希望者はかなりいるのでしょうか」と僕は2人に尋ねた。

「ロシア語については、大学によってだいぶ異なると思う。早稲田の場合は、文学部にロシア文学科がある関係で、ロシア語教育に熱心だ。だから、他の大学と比較して第二外国語にロシア語を選ぶ学生が多いと思うよ。しかし、一般論として、ロシア語は勉強がたいへんなので敬遠されがちだ。ドイツ語とフランス語を選択する学生が多い。外国語が苦手な学生では、中国語を取る人も多い。早稲田の場合、ロシア語を選択した学生は、語学クラスの結束が固いように思う。ロシア語を第二外国語に選択する学生は、早稲田でも絶対数は少ないが、問題意識が鮮明な人が多いと思う」と酒匂さんに同行している高校教師が付け加えた。

「しかし、問題意識が鮮明すぎると、外国語の学習はなかなか進まない」と酒匂さんが言った。

「どういうことでしょうか」と僕は尋ねた。

「外国語の習得には時間がかかる。しかも、入門や初級の段階では、知的刺激のない事柄が多いので、退屈して途中で勉強を放棄してしまう問題意識の鮮明な学生が少なからずいる」と酒匂さんは答えた。

「外国語の時間はどれくらいあるのですか」

「大学の第二外国語は、週4回で2年間だ」

「確か大学の講義は、1回90分ですよね」

「そうだよ」

「そうなると高校の1回50分の授業に換算すると、約2倍なので、週に8回授業があることになります」

「そういう計算をすれば確かにそうだが、授業だけでドイツ語やロシア語を習得することは無理だ。毎日、かなりの予習と復習をしなくてはならないが、第二外国語にそこまで情熱を傾ける学生は少ない。1年生の時の文法はかなりたいへんだが、2年生の講読は、小説かエッセイを1冊読んで、試験ではその一部分の和訳が問われるというのがほとんどだ。だから、試験直前の丸暗記で対応できる。しかし、その内容は試験が終わってしばらく経つと忘れてしまう。結局、大学での第二外国語は、ほとんどの学生にとって時間の無駄でしかない」

「しかし、酒匂さんは英語もロシア語も上手じゃないでしょうか」

「決して上手ではない。しかも、一生懸命に外国語を勉強したのは社会人になってからだ。もし、学生時代にロシア語をきちんとマスターしたいと思うならば、大学とは別にロシア語学校に通った方がいい」

「ロシア語学校については、NHKラジオやテレビのロシア語講座テキストに広告が出ています。どの学校がいいのでしょうか」

「日ソ学院、マヤコフスキー学院、ニコライ学院などが有名だが、どこでもいいと思う。語学学校にはロシア語を本気で勉強しようとする学生が集まっている。フランス語だったらアテネフランセ、ドイツ語だったらゲーテ・インスティテュートに通うといい。本気で外国語を身につけようとする学生は語学学校に通っている」

大学の講義でロシア語を選択して、授業にさえついていけば、ロシア語ができるようになると思っていたが、どうもそういう状況ではないようだ。

「外国語の勉強についてはよくわかりました。大学で高校までのようなクラスがないとするとどこで友だちができるのでしょうか」と僕は尋ねた。

「いくつかある。一つは大学のゼミだ」

「ゼミの話は聞いたことがあります」

「3年生で専門課程に入ると、いずれかのゼミに所属する。ゼミは多くても20人くらいなので、ゼミ生の結びつきが強くなる。もっとも教授が厳しくないゼミでは、学生もそれほど勉強をしなくていいので、結束は強くない。アルバイトやサークル活動に熱中している学生がそういうゼミを取る傾向がある」

「なんでアルバイトをするのですか。授業料や生活費を稼いでいるのですか」

「そういう学生もいるが、数はあまり多くない。大多数は、夏休みや春休みに旅行する資金を貯めるためにアルバイトをしている」と酒匂さんは言った。

今年の春休みにユースホステルを使って北海道旅行をしたときのことを思い出した。早稲田大学の学生が多かったが、旅行のための資金はきっとアルバイトで作ったのだろう。しかし、そういう学生たちは、大学ではきちんと勉強しているのだろうか。酒匂さんに聞いてみることにした。

「アルバイトをしていても大学の勉強にはついていけるのでしょうか」

「大学の場合、入学試験で振り分けられて、ほぼ同じレベルの学生が集まっているので、講義についていけないということはない。語学や体育の授業は別だけれども、大学の講義は、通常、出欠をとらない。講義を聴いていてもいなくても、試験できちんとした答案が書ければ、単位は取れる。だから、講義は登録だけして、試験しか受けないでほとんどの単位を取るという学生もいる」

「そんなことが可能なのですか」

「可能だ。教授は教科書に沿って講義を進める。教科書をきちんと読んで理解していれば、試験で合格点を取ることは難しくない。教科書を使わない教授もいるが、そういう教授の講義については、毎回、出席している真面目な学生からノートを借りてコピーをとればよい」

「他人のノートで勉強するのですか」

「そうだ。優秀な学生のノートで勉強すると、試験は問題なくクリアできる」

「しかし、どうやってノートを借りるのですか」

「毎回、講義を聴いている真面目な学生と友だちになっておけばいい。『貸してくれ』と頼めば断られることはない。さらにあまりいい方法じゃないけれども、そういうノートのコピーを販売する学生がいるので、そういう学生から買うこともできる」

「同級生のノートをコピーして、それで金儲けをするのですか」

「そうだ。大学は社会の縮図だ。いろんな人がいる」と酒匂さんは言った。

酒匂さんの話を聞いていると、大学は高校とはまったく別の世界のようだ。浦高でも、学校で使っている池田書店の問題集の謄写版刷りの解答を持っている生徒がいるが、これは去年の浦高祭で数学部の生徒たちが100円で販売していたものということだ。売上金は部費にしたそうだ。お金は取っているが、生徒が個人的に金儲けをしているわけではない。大学生にはずるい人もたくさんいるようだ。こういう人たちの中で、僕はうまくやっていくことができるのだろうか。少し心配になってきた。北海道旅行では、たくさんの大学生と知り合い話をした。それぞれ個性はあったが、悪い人はいなかった。それはたまたまいい人たちと知り合っただけなのかもしれない。僕は別のことを酒匂さんに尋ねてみた。

「高校にも部活がありますが、大学のサークルはどう違うのでしょうか」

「高校の部活は、顧問の教師がかなり影響を与えているが、大学では学生の自主性が高い。もっとも体育会だとだいぶ雰囲気が違う」

「どう違うのでしょうか」

「体育会だと仕事としてスポーツに従事しているというのが実態に近い。大学の勉強に打ち込むこともできない。寮で、練習を中心とした合宿生活をしている学生も多い」

「それで単位はとれるのですか」

「そこは大丈夫だ。体育会との掛け持ちが可能な講義を登録すればいい」

「そういう講義があるのですか」

「ある。それから、体育会の学生に対しては評価が甘い教授もいる。スポーツで業績を上げることが大学のためになると考えている教授はたくさんいる」

「就職はどうなるのでしょうか」

「体育会はOBとの関係が緊密なので、そのコネでいい会社に就職することができる。また、中学や高校の体育教師ならば教員採用試験でもかなり有利だ」

「しかし、体育会の厳しい練習についていけずに、退部する学生もいると思います。そういう学生はどうなるのですか」

「スポーツ推薦で入学した学生でも、体育会を辞めたからといって大学を除籍になることはない。しかし、体育会中心の生活から普通の学生生活に戻ることは難しいと思う。それでも大学1~2年生ならば、軌道修正はしやすいが、3年生以上になると難しい」

「そういう学生の就職はどうでしょうか」

「体育会のコネは使えないので、普通に企業回りをするか、公務員試験や教員採用試験の準備をすることになる。体育会が厳しいことは、みんな知っているので、スポーツ好きの学生でテニスやサッカーなどの同好会を組織する学生も多い。同好会の場合は、体育会のような厳しい練習はない。もっとも同好会からではユニバーシアードや国体に出場することはできない」

「体育会やスポーツ系のサークルでは、友だちができますか」

「できる。ゼミよりも体育会やサークルの方が友だちはできると思う」

「文科系のサークルはどうでしょうか」

「サークルによる。例えば、演劇のサークルは結束が固い。それから、政治や思想を研究するサークルには外部の政党やセクトがついていることがあるので注意しなくてはならない」

「どういうことですか」

「例えば早稲田の新聞会は、革マル派系の学生で固まっている。だから、新聞会から朝日新聞や読売新聞の記者になる人はいない。学生自治会もだいたいセクトの色がついている」

「確か、早稲田大学は革マル派の影響力が強いという話を聞きました」

「その通りだ。ただし、法学部だけは民青（共産党）が握っている」

「学生自治会やセクトが牛耳っているサークルには近寄らない方がいい」と今までずっと黙って酒匂さんと僕の話を聞いていた高校教師が言った。

「どうしてですか。就職に悪影響があるからですか」と僕が尋ねた。

「就職に関しては、民間企業は逮捕歴くらいあっても、セクトの中心的な活動家でなければ採用するよ。もっとも革命を本気で考えているセクトの活動家は、民間企業に就職することはまず考えない。専従活動家になるか、自分で事業を興すよ」

「専従活動家とは何ですか」と僕は尋ねた。

「昔は職業革命家と言っていた。革命を起こすという夢を追いかけ続けている人のことだ」

と高校教師は答えた。

「そういう人はずいぶんいるのですか」

「それほど多くないが、そこそこの人数はいる。あなたは政治に関心を持っているのか」

「そこそこ関心を持っています」

「ならば、学生運動に関与することは、十分に注意した方がいい。政治には意味のある政治と意味のないものがある」

「学生運動は意味がないものだということでしょうか」

「結論から言うとそういうことになる。政治的な問題に関心を持つこと自体は構わない。構わないというよりは、むしろ好ましい。就職や将来の生活の安定しか考えないで、学生生活を送っても面白くない」

「しかし、現在の大学生の大多数がノンポリなんじゃないでしょうか」

「大学紛争で荒れた時代も、ほとんどの学生はノンポリだったよ」と言ってから、高校教師はしばらく沈黙した。昔のことを思い出しているようだった。きっとこの人は、学生時代に活動歴があると思ったが、そのことについては聞いてはいけないような気がしたので僕は黙っていた。高校教師は話を続けた。

「こんなことを言うと反動的と思われるかもしれないが、政治には固有の悪がある」

「どういう悪ですか」と僕は尋ねた。

「他人を利用するという発想だ。それに政治的立場が対立すると、対話ができなくなる。学生運動の活動家は、最初は理想に燃えた純粋な人のように見える。しかし、学生運動であっても純粋さでは政治はできない。そこにはさまざまな駆け引きがあるし、汚い取り引きもある。学生時代にはそういうことにエネルギーを傾注するよりも、政治的な問題意識を持ちつつ、一生懸命に勉強した方がいいと思う」と高校教師は言った。

「確かに、今になって振り返ると、学生時代にもっと一生懸命に勉強しておけばよかったと思う。僕たちは教師になったので、民間企業に就職した人たちと比較すると、現在も勉強する機会には恵まれている。しかし、大学時代のような専門的な勉強をすることはできない。それに今の学生運動は僕たちの頃とはだいぶ雰囲気が違う。セクトの影響が強まっていて、あいつらの都合に付き合わされることになる。大学時代には、できるだけ勉強しておいた方がいいと思う」と酒匂さんも高校教師の意見に同意して述べた。

今までは、気が付かなかったが、この2人はきっとどこかで学生運動に幻滅し、高校の教師になった。それでも今の日本社会を変えなくてはならないという情熱を持っている。そのことが、夏休みに海外を旅行し、見聞を広めることにつながっているのだと思った。

話をしているうちに、列車はナホトカの太平洋駅に着いた。ホームには屋根がない。ホームに日本語で「インツーリスト」という看板を掲げた金髪の青年が立っている。日本語で、「荷物はそのままホームに置いておいてください。港までは、こちらで移動します」と叫んでいる。赤いスカーフを首に巻いた少年少女がやってきて、列車から降りた観光客にカーネーションの花束を渡す。

その後、すぐにバスに乗り込んだ。酒匂さんや高校教師、それからフィンランド人の妻を連れた青年も僕と同じバスに乗り込んだ。バスは、20年以上、走っていると思われるポンコツだ。ガソリンの嫌な臭いが鼻につく。各車には日本語を話すインツーリストのガイドが乗っている。

「ナホトカ市では、皆さんは通過することしか認められていません。窓から外の景色を見ることは構いませんが、写真を撮ってはいけません。ナホトカ港の待合室には、両替所がありますす。余ったルーブルはここで日本円かドルに両替することができます。そのときには、税関申告書を提出してください。ルーブルが正規に両替されたものであることをチェックします。コインは申告する必要はありません。お土産に持っていってください。その後、税関検査があります。税関検査では、荷物のチェックがあります。トランクの鍵を開けてください。銃、イコン、絨毯、サモワールなどを持っている人は税関職員に申告してください。これらの物はソ連国外に無断で持ち出すことが禁止されています。それから、ルーブル紙幣は国外への持ち出しが禁止されています。必ず、円かドルに両替してください」

「ルーブルはだいぶ余っているか」と酒匂さんが僕に尋ねた。

「50ルーブルくらい残っています」

「来年もソ連を旅行する予定があるか」

「残念ながらありません」

「それならば円に両替した方がいい。僕も50ルーブルちょっと残っているが、この金は税関に預けておこうと思う。3年間有効の受取証をくれる。次にソ連に入るときに税関でルーブルを返してもらえる」

「しかし、3年以内にソ連に来なければ、預けていたお金はどうなるのですか」

「没収されてしまう」

「それならば円に両替しておいた方がいいじゃないですか」

「しかし、ソ連の税関にルーブルを預けておけば、あの金を没収されるのが惜しいと思って、

3年以内にソ連を訪れる可能性が高まる」と言って酒匂さんは笑った。

バスが港に着いた。船はすでに着岸している。バイカル号は総トン数5230トンだ。全長が122メートル、全幅は16メートルなので、小さな船を想像していた。しかし、実際にはかなり大きく見える。

バスから降りると両替所に行ってルーブル札と税関申告書を提出した。両替所の女性職員が「パスポート・プリーズ」と言うので、パスポートを渡した。大きなそろばんで計算をしている。8000円が戻ってきた。千円札が8枚だが、職員は千円札の番号を1枚ずつ記録用紙に書いている。そのようなことをする理由がよくわからないが、これでは再両替手続きに1人10分はかかる。2時間後に船が出るので、10人分くらいしか逆両替はできない。両替が終わって、検疫事務所に種痘とコレラの予防接種を済ませたことを記したイエローカード(国際予防接種証明書)を見せて、インツーリストの待合室のソファに座っていると、「酷い目に遭わされました」と言いながら、フィンランド人の婚約者を連れた青年が近づいてきた。

「どうしたのですか」と僕は尋ねた。

「これを見てください」と言って青年は、Tシャツの左肩をめくって僕に見せた。肩に×印の切り傷が6カ所ついている。血が滲んでいて痛そうだ。

「何ですかこれは」

「イエローカードの種痘が有効期限切れでした。ここで予防接種を受けないと、出国させないと言われたので、同意しました。すると医務室に連れていかれ、メスで肩を6カ所切られて種痘をされました」

「痛かったですか」

「麻酔をかけずにメスで12回切り込みを入れられるので、それはそれは痛いです」

「傷口が腫れているので、痕が残るのではないでしょうか」

「たぶんそうなると思います。しかし、こんな種痘は、僕の両親の時代のやり方ですよ」

「いつ頃、期限切れになっていたのですか」

「僕も今、気付いたのですが1年以上前に期限が切れていました。そもそもヨーロッパを移動するときにイエローカードの提示は求められません」

「ソ連に入国するときは問題にならなかったのですか」

「なりませんでした。まったくこの国の体制はいいかげんです。それにしても痛いです。今晩は船のベッドでうずくまっていることになりそうです」

　パスポート・コントロールにパスポートを渡した。緑色の帽子を被った国境警備隊の将校が僕の顔とパスポートの写真を見比べている。「どうもありがとう」と言って、パスポートを戻してきた。ホチキスで留められていたソ連のビザは回収されていた。僕がソ連を旅行したという痕跡はパスポートには何も残っていない。

船に乗ると、広い通路のような場所に案内された。机が置かれている。パスポートを見せると切符が渡された。切符には日本語で書かれた説明書が添付されていた。僕は一番安い六等船室を予約したが、ベッドは四等船室になっていた。YSトラベルの舟津さんが「ソ連船は、資本主義国の客船と違って、等級による差別がないの。特等船室でも最低の六等船室でも使える施設は同じだし、食事も同じ。それに上の等級の部屋が空いているときは、追加料金を取らずにアップグレードするので、六等の切符を買っておけばいいわ。ちなみに二等から六等までは、部屋の造りはみんな一緒で、二段ベッドの4人部屋で広さも同じよ。違うのは高さだけ。六等だと船倉なので、窓がなく、エンジンの音が少しうるさいけれども我慢できないほどではないわ。だから、あなたは六等切符を買いなさい」と言われたことを思い出した。

食事は二交替制になっていた。朝食、昼食、夕食ともに僕は遅い方だった。それにテーブルも指定されている。切符を受け取って、階段を降りようとすると、後ろから「佐藤さん」と声をかけられた。振り向くとブハラで一緒だった高校教師夫妻がいた。

「ブハラで買った絨毯は無事に持ち込めましたか」

「絨毯店が輸出証明書を作成してくれたので、問題なく、持ち出すことができました。今は船室のベッドで寝ています」と夫が笑って答えた。
「中央アジアを旅行してほんとうによかったわ。一生の思い出になるお土産ができたわ」と妻も嬉しそうな顔をした。この2人はほんとうに幸せそうだ。

切符に書かれた船室に降りていった。船には丸い小さな窓があった。すぐ下に海が見える。同室の3人は、初めて見る顔だった。僕はあいさつをしたが、向こうは素っ気ない。嫌な感じだ。大きなリュックサックが床に置いてある。3人ともベッドで横になって寝ている。とても疲れている感じだ。

出港を告げるアナウンスがあったのでデッキに出た。さっき駅で出迎えてくれた赤いスカーフを首に巻いた子どもたちがいる。それに大人たちも何十人もいる。船員が乗客にテープを渡す。伊豆大島に船で旅行したときは、「港の美化のためにテープ投げはしないでください」という掲示がなされていた。船が出港するときにテープを投げる様子を映画やテレビで見たことはあるが、実体験するのは初めてだ。僕の隣に金髪の女性がいる。テープを投げてはしゃいでいる。横にいる男性がこの女性の写真を撮ろうとしたが、船員によって制止された。港での写真撮影禁止は厳格に守られているようだ。

銅鑼（どら）が鳴り、音楽が流れた。いよいよ出港だ。長かった僕の東ヨーロッパとソ連の旅も最終段階に入った。

第九章　バイカル号

50

ナホトカ湾の外に出ると船が揺れ始めた。かなりきつい揺れだ。気持ちが悪くなるといけないので、船室に戻ることにした。部屋には誰もいない。僕のベッドは下段なので、横になって本を読んでいるうちに寝てしまった。時計を見ると午後8時半だった。乗船したときに配られた食券には、夕食は19時30分からと書かれている。レストランの席数が限られているので、食事は二交替制になっている。僕は、遅い方の番だ。

レストランに行くと、女性のフロアマネージャーが出てきて「申しわけございませんが、既にキッチンが閉まっています。バーでならば、軽食をとることができます」と言われた。お腹が空いているのでバーに行くことにした。途中で、何人か船員とすれ違ったが、いずれも女性だ。西側の船員は男性ばかりなのに対して、共産国の船には女性の船員が多いという話を聞いたことがあるが、確かにその通りだと思った。

バーは薄暗く、タバコの煙でいっぱいだった。混んでいたが、カウンターに1つ席が空いていたので、そこに座った。

「何を飲みますか」と女性のバーテンダーが尋ねた。

「コーラを飲みます」と僕が答えた。

バーテンダーは、冷蔵庫からコカ・コーラの瓶を取り出して栓を抜いた。日本製だ。ソ連にはコカ・コーラがないので、いよいよ日本に近づいてきたという実感が湧いた。

「ほかに何か」

「食事を食べ損ねてしまいました。お腹が空いています」

「ブッテルブロード（オープンサンドイッチ）しかありませんが、よろしいですか」とバーテンダーが尋ねた。僕は「よろしくお願いします」と答えた。

バーテンダーは冷蔵庫から、オープンサンドイッチを3つ取り出した。1つはキャビア、もう1つはイクラ、最後の1つにはサラミソーセージが載っている。パンは、ソ連製の白パンだ。

「コーヒーか紅茶はいかがですか」

「コーヒーをください」と僕は答えた。

バーテンダーは、ソ連製のインスタントコーヒーの缶を開けて、大さじ山盛りのコーヒーをカップに入れて熱湯を注いだ。横にはレンガ形のソ連製角砂糖が添えてある。このなかなか溶けないソ連製角砂糖も日本に戻れば、口にすることもないだろう。

お腹が空いているせいもあるが、オープンサンドイッチは実においしかった。こういうスタイルのサンドイッチも日本に帰れば口にすることもなくなるだろうと思うと、少し淋しい気がする。もっともパンはソ連よりもハンガリーがおいしかった。特にマルギット島のヴェヌス・モーテルのレストランで、丸パンにサラミソーセージをはさんだサンドイッチは絶品だった。あのホテルにいた白黒ブチ猫のツェルミーはどうしているのだろうかとふと思った。

「どうした。夕飯が足りなかったか」と声をかけられた。振り向くと酒匂さんだった。

「足りなかったのではなくて、食べそびれてしまいました」と僕は答えた。

「それは残念だ。モスクワのレストランよりもおいしい食事だった」

「メニューは何でしたか」

「まず、スモークサーモンが出て、それからカニのグラタンが出た。多分、タラバガニだと思う」

「おいしそうですね」

「おいしかった。メインはフィレステーキかビーフストロガノフのどちらかを選ぶことになっていた」

「どちらを選んだのですか」

「迷ったけれどフィレステーキにした。ウェルダンだけど、とてもおいしい牛肉だった」

「ソ連産の肉でしょうか」

「そう思う。外貨を節約しないとならないので食材はほとんどソ連産だ。もっとも日本産の食材ならば、帰国してからいくらでも食べられるので、この船ではロシア料理を楽しんだ方がいい」

「確かにそうです」

僕の隣の席が空いたので、酒匂さんが座った。

「友だちはどうしているのですか」

「船酔いがひどくて、船室で寝ている。あなたは船酔いは大丈夫か」

「ナホトカ湾を出たときに船がだいぶ揺れたので気持ちが悪くなり、ベッドに横になりました。そのまま寝てしまい、気がつくと8時半で、夕食を食べそびれてしまいました。船は確かに揺れていますが、気持ちは悪くありません」

「それはよかった。もっともこの時期にしては海は静かな方だ」

「もっとひどいときもあるのですか」

「8月後半からは、日本海もかなり荒れることがある。以前、この船に乗ったときは、食器がテーブルから飛んでいったこともある」

「それでも酒匂さんは船酔いをしなかったのですか」

「しなかった。僕は船には強いようだ」と酒匂さんが答えた。

「ソ連船は等級差別がないと聞いています」と僕は言った。

「確かにそうだ。国際航路では、等級ごとに使えるレストランも違っている。また、立ち入れる場所も、それぞれ別だ。この船は、そういう差別がない」

この話を聞いたときに、行きのエジプト航空で一緒だった会社経営者の家族のことを思い出した。確か、フランスから船に乗って、アルゼンチンに行くと言っていた。南アメリカは冬なので、冬物をたくさん持ってきたため荷物が多くなってしまったとぼやいていた。きっと特等で旅行を楽しんでいるのだろう。社長が「一度、海外旅行をすると、毎年したくなるよ。あなたも将来は海外にしょっちゅう出かけるようになるよ」と言っていたが、僕は将来、毎年、海外に行くようになるのだろうか。

「船内を探索してみたか」と酒匂さんが尋ねた。

「まだです」

「大きな図書室がある。そこで昼には映画が上映される」

「どんな映画でしょうか」

「記録映画が多い。ほとんどがソ連映画だ。日本語の字幕がついていないので、劇映画だとわけがわからない」

「酒匂さんはロシア語ができるから、大丈夫でしょう」

「いや、僕のレベルのロシア語力じゃ映画の台詞を理解することはできない。外国語力も字幕なしで初めて見た映画の内容を理解できるようになれば、ほぼ完成と見ていい。大学生になったら名画座で、自分が勉強している外国語の映画を見ると、語学力がつくよ」

「同じ映画を何度も見るのですか」

「そうだ。そのうち目をつぶって台詞だけを聞いていても、意味が理解できるようになる」

「僕も試してみます」

その後、酒匂さんと旅の思い出話をしていたら、あっという間に時間が過ぎた。バーテンダーが「閉店です」と言う。時計を見ると11時45分だ。コーラとオープンサンドイッチで1000円をとられた。キャビアを食べたのだから、決して高くない。

船室に戻ると同室の3人は既に寝ていた。僕もベッドに入るとすぐに眠くなった。目が覚めると船内はすっかり明るくなっている。時計を見ると8月28日午前11時半だった。時間感覚がずれてしまったからか、蓄積された旅の疲れが出てきたからかよくわからないが、朝、きちんと起きることができない。

僕の昼食は、12時半からなので、まだ1時間ある。昨日、酒匂さんが言っていた図書室に行くことにした。図書室は50人くらい入る大きな部屋だった。ガラスの扉の本棚が壁面に並んでいる。ほとんどがロシア語の本だ。日本語の本のコーナーがあるが、並んでいるのは大月書店から出た『レーニン全集』（全45巻）とモスクワのプログレス出版所が刊行した日本語の書籍や小冊子だ。『労働組合について』『帝国主義者について』などレーニンの論文集がほとんどだ。新書版の『マルクス・エンゲルス選集』と『共産党宣言』もある。しかし、この種の本を読んで時間をつぶす日本人旅行客はほとんどいないだろう。もっとも英語のコーナーには、プログレス出版所から出たソ連各地の観光案内の書籍や、美術館のアルバムがたくさんある。この種の本は読んでいても退屈しない。あっという間に1時間が経った。図書室から出るときに、扉に午後2時から映画が上映されるとロシア語、英語、日本語で書かれた紙が貼ってあるのに気付いた。後で覗いてみることにしよう。

初めて食堂に入った。100人くらいは収容できる大食堂だ。テーブルは4人掛けだ。ウエイトレスがやってきて、メニューからメインディッシュを選べと言う。サーモンステーキかカニコロッケだったので、僕はカニコロッケを選んだ。

同席の3人は、同じ船室の学生たちだ。3人で話していて、僕とは話をしようとしない。僕が話しかけても返事はするが、その先の話が続かない。話の内容から判断すると、3人は同じ大学の山岳部のメンバーで、今回は、ソ連政府から特別の許可を得て、どこか高い山に登ったようだ。専門用語がたくさん出てくる登山の話と、大学のクラスメートらしい女性の話ばかりをしていた。特に話に加わりたいとも思わなかったので、僕は1人で静かに食事をした。

まず、サラミソーセージとチーズの前菜に、生のキュウリとトマトが出た。いずれもソ連産の食材だ。それに続いて、スープが出た。サリヤンカだった。キュウリのピクルス、黒オリーブ、それに細かく切ったソーセージがたくさん入っている。これだけで、お腹がかなりふくれた。続けてメインディッシュのカニコロッケが出てきた。大きなコロッケが2個、皿の上に載っている。僕は日本でよく食べるカニクリームコロッケのようなものを想像していたが、まったく異なっていた。パン粉をつけて揚げた衣にナイフを入れると、カニ肉が噴き出してきた。材料はタラバガニの缶詰のようだ。カニ肉を堅く握って、それにパン粉の衣をつけて揚げたようだ。マヨネーズをつけて食べるとなかなかおいしい。ソ連旅行中にも一度も食べたことのない料理だった。同席の3人もカニコロッケを食べている。

「ソ連はメシがうまくないという話を日本で散々聞かされていたけれどそうじゃなかったよな」と1人が言う。

残りの2人がうなずいた。そのうちの1人が「これなら新婚旅行はソ連にしてもいいな」と言うと、別の1人が「相手を見つけるのが先だろう」と茶々を入れる。そして3人で楽しそうに話している。

ウエイトレスが「コーヒー、オア、ティー」と尋ねた。全員が「コーヒー」と答えた。ウエイトレスはコーヒーとともにデザートのアイスクリームを運んできた。スグリのジャムが山のようにかかっている。3人はスプーンで、アイスクリームを溶かしながら食べている。好奇心が抑えられなくて僕は、「どうしてアイスクリームを溶かしながら食べるのですか」と尋ねた。

「一緒に山を登ったロシア人に、アイスクリームをそのまま食べると喉に対する刺激が強すぎるので、少し溶かしてから食べるといいと言われた。試してみると、こうして食べる方がおいしいのでそうしている」とさっきソ連は食事がおいしいという話をしていた学生が答えた。その後、3人でまた内輪の話を始めた。

僕は、アイスクリームを食べ終え、コーヒーを飲み干すと「お先に失礼します」と言って席を立った。3人もだまって会釈をした。

船の後方の甲板に出てみた。大きな仮設プールが置かれていた。幅は10メートル四方くらいだが、深さは2メートルくらいある。飛び込み台が設けられていて、泳ぐよりも飛び込みを楽しんでいるようだ。プールにいるのは、ヨーロッパ系の男女だ。水着から判断して、ソ連人ではないようだ。

「楽しそうにしていますね」と日本語で女性から声をかけられた。

「ソ連人ではないようですね」と僕は尋ねた。

「ポーランド人の代表団です。ハバロフスクからナホトカまでの列車で一緒でした。ソ連人と比べるとかなり陽気です」と答えた。

彼女は神奈川大学の学生で、夏休みを利用して、ナホトカ航路を使ってヘルシンキに出て、ヨーロッパの美術館を回ったそうだ。僕がスイスからドイツを経て、東欧とソ連を旅行したという話をすると、彼女は「私も今度は東ヨーロッパの美術館を回りたいと思っている」と言うので、僕は自分の旅行の経験について話した。

2人で話をしていると、「僕も入れてもらっていいですか」と男性が声をかけてきた。「どうぞ」と僕たちは答えた。この男性と知り合ったことで、僕は後でちょっとしたトラブルに巻き込まれることになる。

「君はどこの大学？」と男性が尋ねた。

「大学生ではなく、高校生です」と僕は答えた。

「どこの高校」

「埼玉県立浦和高等学校です」

「進学校だね」

「まあ、そう言われています」

「僕の大学にも浦高出身者は何人かいる。もっとも僕の友人の中にはいないけどね」とその男性は言った。

「どこの大学ですか」と僕は尋ねた。

「北海道大学だ。学部は文学部だけれど、去年、卒業した」

「今は、どこでお仕事をされているのですか」と神奈川大学の女子学生が尋ねた。

「仕事には就いていない。ただし、無職というのとはちょっと違うような気がする。無業という方が正確だ」

「無業？」と女子学生が尋ねた。

「特定の仕事をしていないということだ。人は働かなくては食べていくことができないので、アルバイトは適宜している」

「将来はどうするつもりですか」と女子学生が尋ねた。

「大学院に進むか、それとも本格的に就職するかについて考えている。向こうにベンチがあるので、座って話をしないか」と元北大生が尋ねた。

女子学生と僕は、うなずいて、元北大生についていった。

元北大生は半年くらい日本を離れてヨーロッパ各地を旅行していたという。いろいろ話をしているうちに、「あれっ」と思うことがあった。

8月4日にマレーシアのクアラルンプールで、日本赤軍のメンバーがアメリカ大使館とスウェーデン大使館に人質をとって籠城した事件があった。日本赤軍は、拘置所に勾留もしくは刑務所で服役している過激派の7人を釈放することを要求した。三木武夫首相は日本赤軍の要求を受け入れ、超法規的に7人を釈放し、出国させることを決定した。ただし、保釈中の1人とあさま山荘事件で逮捕、勾留されていた坂口弘は釈放と出国を拒否した。残る5人は日本政府が準備した特別機でリビアに向かった。この事件について、僕はハンガリーにいるときに、日本大使館の書記官から概要を電話で教えてもらった。

「坂口弘は、日本に残っていたら、確実に死刑になるでしょう」と女子学生が尋ねた。

「現行法の下ではまず間違いない」と元北大生が答えた。

「死刑になることがわかっていながら、裁判を受けなくてはならないと日本にとどまったのは立派ですよね」と女子学生が同意を求めた。

「そうかな。僕は全然、立派だとは思わないよ」と元北大生は言った。

「どうしてですか」と僕が尋ねた。

今度は僕と元北大生の間でのやりとりになった。

「坂口弘は、革命に命を賭けたわけだろう」

「それはそうだと思います」

「ならば、初志を貫徹すべきだ。現時点での自分の闘争の場は、法廷だなどというのは言い逃れに過ぎない。ブルジョア法廷で、連合赤軍事件の真実が明らかになるはずはない」

「どうしてですか」

「国家権力の目的は、坂口たちを断罪して死刑にすることだけだからだ。そんな法廷に付き合っていても、国家権力とマスコミによる反過激派キャンペーンに巻き込まれるだけだ」

どうもこの元北大生には確固たる信念があるようだ。僕は質問を変えてみた。

「中ソ論争についてはどう考えますか」

「どちらも間違っていると思う。しかし、強いて言うならば、中国の方が少しましだ」

「どうしてですか」

「中国にはまだ大衆路線が生き残っているからだ。文化大革命は、中国共産党内の権力闘争によるものだけど、そこで大衆のエネルギーが示されていることは評価できると思う。ソ連共産党の官僚たちは、大衆のエネルギーが結集することを徹底的に押さえ込んでいる。君もソ連を旅行していて、革命的な息吹は感じなかっただろう」

「共産党のスローガンは、あちこちで見ました。モスクワ放送局の人たちと話していても、ソ連は西側との平和共存を本気で考えているのだと思います」

「フルシチョフが始めた平和共存路線は根本的な間違いだ。ソ連が真剣に共産主義革命を志向するならば、アメリカや日本などの帝国主義国との平和的共存など考えないはずだ。あるいは、戦術的な方便として、平和的共存を主張することはありうる。しかし、資本主義国における革命を支援することが社会主義国の任務だと思う」

「それじゃソ連はもはや社会主義国ではないということでしょうか」

「その点についてはいろいろな考え方がある。ソ連は腐敗しているけれども社会主義国だという考え方もあるし、社会主義とは関係のないスターリン主義国家あるいは社会帝国主義国家と考える人たちもいる。今回のソ連旅行を通じて、僕はソ連が資本主義国家と基本的に変わらない一種の帝国主義国家だという認識を強めた」と元北大生は言った。

僕も今回、ソ連と東ヨーロッパの旅行を通じて、資本主義国も社会主義国も大きな違いはないという認識を抱いた。特にポーランドのワルシャワで訪れた労働者家庭での経験、ハンガリーでフィフィの家に泊まり、一緒に旅行したことを通じて、またブダペシュトのマルギット島で出会った東ドイツからやってきたブラウエル一家とのやりとりを通じ、人間はどの国に住んでいても大きな違いはないということに気付いた。同じ社会主義陣営に属していてもフィフィ一家はルーマニアを嫌っていたし、1956年のハンガリー動乱を経験しているのでソ連に対しても親近感は持っていなかった。それでもフィフィ一家は、ハンガリーの社会主義政権を心底支持していた。僕は今回の旅行で感じたことを元北大生に率直に話そうかと思ったが、理解されないだろうと思って、黙っていた。

僕はこの元北大生に踏み込んだ質問をしてみることにした。

「学生運動をやっていましたか」

元北大生はしばらく沈黙した後で答えた。

「やっていた。僕は革マル派のシンパだった」

「北海道大学は、革マル派の拠点校だという話を聞いたことがあります」

「革マル派だけでなく、ブント（共産主義者同盟）や民青（日本共産党系の日本民主青年同盟）の学生も多かったよ。僕が北大に入学した5年前は学生運動の最盛期だった」

「内ゲバについてはどう思いますか」

「内ゲバというのは、警察やマスコミが反過激派キャンペーンのために作った言葉だ。正しくは党派闘争だ」

「党派闘争？」

「そうだ。革命を目標とする党派間では、必ず路線闘争が出てくる。それは理論面の論争にとどまる場合もあれば、組織的な対決に至る場合もある。それに対して、当事者ではない外野の人々がとやかく言うのはおかしいと思う」

　神奈川大学の女子学生が、不愉快そうな顔をして僕と元北大生のやりとりを聞いていた。そして、「うちの大学でも青いヘルメットを被って、かなり激しい学生運動をしている人たちがいるけれども、私は全然共感を覚えないわ」と言った。

　今度はこの女子学生と元北大生のやりとりになった。

「それは解放派（社会党・社青同解放派、青いヘルメットを被る）の路線が間違っているから、一般学生から遊離するんだ」と元北大生は言った。

「私はそうは思わないわ。どこのセクトでも、一般学生の共感を得られないのは共通の要因があるからよ」と女子学生が反論した。

「共通の要因とはなんだ」

「セクトの論理にとらわれて思考が停止してしまうからだわ。私だって、現在の日本政府が正しいとは思わないし、アメリカの外交政策は間違いだらけだと思うわよ。同時にソ連や中国の外交政策にも賛同できない。国家の論理からもセクトの論理からも離れた自由な発想を持ちたいわ。私は美術館巡りをしているときがいちばん幸せ。自由を実感できるわ」

「そういう抽象的な自由は……」と元北大生が言ったところで、女子学生は「抽象的であっても自由は自由よ。これ以上、こんな話をしていても時間の無駄だから、この辺にしましょう」と言って、話を切り上げた。

時計を見ると2時少し前なので、僕は図書室に映画を見に行った。上映されていたのは『十月のレーニン』だった。1937年のソ連映画だ。日本で見たことがあるので、字幕がなくてもストーリーを理解することはできた。僕は映画を最後まで見たが、観客は10人もいなかった。映画が終わった後は、図書室の椅子に座ったまま記憶を整理していた。夏休みのほとんどすべてを使ったこの旅行も明日で終わる。この40日の間にいろいろなことがあった。1日が1年のように感じたことも何度もあった。来週からは、学校が始まり、普通の高校生活に戻らなくてはならない。しかし、何となく普通の生活には戻れないような気がしてきた。浦高では、教師も生徒も勉強の話はほとんどしない。特に大学受験については何も言わない。しかし、誰もが大学受験を強く意識している。僕は、以前から中学校の英語教師になりたいと思っていたので、大学は教育学部、外国語学部あるいは文学部の英文学科に進みたいと思っていた。しかし、今回の旅行を経て、自分の将来がどうなるか、よくわからなくなってきた。大学では哲学か思想を勉強したくなった。人間はなぜ異なった思想を抱くようになるのかという問題を研究してみたいと思う。さらに、人間とは何かという問題をもっと掘り下げて考えてみたくなった。浦高に戻ると大学受験に向けた勉強のレールに乗らなくてはならない。

この夏休みにも池田書店から出ている浦高の教師が作った数学Iの問題集から、100題が指定されている。9月1日の始業式の日に試験が行われる。先輩の話だと100題の指定された問題から10題がそのまま出題されるという。準備をしておけば、間違いなく100点が取れる。決して難しい問題ではないが、初めて解くと、1題あたり20分はかかるので、時間切れになる。あらかじめ解法を暗記して、50分の試験時間内に再現しなくてはならない。この試験を通じて「数学は暗記科目だ」ということを生徒に実感させることを数学教師たちは狙っているのだろう。記憶力がいい生徒は、浦高にいくらでもいる。同級生のほとんども、この夏休みは数学の練習問題を繰り返し解いて、頭に叩き込んだであろう。僕も数学の問題集を持ってきて、時間を見つけて解いた。100題の課題のうち、50題はすでに解いて頭に叩き込んだ。しかし、これから3〜4日間で、あと50題を解いて覚えることは不可能だ。試験結果はさんざんなものになるだろう。だからと言って、今回の旅行をせずに、家で机に向かって数学の問題集を解いていた方が良かったとは思わない。他の浦高生から見れば、夏休みをまるまる旅行するなんて、論外だろう。多くの同級生が東京の予備校の夏期講習に通い、受験の準備をしているはずだ。

夕食は指定された時間よりも30分遅れの8時にレストランに行った。そうすれば同室の大学生3人組は、先に食事を済ませていると思ったからだ。実際、3人は既に食事を済ませていたので、僕は1人でテーブルに着いた。冷たい前菜は首都風のポテトとチキンのサラダで、温かい前菜はマッシュルームのグラタンだった。メインは羊肉のシャシリク（串焼き）かビーフストロガノフなので、後者を選んだ。ビーフストロガノフの付け合わせをマッシュポテトにするかバターライスにするか聞かれたのでバターライスにした。食事はいずれもおいしかった。特に付け合わせのバターライスが絶品だった。少し固めに炊いた米に無塩バターをからめて、パセリのみじん切りをふりかけてある。これが、サワークリームで煮込んだ細切り牛肉とよくあった。食後のデザートはアイスクリームだったが、お腹が一杯なので断って、紅茶を飲んだ。紅茶にはスグリのジャムがたくさんついてきたので、スプーンにジャムをとって舐めながら紅茶を飲んだ。

食後、バーに行ってみることにした。酒匂さんに会えるのではないかと思ったからだ。今日の昼の元北大生とのやりとりを報告して、酒匂さんの意見を聞いてみたいと思った。バーに行くと酒匂さんがカウンターに座ってウイスキーをオン・ザ・ロックで飲んでいた。隣の席が空いているので、僕は「ここに座ってもいいですか」と声をかけると酒匂さんが「あなたが来るのを待っていた」と答えた。

51

僕は元北大生から聞いた話を、酒匂さんにできるだけ正確に報告した。話が終わると酒匂さんはしばらく沈黙した。それから僕にこう言った。

「あまり質のよい人間ではないから関わらない方がいい」

「質がよくないとはどういうことですか」

「まず初めて会ったあなたに『自分は革マル派のシンパだ』と言うあたりだ」

「通常は隠すのでしょうか」

「隠す。特に革マル派は警戒心が強いので、余計なことは言わない。北大では確かに革マル派の影響が強い。理論的な関心が強い学生が革マル派に惹かれること自体は珍しくない。その元北大生の年齢から判断すると、大学に入学した頃が学園紛争のピークだったと思う。それで革マル派系学生運動の周辺にいたのだと思う。そうすれば、革マル派の反スターリン主義的な理屈で国際情勢を説明することは、簡単にできるようになる」

「そんなものですか」

「そんなものだ。だから、その元北大生が知的に秀でていると勘違いしない方がいい」

「わかりました」

「恐らく大学時代にはきちんと勉強もせず、また付き合ってた学生運動活動家たちから『あいつは日和(ひよ)った』と見られるのが嫌で、就職活動をしなかったのだと思う」

「そういう人はよくいるのですか」

「よくではないが、ときどき目にする。その元北大生もそういったカテゴリーに含まれるのだと思う。そして、日本での人間関係が煩わしくなって、アルバイトで金を貯めて海外に出たのだと思う。これもときどきあるタイプだ」

「そういう人は卒業後、どうなるのでしょうか」

「大手企業に就職することは難しい。また教員免許も持っていないだろうから、教師になることもできない。しかし、中小企業に勤めるのは、世間体がよくないのでしたくない」

「労働者になって運動をするという発想はないのでしょうか」

「ないと思う。そういう選択をするならば、とっくにしていたはずだ」

酒匂さんの話を聞いて確かにそうだと思った。昼に元北大生と話をしたときは、「よく勉強している人だ。しかし、この人の言うことには違和感を覚える」と思っていた。だから、酒匂さんと話をしているうちに、元北大生の話自体がたいしたことではないと思えるようになってきた。

「そういう人たちはどこに就職するのでしょうか」

「学習塾が多いと思う」と酒匂さんは答えた。

「なぜですか」

「北海道大学に入学できたのだから、高校まではきちんと勉強していた。少し復習すれば、知識が甦ってくる。学習塾は講師の前歴を問わない。上手に教えることができて、生徒を志望校に合格させることができるならば、どのような人でも採用する」

僕は中学生のときに通っていた学習塾の教師のことを思い出した。数学の教師は、東大全共闘の活動家だったが、過去の学生運動について自慢話のようなことは一度もしなかった。印象に残っているのは、その教師が「人生では逃げなくてはならないことがある。そのときは自分は逃げたという認識をきちんと持つことだ。逃げていないと強弁や合理化をしてはならない」と言ったことだ。酒匂さんにこの数学教師の話をした。

「その先生は、時代に対する責任を感じている。学生時代に一生懸命に運動をしていた人は、社会に出てからも自分が直面している問題と正面から取り組む。若い学生をつかまえて、昔の自慢話をするようなことはない」

この話を聞きながら、酒匂さんも学生時代は学生運動に参加したのではないかという印象を僕は一層強めた。しかし、酒匂さんにはそのことについて尋ねるのはいけないような気がして黙っていた。

「さて、日本に戻ったら、すぐに学校が始まるね」と酒匂さんが言った。

「そうです。初日に数学の試験があります。問題集から100問が指定されています。先輩の話だとまったく同じ問題が10問出るということです。準備をきちんとしていれば満点が取れるが、まったくしていないと2〜3問を解いているうちに時間切れになるという話です」

「進学校に典型的な数学の勉強法だね。数学は暗記科目だという発想だ」

「暗記科目ですか」

「そうだ。解法のパターンを１０００以上覚えていれば、入試では必ず類題が出る。そこで着実に点を稼ぐという手法だ」

「確かにそうだと思います。ただし、今回、僕は準備がほとんどできていません」

「でも何とかなるだろう」

「問題を半分くらいしか解いていません。きっと50点くらいしか取れません」

「それはいいことだと思うよ」

「いいこと？」

「そうだ。浦高のような進学校に通う生徒は自分は頭がいいという自負を持っている」

「そうでしょうか。僕は持っていません」

「そうじゃないと思う。自分は頭がいいと思っていることを隠す知恵がある生徒と、むき出しにする生徒の違いがあるだけだ」

言われてみると確かにそうだと思う。大部分の浦高生は自負心を隠している。「自分は頭がいい」ということを誇示する人は嫌われる。しかし、そういう人は、あえて自分を追い込んで、勉強する環境を作っているのかもしれない。

「そう言われてみると、そんな感じがします」

「先生たちは、大学入試についての話はほとんどしないだろう」と酒匂さんが尋ねた。

「ほとんどというか、まったくしません」と僕は答えた。

「よくわかる。文系クラスを作らないのと、先生たちが大学入試についての話をまったくしないのは、恐らく同じ理由による」

「どういうことでしょうか」

「浦高の生徒たちが競争を過剰に恐れているからだ。文系クラスを作ると、それは数学ができない落ちこぼれのクラスと見なされ、そのクラスの生徒が勉強しなくなる。また、入試の話をしないのは、生徒がみんな大学入試で頭がいっぱいなので、教師がその話をする必要がないのと、プレッシャーを生徒にかけると、逆効果になることがわかっているからだ」

酒匂さんの指摘はその通りだと思った。浦高の同級生はもとより、先輩たちも大学受験の話はまったくしない。教師も「そんな学習態度だと志望校に合格しない」などという話はしない。それは浦高生が受験を意識していないからではない。逆に受験を過剰に意識しているので、話題にしないのだ。それから浦高では、新入生歓迎10キロマラソン、臨海学校での遠泳、古河競歩大会（51キロメートル）、ラグビー大会、サッカー大会など体育行事が異常に多い。毎日のように走らされる。これも、「浦高の生徒は勉強ばかりしていて、体育が苦手だ」という世間のイメージを過剰に意識しているからだ。あの学校の特徴は「過剰さ」にある。

「確かに浦高生は過剰に競争を恐れていると思います」

「運動部に入っている生徒の方が成績がいい傾向がないか」と酒匂さんが尋ねた。

「確かに、運動部に入っている生徒の方が難関大学に進学する傾向が強いです。ただし、浪人が多いです」と僕は答えた。

「現役と浪人の比率はどれくらいか」

「浪人が6割を超えていると思います」

「どの学校でも運動部にいると時間が足りなくなるので、現役で志望校に入るのは難しくなる。もっとも短時間で効率的に勉強するコツを身につけている生徒は、現役で合格する」

「そのコツとは何ですか」と僕は尋ねた。

「授業にきちんとついていくことだ」

「授業についていく？」

「そうだ。数学や理科、英語、古文、漢文は積み重ね方式で勉強しないとならない。基礎でどこか欠けている部分があると、授業についていけなくなる」

「確かにそう思います。特に英語と数学で、中学時代と較べると覚えなくてはならないことが増えています」

「これからもっともっと増えていく。理解した上で暗記することが高校の勉強では要請される」

「確かに先輩たちも数学は暗記科目だと言っています。英語も古文も漢文も社会科も理科も暗記科目ですから、暗記科目でないのは現代国語だけになります」

「そうかもしれない。大学受験に奇跡はない」

「どういうことですか」

「現役ならば18歳、1浪ならば19歳、2浪ならば20歳の時点での学力が正確に反映される」

「そういうものでしょうか」

「そういうものだ。まぐれで合格したという話をする生徒がいるが、それは猛勉強をしていることが知れると格好悪いと思っているからだ。大学入試、特に難関大学の場合にまぐれで合格することは絶対にない。実力があるから合格したのだ」

「よく肝に銘じておきます」

「逆に、試験当日に実力を十分に出すことができずに不合格になったという話も額面通りに受け止めたらいけない。そういう生徒は、自分が勉強していなかったことを見ないで言い訳しているに過ぎない」

「それはわかります」と僕は答えた。

酒匂さんの話を聞いて、僕は志望校に落ちても「実力を十分に出すことができなかった」という言い訳だけはしないでおこうと思った。

「あなたは運動部に入っているか」と酒匂さんが尋ねた。

「運動部ではありませんが、応援団に入っています。授業が午後3時に終わった後、運動部棟にある団室に3時10分までに集まります。運動服に着替えて、まず10キロ、駆けます」

「毎日か」

「日曜日と祝日を除く毎日です」

「それはたいへんだ。運動部並みだ」

「運動部ほど厳しくありません。運動部は大抵7時、ラグビー部は9時まで練習をしていますが、応援団は駆け足の後、発声練習と型の訓練をして、5時には帰宅します。ただし、僕はそれから生徒会本部に行きます」

「生徒会の役員をやっているのか」

「そうです。会計を担当しています。生徒会の仕事は6時頃に終わるのですが、それから文芸部室に移動します」

「そうすると、あなたは、応援団、生徒会、文芸部の3つを掛け持ちしているわけだ。忙しくなりすぎないか」

「そうでもありません」

「文芸部にはどうして入ったのか」

「生徒会の会長と副会長が文芸部に入っているので、僕も入りました」

「小説や詩を書くのか」

「僕は書きません、というか才能がないので書けません。短歌を詠む人や長編小説を書く人など文芸部には才能のある人がたくさんいます。僕は、『君は僕たちの書いた作品を読んで、意見を言うだけでいい』と言われて入りました。先輩の議論についていくために、いろいろな本を読まなくてはなりません」

「どんな本か」

「カミュ、サルトル、セリーヌ、ドストエフスキー、谷崎潤一郎、芥川龍之介、太宰治、安部公房、遠藤周作、高橋和巳、野間宏、五味川純平などいろいろ読まされました」

「時間が足りないだろう」

「足りません。文芸部室には、みんな9時くらいまでいます。それでいろいろな議論をしています」

「雑誌は出しているのか」

「出しています。『狂誌』というガリ版刷り雑誌を毎月出しています」

「それは面白い。文芸部員は将来、何になりたいと言っているんだ」

「中学校か高校の国語もしくは社会科の教師になりたいと言っている人がほとんどです。もっとも家業の電気工事店を継ぎたいと言っている2年生が1人います。それから、一生定職に就かずに本だけ読んで暮らしていたいという2年生が1人います」

「面白い。その2年生はどんな本を読んでいるんだ」

「梶井基次郎や泉鏡花をいつも読んでいます。太宰治は嫌いだと言っていました。それから、サルトルが好きです。思想に関心があるならばサルトルの『方法の問題』をまず読めと言って貸してくれました。無理して通読しましたが、さっぱり内容が頭に入っていません」

「『方法の問題』は難解だ。『弁証法的理性批判』を先に読んだ方がいいかもしれない。その先輩は、サルトルのテキストの内容を理解しているようか」

「理解していると思います。僕が質問をすると、わかりやすく説明してくれます」

「他人にわかりやすく説明できるということは、内容がよく理解できているからだ。そういう友だちはたいせつにした方がいい」

「文芸部は、雰囲気が応援団や生徒会本部とは全然違うんです」と僕は言った。

「どういうふうに」

「応援団は、先輩には敬語を使い、先輩は後輩を呼び捨てにします。また、3年生が来る前に下級生は団室に集まり、僕たち1年生は、2年生、3年生よりも先に帰ることはできません。もっとも、5時までには全員が帰るというのが伝統なので、長居する先輩はいません。また、1年生は、ジュースやパンを買いに行ったりなど、先輩から用事をよく言いつけられます」

「運動部の特徴だ」

「そうなのでしょうか。父親から聞いた陸軍の内務班のようで、こういう雰囲気は好きじゃありません」

「殴る先輩はいるか」

「いません。殴ったら大問題になると思います。しかし、先輩と一緒にいるときは気が抜けないので、ひどく疲れます」

「わかるよ」

「生徒会本部は、いつも丁寧語で話し、上級生が下級生を呼ぶときも、君ではなく、さん付けです。文芸部はまったく違います」

「文芸部では後輩が先輩を呼ぶときも、呼び捨てです。学年や年齢は文学とまったく関係ない。テキストがすべてだと先輩たちは言っています。もっとも先輩と言っても、3年生は1人だけです。この人は新聞部と社会科学研究会の部長を兼ねていて、文芸部室にはあまりいません。ルカーチに傾倒しています。かなり過激な学生運動をしている大学生のグループと行動を共にしているようですが、下級生を誘うことはありません。下級生の自主性を尊重しています。2年生は8人いますが、2つのグループに分かれて仲がよくありません」

「どういう雰囲気なの」

「政治や社会の問題にはまったく関心を持たずに、小説を書いている人たちです。今の部長は、そういう人です。お父さんが商社員で、チリに長く住んでいました。日本ではアジェンデ社会主義政権が素晴らしかったとみんな言うが、実際は酷い独裁政権だったと言って、他の部員と口論になっていました。さっき話したサルトルが好きな先輩が、『自分が経験した限定的な経験を真実と考えるような奴には文学を語る資格がない』と言ったら、部長が激高して激しく言い争っていました。もっとも1年生はこういう論争よりも、SF小説の話ばかりしています」

「SF小説では誰が人気があるのか」

「なんと言っても筒井康隆です。それに次いで小松左京と星新一です。ただし、僕は豊田有恒が好きです。それから、僕が五木寛之の『さらばモスクワ愚連隊』と『蒼ざめた馬を見よ』を読んでいたら、先輩から『中間小説ばかり読んでいてはダメだ』と叱られました」

「面白い。大学の同人誌のグループのようだ。文芸部の出身者はどの大学に進むのか」

「ほぼ全員が早稲田大学の文学部を志望しています」

「早稲田幻想があるわけだ。入ってから裏切られるぞ」と酒匂さんは言った。

「しかし、現役で早稲田に合格する人は、ほとんどいないとのことです。浪人して早稲田に落ちた人は、埼玉大学教育学部に入って、中学か高校の教師を目指します」

「応援団の生徒はどこに進学するか」

「現役で東大、一橋、東工大あるいは筑波大が多いです。浪人して、地方の国公立大の医学部に進む人もいます」

「文芸部よりも応援団の生徒の方が難関大学に進む傾向がある」

「その通りです」

「しかし、本質的に頭のいい生徒は文芸部に集まっている」

「頭がいいかどうかはわかりませんが、面白い人が文芸部にたくさんいることは間違いありません」

「あなたは応援団や生徒会はつまらないと思っているだろう。できれば辞めたいんじゃないか」

「そうです。よくわかりますね」

「あなたが嬉々として文芸部について話すのを聞けば、誰でもわかると思うよ。ただし、気をつけなくてはならないことがある」と酒匂さんは深刻な面持ちで言った。

「何でしょうか」と言って、僕は酒匂さんの目を見た。

「あなたのような問題意識が先行している人は、学校の勉強を放り出す恐れがある」

「そういうことにはならないように注意します」

「いや、それは注意すれば直るというものではない。先鋭な問題意識に基づいて本を読み進めているうちに時間が足りなくなる。人間は誰もが平等に一日24時間の時間を持っている。この時間をどのように配分するかで、その人の人生が変わってくる」

「その説明はよくわかります」

「そうなると高校の勉強や受験勉強のために割く時間が不足する」

「確かにそうなりそうです」

「恐らく、浪人のときに『この1年だけだ』と気分を切り替えて、受験勉強に専心して早稲田に合格するのだろうけど、高校時代に基礎学力の欠損があると浪人の1年ではそれを埋めることができなくなる。あなたは早稲田でロシア語を勉強して、将来は中学校で英語を教えたいと言ってるけど、率直に言うと、その夢が叶わなくなるのではないかと僕は心配している」

「どういうことですか」

「学校の勉強と受験勉強を、あなたがこれから疎かにする危険があるからだ」

「どうしてそう思うのですか。9月1日に行われる数学のテストに備えて旅行中も問題集を解いていました」

「しかし、面白くなかっただろう」

「確かにそうです。退屈です」

「中学校のとき、数学は得意科目だったんじゃないかな」

「そうです」

「そのとき、数学の問題を解くのが楽しかったんじゃないかな」

「確かにそうです」

そう返事をしながら、つい半年前のことを思い出した。学校での数学はあまり印象に残っていないが、学習塾の数学の授業は面白かった。それから、模擬試験でも塾ですでに解いたことのある問題の類題が出るだけだから、成績もよかった。浦高には埼玉県内から秀才が集まっている。中学校のときと同じ調子で勉強をしていても、成績は中くらいだ。しかし、その地位を維持するためにも、毎日、数学だけで2時間は予習と復習に充てなくてはならない。そんなことをしているよりも文芸部の友だちとの議論で挙がった本を読む方がずっと楽しいし、有益だと思えた。

僕が心の中で考えていることが、酒匂さんに伝わったようだ。

「人間は嫌いなことは、いくら時間を割いても身につかないよ。身につかないと結果も出ない。結果が出ないとその科目が嫌いになる。そして、その科目が苦手になる。高校で数学と英語が苦手になるのはだいたいこのパターンだ」

「わかりました。そうならないように気を付けます」

「誤解してほしくないんだけれど、あなたの先鋭な問題意識はたいせつにしてほしい。文芸部の上下の隔てがない人間関係も、知識人となる訓練をするためにはとてもいいと思う。そこでどんどん背伸びをして本を読んでいくことには意味がある。それと同時に高校での勉強は、大学で専門的な知識を身につけるための基盤になるものだ。学校の授業や受験勉強を軽視してはいけない」と酒匂さんは強調した。

「わかりました」と僕は答えた。酒匂さんが僕の将来を本気で心配している気持ちが伝わってきた。胸が熱くなった。

だいぶ話し込んだ。バーテンダーが「閉店時間です」と言うのでバーを出ることにした。

船室に戻る途中で酒匂さんが「明日の帰国手続きは船内で行われる。これに2〜3時間かかるので、待っている間は図書室で本でも読んでいた方がいいよ」と言うので、僕は「そうします」と答えた。

その晩、船がかなり揺れた。それとともに酒匂さんから言われたことが気になって、なかなか寝付くことができなかった。眠ったのは空が白み始めてからだ。目が覚めると8月29日午前11時半だった。僕の昼食は1時半からなので、下船に備えて荷物を整理した。そして、税関告知書の記入を済ませた。通常は、アルコール3本と紙巻きタバコ2カートンが免税になるが、僕の場合は未成年なので課税される。6000円くらいが必要となる。この出費は痛いが、規則なのだから仕方ない。すぐに2時間が経ったので、食堂に行った。

前菜はスモークサーモンで、メインはフィレステーキだった。スープは、ボルシチか味噌汁の選択だった。好奇心から、味噌汁を注文した。大きな器に、タラバガニの足とわかめが入っていた。茶碗一杯の炊きたてご飯の上に海苔が2枚載っている。ウエイトレスが醬油を持ってきた。ご飯は恐らく炊飯器で炊いたのであろう。日本で食べるのと同じようにふっくらしている。味噌汁は味が薄かったが、缶詰のタラバガニの味がして、それなりにおいしかった。ご飯に醬油をかけて食べてみた。何となくほっとする。醬油の香りが日本を思い出させる。6時間後には大宮の家に着いているはずだ。

デザートのスグリのジャムがたっぷりかかったアイスクリームを食べながら、コーヒーを飲んでいた。すると「ここに座っていいかな」と声をかけられた。振り向くと元北大生だった。昨晩、酒匂さんとこの人の話を散々したことを思い出し、少し気が引けたが「どうぞ」と僕は答えた。

「いよいよ日本に戻ってきたね。荷物の整理は済んだか」と元北大生が尋ねた。

僕は荷物の整理も書類の記入も済んだが、酒とタバコが免税にならないという話をした。

「おかしな規則だ」と元北大生が言った。

「しかし、規則である以上、従わなくてはなりません」と僕は言った。

「そうかな。君の考え方は間違っている」と元北大生は言って、話を続けた。

52

「国家が定める規則は、個人と合意した上で、初めて成り立つ。そう思わないか」

「そう言われればそうです。しかし、民主主義的に選ばれた議会で法律が採択されます。その法律には従わなくてはなりません」と僕は答えた。

「形式的には確かにそうだ。しかし、おかしな規則に僕たちが従う必要があるのだろうか」

「………」

「君は未成年だけど、お父さんのお土産の酒とタバコを持っている。なぜそれに税金を払わなくてはならないのか」

「未成年者は酒を飲んだり、タバコを吸ったりすることが禁止されているからです」

「確かに禁止されている。しかし、大学の1〜2年生のほとんどは酒も飲むし、タバコも吸う。それで警察に捕まることはもとより、大学で処分を受けたなんていう話は聞いたことがない」

　確かにこの元北大生の言うとおりだと僕は思った。

「僕は、酒もタバコもまったく持っていない。君の土産を僕が預かって、後で君に渡すよ。そうすれば君は税金を払わないで済む」と元北大生は言った。

「確かにそれはそうですが、まずいんじゃないでしょうか」と僕は尋ねた。

「まずい？　どこに被害者がいるんだ」

「そう言われてみると被害者はいません」

「僕は君に何か謝礼を寄越せと言っているんじゃない。善意で提案しているんだ」

「それはわかります」

「ここで政府が一方的に作った規則なんかに縛られずに、自分で考えて判断してみるといい。不必要なカネを政府に対して支払う必要はない」

話をしているうちに元北大生の言うことが正しいように思えてきた。

「それではお願いします」と僕は言って、トランクに詰めたハンガリー産のトカイワイン2本とソ連製タバコ「Tu－134」2カートンを取り出して、元北大生に渡した。

「税関を出た後で、返すよ」と元北大生が言ったので、「わかりました。どうもありがとうございます」と僕は答えた。

入国審査と税関検査は船内で行われた。入国検査官がパスポートとホチキスで留めてある入国カードにスタンプを押した。隣に検疫と税関のテーブルがあった。検疫官が「体調の悪い方はおっしゃってください」と呼びかけているが、反応する人はいない。税関検査では、ブハラで絨毯を買った高校教師夫妻が、職員にいろいろ説明をしていた。僕は、すべての申告項目について、「なし」と書いた書類を職員に渡した。船を下りて、大桟橋の待合室に入ると元北大生が待っていた。2人でベンチに座った。

「何も尋ねられませんでしたか」と僕は尋ねた。

「もちろんだ。悪いことをしているわけじゃない」そう言って元北大生は、周囲を見渡した。

つられて僕も周囲を見渡した。誰も僕たちの方を見ていない。元北大生はリュックサックからワインとタバコを僕に渡した。スーツケースを開けると目立つと思い、アタッシェケースを空にしておいた。ワイン瓶2本とタバコ2カートンが余裕で入った。

「少し時間をずらして外に出た方がいい。僕が先に行く。僕の姿が見えなくなってから、君は外に出るといい」

僕は黙ってうなずいた。心配することはなかった。税金を払わずに少し得をした気分になった。

元北大生の姿が見えなくなったので、僕も待合室の外に出ることにした。待合室を出て、バスの停留所に向かおうとしたところで、後ろから声をかけられた。

「佐藤さん」

振り向くと白いワイシャツ姿の男性と白いブラウスを着た女性がいる。

「ちょっとお話を聞かせてください」と男性が言った。

「はい」と僕は答えた。

「待合室で物品の受け渡しをしなかったでしょうか」

まずいことになったと思った。周囲を見回してみると、僕の斜め後ろで元北大生が白いワイシャツ姿の男性2人と話をしている。

こういうときは嘘をついてはいけない。

「はい、しました」と私は答えた。

「何を受け取りましたか」と男性が尋ねた。

「ワイン2本とタバコ2カートンです」

「あなたが預けたものですか」

「そうです。税金を払えばいいのでしょうか」と僕は尋ねた。

「ちょっと待ってください」と言って、男性が女性の方を向いて相談を始めた。女性が「待合室の外に出たのだから事務所に来てもらわないと」と小声で話しているのが聞こえた。何か深刻なことになるのだろうか。逮捕されるのではないかと心配になってきた。

「少し手続きがあるので、事務所に来てください」と男性が言った。

僕は黙って2人についていった。

部屋は事務机が十数台あるごく普通の事務所だった。僕より先に事務所には元北大生が着いていて、事務机の椅子に座っていた。男性が僕に隣の椅子に座るように勧めた。

「2人は昔からの知り合いですか」と男性が尋ねた。

まず僕が「いいえ。バイカル号の船内で知り合いました」と答え、それに続いて元北大生が「そうです」と答えた。

それに続いて男性は、僕の方を向いて尋ねた。

「あなたはこの人に何か自分の物を預けましたか」

「はい」と僕は答えた。

「預けた物は何ですか」

「ワイン2本とタバコ2カートンです」

「それ以外に預けた物はないですか」

「ありません」

「わかりました」

男性は今度は元北大生の方を向いて、尋ねた。

「あなたはこの人から何か物を預かりましたか」

「はい」

「それは何ですか」

「ワイン2本とタバコ2カートンです」

「それ以外に何か預かりましたか」

「いいえ」

「先ほど、あなたはここの待合室で預かった物、つまりワイン2本とタバコ2カートンをこの人に返しましたか」

「はい返しました」

男性はもう一度僕の方を振り向いた。

「あなたは預けた物を返してもらいましたね」

「はい」

「事実関係については、現在、私が述べたことで間違いないですね」と男性が僕の方を向いて話した。

「はい、間違いありません」と僕は答えた。

男性は、元北大生の方を向いて「事実関係に間違いはないですね」と尋ねた。元北大生も「間違いありません」と答えた。

税関の女性が「それでは別々に話を聞きましょうか」と言って、元北大生を離れた場所に連れていった。

「ソ連に一人旅だったんですか」と男性が尋ねた。

「ソ連だけでなく、東ヨーロッパやスイスにも行きました」と僕は答えた。

「偉いですね」と男性は言った。

「いや、こんなことになって済みませんでした」と僕は答えた。

「規則を守ってもらうのは、私たちの仕事なので、悪く思わないでください」

「悪くなんか思っていません。これで前科になるのでしょうか」

「なりません。これは行政罰といって、いわゆる前科がつく刑事罰とは違います」

「行政罰？」

「そうです。駐車違反やスピード違反と一緒です。あなたには事実関係について争って裁判をするという方法もありますが、事実関係について争わず、反則金を納めるという方法もあります。事実関係について争わないならば、この場で書類を作成して、反則金を払ってもらえばすべて終わりです」

「反則金はいくらくらいですか」

「6000円くらいだと思います。それから、学校や御両親に通報することはありません。あとで、これからとる調書の写しがあなたに宛てて郵送されます。それですべて手続きは終わります。裁判で争いますか。それとも事実関係を認めて、反則金を払いますか」

「事実関係を認めて反則金を払います」と僕は答えた。

両親に通報されても仕方がないと思ったが、学校には通報されないという話を聞いてほっとした。

「わかりました」と言って、男性は僕の方を向いて、「これから調書を作成します。あなたには自分にとって不利になることを話さないでいい黙秘権があります」と告知した。テレビドラマで見た取り調べのときのシーンと一緒だ。深刻な事態になっていると思った。普通に税関申告をして、6000円くらいの税金を払えばよかったと思った。しかし、後悔先に立たずだ。男性が、元北大生に荷物を預けて受け取るまでの経緯を尋ねたので、事実関係をそのまま述べた。男性は、話を聞きながらメモを取った。その後、こんなやりとりがあった。

「荷物の受け渡しについては、2人で相談して決めたことですか」

「はい」

「荷物を預けたことの目的は、酒とタバコにかかる関税を免れるためですか」

「はい」

「荷物を預けることに関して、元北大生に謝礼を支払うことを約束しましたか」

「いいえ」

「税関規則に違反したと思っていますか」

「思っています。どうも済みませんでした」

「わかりました。それではあなたの話を元に調書を作成するので、少し待っていてください」と言って、男性はB4判2つ折りの薄い紙に黒いカーボン紙を挟んでボールペンで何かを書き始めた。書類は30分ほどでき上がったが、数時間のように感じられた。

「それではこれから調書を読み上げます」と言って、男性が書類を早口で読んだ。

「今、朗読した内容に対して異議はありませんね」

「ありません」と僕は答えた。

「印鑑を持っていますか。三文判で構いません」

「持っています」

「それでは、ここに署名をして、印鑑を押してください」

僕は署名をして印鑑を押した。

「ここにあるワイン2本とタバコ2カートンは、残念ですが、没収することになります。特にこのワインは有名なトカイワインですね」

「そうです。ブダペシュトのペンフレンドの両親からもらった土産です」

「そうですか。何とかしてあげたいのですが、規則なので申し訳ございません」

「没収したワインとタバコはどうなるのですか」

「廃棄することになります」

「お金を払って買い戻すことはできないのですか」と僕は尋ねた。

「申し訳ございませんが、できません。規則なので、理解してください」と男性が言ったので、僕は「わかりました」と答えた。

「反則金は6000円になります。この場で納めることもできますし、後で銀行から納付することもできます」

「この場で納付します」と僕は答え、財布から6000円を出して、男性に渡した。

そこに女性がやってきて小声で「どうも電車代以外のお金を全く持っていないようです」と小声で言った。その後、2人は少し離れた場所に行って話をした。男性が僕の方に戻ってきた。

「実は、相談があるのですが」

「何ですか」

「これから言うことは相談ですので、断ってもらっても構いません」と男性は言った。

「どういう相談ですか」と僕は尋ねた。

男性の相談とは、元北大生に金の持ち合わせがないので、反則金を僕が貸すことができないかという話だった。

「いいですよ。6000円ですか」

「そうです」と男性は答えた。

僕は財布から6000円を出して、男性に渡した。

「それでは、手続きはこれですべて終わりです」と言って、男性と女性が玄関まで僕を送ってくれた。僕が「どうも済みませんでした」と言うと男性と女性は「お疲れ様でした」と言って、事務所に戻っていった。元北大生を待とうかと一瞬思ったが、これ以上、関わり合いになる必要はないと思い直して、バスの停留所に向かった。

元北大生は船の中では、「おかしな規則に僕たちが従う必要があるのだろうか」と言っていたが、反則金を払ったことから判断すると、一切、争わなかったようだ。あのとき僕に言ったことも、信念を持っていたわけではなかった。酒匂さんが、元北大生には気をつけた方がいいと言っていたことを思い出した。

ちなみにそれから1カ月くらいして、税関から現金書留が届いた。反則金の計算を間違えたので、取り過ぎた分を返金するという内容で、1000円札が3枚同封されていた。元北大生にも3000円が返金されたのだろう。船内で元北大生と住所を交換したが、この人から連絡は一切なかった。6000円も貸し付けたままになった。

バスの停留所に行くと、次のバスが来るまで1時間くらい待たなくてはならなかった。税関に3時間くらいいたのだろうか。既に空は暗くなりはじめていた。持っているスーツケースがとても重く感じられた。停留所の横に電話ボックスがあるので、そこから家に電話をした。すぐに母が出た。

「予定よりも船が遅れたの？　港に電話をして聞いてみようと思っていたところなの」

「船は定刻通りに着いたけれども、税関でトラブルになって3時間くらい留め置かれた」

そう言った後、僕は、今、起きたことを簡潔に母に報告した。

「そういう話はいいから、すぐに帰ってきなさい。そこにタクシーが停まっているでしょう」

「停まっている」

「それじゃ、すぐタクシーに乗って帰ってきなさい」

「わかった」

「何が食べたい」

「お腹は空いていない」

「とにかくすぐに帰ってきなさい」と言って母は受話器を置いた。

タクシー乗り場で運転手に「埼玉県の大宮市まで行ってほしいんですけど」と尋ねた。

「いいけど、1万2000円くらいかかるよ」と運転手が答えた。

僕は財布の中を見た。8000円くらいしかない。後、ドルが200ドルくらい残っている。

「日本円は8000円しかないんですけれど、残りはドルでもいいですか」

「ドルは取らないよ。もう銀行も閉まっているし」

「家に帰って、母に残額を支払ってもらうことでも構いませんか」と僕は尋ねた。

「俺はそれでいいよ。ただし、大宮駅まで行くけれど、その後はあんたが案内してくれよ」と運転手は答えた。

「わかりました」と僕は答えた。

税関でのトラブルについては、誰にも言う必要はないと思っていたが、どうしても誰かに話したくなり、僕は運転手に詳細を話した。

「そりゃ運が悪かったね」

「運が悪かった？」

「そうだ。免税枠の残っている人に、酒やタバコを預けるのは、みんなやっていることだぜ」

「そうですか」

「待合室で受け渡しをしたのがまずかった」

「どういうことですか」

「待合室には、税関の連中が乗船客を装って内偵している。あそこで荷物の受け渡しをするなんて、捕まえてくれと言っているようなもんだ。タクシーの中で受け渡しをすれば、何の問題もなかった」

「タクシーの中で密輸品の受け渡しがあるのですか」

「よくあるよ。俺たちは、そんなことを見ていても税関にチクるようなことはしないからね。ほんとうに運が悪かったね。まあ、お兄さん、起きてしまったことは気にしても仕方がないよ」

「学校に通報されないでしょうか」

「そんな面倒なことをあいつらはしないと思うよ。自分からあえて仕事を増やそうとはしないよ。それにこう言っちゃ悪いけど、あんたまだ高校生だろう。俺たちから見れば、子どもだ。税関だって子どもを虐めるつもりはないよ」

運転手の話を聞いて、気持ちが少し楽になった。

東京に入って少し経ったところで、運転手が「お兄さんは、お腹が空いていないかい」と僕に尋ねた。

「空いていません」

「俺は腹ぺこだ。車を停めてパンを買ってもいいかな」

「どうぞ」

しばらく走って、開いているパン屋を見つけると、運転手は車を停めた。

「お兄さんはどのパンを食べる」

「いりません」

「遠慮しなくていいよ」

「遠慮はしていません。ほんとうに何も食べたくないんです」

「そうか、わかった。それじゃ、俺の分だけ買う。牛乳かコーヒー牛乳は飲まないか」

「飲みたくありません」

「わかった」

そう言って運転手は外に出ていった。パンを2つと牛乳を1本買って、パン屋の軒下ですばやく食事を済ませ、車に戻ってきた。

「これで腹が一杯になった。後は大宮まで飛ばしていくぜ」

「そんなに飛ばさなくてもいいです」

車に乗っているうちに僕は寝てしまった。

「お兄さん、お兄さん」

運転手に声をかけられて僕は目を覚ました。

「もう第一公団に着きましたか」

「俺は、第一公団がどこにあるか知らないよ。そろそろ大宮駅だ。道を教えてくれ」

タクシーは国道17号線を走っている。大宮駅東口のあたりだ。

「このまま上尾の方に向かって走ってください。右折するところに近づいたら言います」

それから15分くらいで第一公団に着いた。7号棟と8号棟の間に車を停めてもらい運転手に8000円を渡し、「今、母から残金をもらってきます。とりあえず荷物は置いていきます」と言った。運転手が「あんたが逃げるとは思っていないから。荷物も持っていきな」と言った。

庭側からリビングの戸を開け、「お母さん、タクシー代が4000円足りない。出して」と言った。母は財布から4000円を出して、僕に渡しながら「元気そうでよかった」と言って、涙ぐんだ。「お母さん、泣くことはないよ」と僕は言った。

タクシー代を支払い、家に戻ると2階から父と妹、そして雌猫のミーコが1階のリビングに降りてきていた。

僕はミーコを抱いて「帰ってきたよ。ブダペシュトにおまえによく似た猫がいた」と言った。ミーコは気持ちよさそうに喉を鳴らしている。

「昨日まで、お母さんは熱を出して寝込んでいた」と父が言った。

「どうしたの。風邪でも引いたの」と僕が尋ねた。

「そうじゃない。優君が無事に帰ってくるかどうか心配になったからだ」

「どうして。船の切符も買ってあるんだし、無事に帰ってくるに決まっているじゃない。何を心配しているの」と僕は尋ねた。

「こんな絵はがきが来るからよ」と言って、母は僕に絵はがきを見せた。キエフから送ったものだ。そこには、「ルーマニアでは国境で銃口を向けられたが、ソ連に入ると歓待されたので、気分が楽になった」ということが書かれていた。

「だって、ほんとうのことなんだもの」

「しかし、こんなことを書かれたら、お母さんだって心配する」と母が言った。

「事故に巻き込まれて死んだならば、大使館から報告があるので外務省から連絡があるはずだ。そういう連絡がないのだから、優君は無事だと言っても、お母さんは耳を貸さない。頑固なところがある」と父が言った。

「だって心配じゃないの」

「おまえが沖縄戦で経験したことと較べれば、心配なことなど何もない」

「それはそうだけど。とにかく優君が無事に帰ってきてよかった」と母は言った。

母はすき焼きの準備を始めた。

僕は父に、税関であったトラブルについて報告した。

「それはいい経験をした」と父は言った。

「いい経験⁉　お父さん、どういう意味？」

「人生にはいろいろな誘惑がある。誘惑にはいつももっともらしい理屈がついてくる。その元北大生の理屈だってそうだ」

確かにそうだ。「ここで政府が一方的に作った規則なんかに縛られずに、自分で考えて判断してみるといい。不必要なカネを政府に対して支払う必要はない」という元北大生の話を僕は一瞬、筋の通った話だと思った。

「確かにお父さんの言うとおりです」と僕は答えた。

「誘惑に抗しきれずに失敗をすることが人生では何度かある。そういう経験を早いうちにしておくと、少なくとも同じ失敗は繰り返さなくなる」

「お父さんにもそういうことがあったの」

「何度かある」

「どういうことなの」

「それはまだ言わない。もし、優君に伝える必要があると思ったときには言う。あるいは一生言わないかもしれない。今回も税関の人たちは優君に気を遣っている」

「どういうふうに」

「あの人たちは浦高にこういうことがあったと通報することはできる。客観的に見て、これは一種の非行で教育的配慮が必要だからだ」

「………」

「しかし、そんなことをして、優君の将来に傷を付ける必要はないと考えた。別に悪意があって脱税をしたわけではない。世の中のことを知らなかったから起きた事故だ」

「世の中のことを知らない？」

「そうだ。浦高生の場合、普通の大人よりも知識はたくさん持っている。ただし、知恵に関しては、浦高生だってまだ子どもだ」

「知恵とは、生きていくために必要な知識ということ」

「知識だけじゃない。経験だ。経験を積んでいれば、元北大生がいかがわしい人間だということがすぐにわかる。こういうことは経験を積まなければわからない面がある。それから、今回、税関でトラブルがあったことは、浦高の先生はもとより、友だちにも言わない方がいい」

「どうして」

「自分にとって、大きな不利益が想定されることについて、自分から言う必要はない。先生から尋ねられたときにはほんとうのことを話せばいい」

「しかし、黙っているなんて、嘘をついているようで嫌です」

「嘘をつくことと、ほんとうのことを言わないことは、まったく別の話だ。真実を語ると、自分にとって大きな不利益が想定されることについては、黙っているというのも大人の知恵だ」

「わかった」と僕は答えた。

第十章　その後

53

8月29日は、疲れていたのですぐに寝た。翌朝は6時過ぎに起きた。風邪を引いたのだろうか。少し喉が痛かったので一日中寝ていた。31日も疲れが溜まっていたので、ずっと家の中にいた。9月1日はいつもと同じく7時37分に前原の停留所からバスに乗った。浦高には8時20分頃に着いた。隣の席の豊島昭彦君から「どうだった」と尋ねられた。何から話したらよいかわからなかったので、「とにかく行ってきてよかった。お土産がある」と言って袋詰めにした、ソ連、東ドイツ、ハンガリー、チェコスロバキア、ポーランド、ルーマニアの硬貨を渡した。

豊島君は「ソ連とルーマニアを除いては、だいぶみすぼらしいお金だね」と言った。言われてみると確かにそうだ。ソ連とルーマニア以外は、アルミニウムでできた軽い硬貨が多かった。

担任の高橋昇先生からは「いい経験をしただろう。この旅行は今後の佐藤の人生に大きな影響を与えるよ」と言われた。僕は「そうかもしれません」と答えた。高橋先生に税関で起きたトラブルについて報告しようと思ったが、父親に「自分にとって、大きな不利益が想定されることについて、自分から言う必要はない。先生から尋ねられたときにはほんとうのことを言えばいい」と言われたことを思い出し、黙っていた。

この件について、誰かから尋ねられることはなかった。しかし、27年後に再びこの出来事が蒸し返される。

9月1日に、夏休みに出されていた宿題に基づいた数学テストが行われた。時間が足りなかった。旅行中に練習問題を1回解いていたが、そんな生温い準備では対応できなかった。想定していた10題ではなかったが、準備なしでは1題解くのに20〜30分かかる問題が7題出た。もちろん数字まで完全に問題集の内容と同じだ。「数学は暗記科目である」ということを生徒たちに叩き込むことが学校側の意図なのだろう。僕は30点だった。隣の豊島君は10 0点だった。答案を返却されるときに数学の甲斐先生から「これから頑張れば何とでもなるよ」と言われた。しかし、この試験をきっかけに僕は数学に対して苦手意識を持つようになった。そしてあまり勉強しなくなった。

英語の柴崎先生からは「どうだブロークンでも英語は通じたか」と尋ねられた。僕は「何とかなりました。生きて帰ってくることができました」と答えた。

ハバロフスクで買ったチョコレート、ウエハース、ビスケットを文芸部と応援団に持っていった。文芸部の連中は「包装紙は質素だけど、おいしいじゃないか」と言ったが、応援団の連中は「まずいな。共産圏は嫌だな」と言った。ソ連、東欧旅行について尋ねたのは、クラスでは豊島君だけで、それ以外は文芸部員だった。豊島君が、「みんなほんとうは、佐藤君の経験に強い関心を持っている。しかし、誰も何も聞かないだろう」と言った。

「どうして」

「わからないか。羨ましいとともに悔しいんだよ」

「どうして」

「みんな海外には行きたいと思っている。だけど、そんなことを許してくれる両親はいない。莫大な金がかかる」

「みんなそんな風に考えるのか」

「浦高生とはそんな連中だよ」

「豊島は違う。どうしてか」

「それは僕にとって佐藤君がほんとうの友だちだからだ。僕だって羨ましいと思う。それ以上に、佐藤君がユニークな体験をしたことが嬉しいんだ」

2年生、3年生のとき、豊島君とは別のクラスになったので疎遠になってしまった。豊島君は写真部と雑誌部の活動に熱中するようになった。文芸部と雑誌部の部室はすぐそばだったので、ときどき立ち話をすることはあったが、一緒に喫茶店に行ったりラーメン屋に行ったりすることはなかった。雑誌部は真面目に受験勉強をする優等生型の生徒が集まるクラブであったのに対し、文芸部は将来、小説家か文芸批評家になることを夢見て、学校の勉強に背を向ける生徒のたまり場になっていたからだ。

僕は2005年に職業作家としてデビューすることになった。それから10年くらいして写真週刊誌が僕の子ども時代の特集をした。豊島君も取材に応じた。取材を担当した記者が「豊島さんが佐藤さんのことを懐かしがっていた」と言って、携帯電話の番号を教えてくれた。さっそく電話をした。豊島君は現役で一橋大学法学部に入学し、卒業後は日本債券信用銀行に入り、現在はゆうちょ銀行の幹部をつとめている。「佐藤君ほどじゃないが、僕も前に勤めていた銀行が破綻していろいろな経験をした」と言っていた。「いちど飯でも食おう」という約束はしたが、まだ実現していない。豊島君は書くことも地道に続けている。『井伊直弼と黒船物語　幕末・黎明の光芒を歩く』（2009年）、『湖北残照〝歴史篇〟—戦国武将と浅井三姉妹』（2011年）、『湖北残照〝文化篇〟—観音信仰と偉大なる先人たち』（2012年）の3作を出している。

旅行から帰って、確かに僕は変わった。時間の経過とともに浦高での生活がつまらなくなっていた。教師も生徒も大学受験については一言も語らない。それは全員が受験のことだけを考え、神経がささくれ立っているからだ。こんな生活をスキップして、早く大学生になって自分のやりたい勉強をしたいと思った。夏休み前は熱中していた生徒会本部や応援団の活動もつまらなくなった。その分、文芸部室で先輩から小説や評論、そして哲学の話を聞くのが面白くなった。そのうち、授業をサボって近所の喫茶店で、文芸部の先輩たちと読書をしたり、議論したりするのが常態化していった。徐々に僕の生活スタイルは普通の浦高生とは異なっていった。今になって振りかえると、この軌道のずれが僕が同志社大学神学部に進学する原因になった。その経緯についてすこし説明しておきたい。

浦高には倫理・社会を教えていた堀江六郎先生というユニークな先生がいた。授業では教科書を一切用いずに、人間疎外、宇宙論、部落問題、神の問題などのテーマに沿って講義をし、生徒たちとの積極的な意見交換を通じて授業を進めていた。現在、流行しているアクティブ・ラーニングを先取りしたような授業だった。

浦高はいわゆる進学校で、当時は文系と理系にクラスを分けていなかった。文系クラスを作ると数学ができない「落ちこぼれ集団」になることを恐れていたのだと思う。だから、私立文系を志望する者を含め全員が数III、物理I、化学I、生物I、地学Iと化学IIは必修、物理II、生物II、地学IIから1科目を3年次に選択することになっていた。他方、私立理系志望者も地理B、世界史B、日本史B、倫理・社会、政治・経済が必修だった。浦和高校で、高校課程の科目を網羅的に学ばされたことが、その後の人生ではとても役に立ったが、当時は「うちの学校はなんでこんなに詰め込み教育をするのか」と不満を抱いていた。

3年生のときに1コマだけ自由選択という科目があった。数学か英語の難関大学入試問題の実践演習を選択するのが普通だった。もっとも古文を選択すると、源氏物語をていねいに読む、現代国語を選択すると難解な小説を読むなど受験と直結しない授業を受けることになった。倫理・社会を自由科目に選ぶことも制度上は可能だったが、そのような選択をした生徒は過去にいなかった。その年は、僕が「もう少し哲学の勉強をしたい」と言って有志を募ったら、6人の生徒が自由科目に倫理・社会を選択した。堀江先生は、「さて困りましたね。それでは大学入試の英語の準備も兼ねて、少し難しい原書を読みましょう」と言った。そうして配られたのが Reinhold Niebuhr, *The Children of Light and the Children of Darkness: A Vindication of Democracy and a Critique of Its Traditional Defense, Charles Scribner's Sons, New York, 1944* という神学書のコピーだった。単語自体は辞書を引けばわかるが、文章が長いので文意が取れない。僕たちは悪戦苦闘した。

「難しいでしょう。高校英語と大学英語の間にはかなり深い溝があります。皆さんが使っている最近の参考書では対応できないと思います。大きな本屋に行けばあるので、この本を買って勉強するといいでしょう」

と言って、黒板にチョークで

松山恒見／小田島雄志／金子嗣郎『大学への英文解釈』研文書院

と書いた。

「昔、東大で英語が抜群にできる学生たちが書いた参考書ですが、東大入試はもとより大学院入試にも十分対応できます」と堀江先生は言った。

僕が購入したのは1977年発行の31版だったが、初版は1954年だった。入試制度が旧制大学から新制大学に変わるときに作られた参考書だった。この参考書は僕にとって座右の書となり、大学院入試、外交官試験の準備にも用いた。外交官になってからも、イギリス、ロシアにもこの本を持っていき、活用した。現在も僕の常備用本棚にこの本は置かれており、ときどき目を通す。

しかし、当時の僕の英語力ではこの参考書を使いこなすことができなかった。辞書を引き、英文解釈の参考書に当たり、英語を得意とする同級生に尋ねても、意味を取ることができない。そこで浦和市立図書館に行って調べると、新教出版社から邦訳が出ていることを知った。浦和の書店に調べてもらうと絶版で、入手の目処が立たないという。そこで神田神保町の古本街でこの本を探した。「友愛書房」というキリスト教書専門の古本屋で、1948年に新教出版社から刊行された武田清子訳の『光の子と闇の子』を見つけた。確か2200円だった。1977年の高校3年生にとっては、かなりの出費だが、背に腹は替えられないので購入した。武田清子氏による見事な翻訳だ。

訳本のコピーを同級生たちに配った。その次の回の授業から、同級生たちがすらすらと翻訳をするようになった。

「誰か翻訳を入手しましたね」と堀江先生が言った。

僕が手を挙げて、「あまりに難しいので八方手を尽くして神保町の『友愛書房』で見つけました」と答えた。

堀江先生に怒られるかと思ったがそうではなかった。

「自分の力では十分読み解くことができない原書を読むときに訳本を買ってきて、それと照らし合わせて勉強するのは正しい方法です。ただし、この訳本はこなれた日本語になっています。これは意訳をしているということで、現在、皆さんに重要なのは、文意を正確にとらえて逐語訳をすることです。訳本を見て、それを丸写しするのではなく、自分の訳文を作ることが重要です」

と堀江先生は僕たちを指導した。

週1回50分の授業では1年かけても本書を読了することはできなかった。第3章「コミュニティと財産」の途中までは読んだ。高校3年生にしてはかなり読めたと思う。講読の過程で、堀江先生から本書の著者であるラインホルド・ニーバーの神学についての手ほどきを受けた。これが僕がプロテスタント神学に関心を持つきっかけになった。

浦高時代、堀江先生については東大の大学院を卒業した優秀な先生という印象しかなかった。後に僕は堀江先生がパウロという洗礼名を持つカトリック教徒で、東京大学文学部と大学院では倫理学を専攻し、ニーバーを研究していたということを知った。当時の浦高には、大学教授の力量がある教師が何人もいた。こういう環境で勉強できたのは幸せだった。

僕の場合、問題意識が先行する生徒だったので、受験勉強がたいくつで仕方なかった。倫理・社会や政治・経済、現代国語など、興味がある科目の授業は真面目に聞いたが、それ以外は近所の喫茶店で本を読むか、浦和の社会党埼玉県本部か社青同(日本社会主義青年同盟、社会党系の青年組織)埼玉県委員会に行って、専従活動家の話を聞いてマルクス主義に関する知識を増やしていた。また、北浦和の労働会館で行われている社会主義協会(社会党左派の理論集団)系の学者が講師をつとめる「労働大学」の講義を受講していた。大学の専門課程レベルの講義なので復習がたいへんだったが、知的な刺激に富んだ楽しい時間を過ごすことができた。高校2年生のときに新聞部に入り、政治問題や社会問題についての記事を書くようになった。

大学入試については1年浪人すればなんとかなると甘く考え、マルクス経済学の強い国立大学経済学部に進んで経済哲学を勉強したいと思っていた。しかし、浪人をして3カ月くらい集中的に受験勉強をしたところで、数学、理科、英語、古文、漢文の遅れが著しいので、国立大学の受験準備は間に合わないという現実を認識した。そうすると机に向かう気が失せてしまった。年末になり、これではダメだと思ったときに、同志社大学神学部の存在を知った。他大学の神学部はキリスト教の洗礼と牧師（神父）による推薦状を受験の要件としていたが、同志社の場合、受験要項に「キリスト教に関心を持つ者ならば誰でも受験できる」と書いてある。さらに必修科目は神学概論の4単位だけで、後は自由に科目を履修することができる。卒業必要単位はわずか124で、3年で単位をすべて履修し、4年目は海外を放浪する学生もいる。ただし、就職実績はほとんどない。牧師や社会福祉団体職員になる人が多いとのことだが、この学部を出ても就職ができないのではないかと不安を覚えた。しかし、ここでならばマルクス主義の無神論や経済哲学の勉強ができると思った。そして受験手続きをした。

神学部の入試は、1979年2月14日、京都御所の北側にある今出川キャンパスで行われた。募集人員は40人であったが、この年は受験生が多く神学館だけでは収容できず、僕はクラーク記念館（旧神学館、国の重要文化財）の2階で受験した。受験番号は214番だった。その日、京都では朝から雪が降った。今出川キャンパスの赤レンガの建物と白い雪のコントラストが美しく、こういう場所で学生生活を送りたいと思った。試験監督は白髪の上品な初老の教授だった。試験問題を配るときに「神学部は、希望する学生をすべて受け入れるのが本来の姿と思うのですが、文部省の認可を受けている総合大学の一学部としてはそうするわけにはいかないので、理解してください」と言っていたことが印象に残った。休憩中は、ストーブを囲んで、学生の出身校や神学部を受けた動機について尋ねていた。教授が「クラーク館の前に牛の像があるけれど、ときどき首の向きが変わるという伝説がある。同志社の七不思議の一つだ」という話をした。面接でクラーク記念館から神学館に移るときに牛の像をしげしげと眺めた。このときの試験監督の緒方純雄先生（組織神学担当）が神学部と大学院で僕の指導教授になる。

神学館3階のチャペル（礼拝堂）に受験生は全員集められた。チャペルなのに十字架がない。その代わり、天井から茨冠が吊されていた。十字架ではなく茨冠でキリストを象徴しているところも同志社らしさだ。だいぶ待った後、3階の狭い部屋で面接があった。面接担当は2人だったが、もっぱら話をするのは小太りで黒縁の眼鏡をかけた教授だけだった。

「県立の浦和高校ですか。進学校ですね」

「そう言われています」

「試験は大丈夫でしたか」

「世界史と国語は大丈夫ですが、英語がかなり難しく、量も多かったので不安です」

「そうですか。教会には通っていますか」

「日本キリスト教会の大宮東伝道教会にときどき通っています。洗礼は受けていません」

「長老派の教会ですね」

「そうです」

「どうして神学部を受けたのですか」

「高校3年生の倫理・社会でニーバーの原書を講読したからです」

「リチャード・ニーバーですか」

「いいえ、ラインホルド・ニーバーです。『光の子と闇の子』を読みました」

こう答えたとき、眼鏡の奥で教授の目が光った。

「難しかったでしょう」

「難しかったです。でも、この本を読んでいるうちにもっと勉強しなくてはいけないと思いました」

「神学部では何を勉強したいと思っていますか。ニーバーの研究をしますか。神学部にはユニオン神学大学でニーバーの指導を直接受けた先生もいます」

「ニーバーも勉強したいと思いますが、大きなテーマとしては無神論を研究したいです」

「無神論？」

「そうです」

「ニーチェですか」

「いや、それよりもフォイエルバッハやマルクスの無神論を勉強したいと思います」

僕はまずい応答をしたかと思って下を向いた。

「フォイエルバッハで修士論文を書いた学生も何人かいます。神学部の図書室に資料は十分にあると思います。何かあなたの方で質問はありますか」

「特にありません」

「それではこれで面接は終わりです。気をつけて帰ってください」

「ありがとうございます」

僕は席を立って、外に出ようとしてドアノブに手をかけたところで「ちょっと待って」と教授から声をかけられた。

「他の大学に合格しても、うちに来てくださいね。ユニークな学生生活を送ることができます」と教授は続けた。僕は「ありがとうございます」と答えて外に出た。

このとき面接を担当したのが樋口和彦先生（実践神学担当）だった。樋口先生は、ユング研究所で夢分析の専門家の資格を取った心理学者でもあった。

職業作家になった後、僕はこのときの面接の話を書き、講演で話した。すると樋口先生からメールが来た。

「僕は佐藤君を面接したときのことを全く覚えていない。しかし、教師と学生の関係は面白いものだ。教師が覚えていてほしいと思うことを学生は記憶せず、どうでもよいことばかり覚えている。学生からすれば逆だろう。教師は学生にとって重要なことは何一つ覚えておらず、つまらないことばかり覚えていると思うのだろう。しかし、佐藤君、教師と学生の間のこの非対称性が面白いんだ。結局、教師が学生に伝えられることはほとんどない。教育とは関係に入ることなのだ。師弟の関係を構築することができれば、それで十分なんだ。君は僕にそのことを思い出させてくれた。佐藤君、ありがとう」

樋口和彦先生は2013年、緒方純雄先生は2016年に神様のもとに旅立たれた。僕はほんとうによい環境で学生時代を過ごすことができたと恩師に感謝している。

さて、同志社大学神学部には合格したものの、過去に浦高から一人も進学した生徒がいない学部を選ぶことには不安があったので、堀江先生の家を訪ねて相談した。受験のときに感じた大学の雰囲気、面接の様子をていねいに説明した。いろいろな話をしたが、次のやりとりが記憶に鮮明に残っている。

「しかし、社会に出ると妥協が必要で、好きなことをして食べていくことはできないですよね」

「佐藤君、そんなことはありませんよ。ほんとうに好きなことをしていて、食べていけない人を私は一度も見たことがありません」

「ほんとうですか」

「ほんとうです。ただし、それはほんとうに好きなことでなくてはダメです。中途半端に好きなことではダメです。ほんとうに好きなことをしている人は、必ずそれで食べていくことができます」

堀江先生の言葉を信じて僕は神学部に入学した。そして大学2回生のときにほんとうに好きなことに巡り合った。それは、ヨゼフ・ルクル・フロマートカというチェコの神学者について知ることだ。この神学者の著作と出合わなければ、大学院神学研究科を修了した後に、牧師や研究者ではなく、外交官になることもなかったし、外交官になってから北方領土交渉に命懸けで取り組むこともなかった。また、2002年5月14日に鈴木宗男事件に連座して東京地方検察庁特別捜査部に逮捕され、512日間、東京拘置所の独房に勾留されたときも否認を貫くことはできなかった。ちなみに僕が逮捕される3カ月前、02年3月のことだ。当時僕が所属していた外務省国際情報局分析第一課の柳秀直課長が「人事課からこんな紙を渡された」と言って、コピーを見せられた。総会屋系のサイトに掲載されている情報のようだ。

そこには「佐藤優を公安は以前からマークしていた。1975年の夏に労組活動家系の高校教師とソ連を旅行している。密輸容疑で逮捕された。調べればわかる」との趣旨のことが書かれていた。あのときの情報を公安警察は、こういう形で利用しているのだと思った。

さて、ソ連、東欧旅行で知り合った人たちとのその後についても話しておこう。

ブダペシュトのフィフィは、1975年の秋に兵役で入隊した。その間、両親経由で連絡を取ったが、徐々に疎遠になっていった。大学3回生のとき、4回生で神学部自治会の委員長をつとめていた滝田敏幸君（現在は自民党に所属する千葉県議会議員、僕が逮捕された日の夜に「佐藤優支援会」を立ち上げてくれた）が1982年に卒業旅行でソ連、東欧を旅行するというので、フィフィに久しぶりに手紙を書いた。フィフィは「マサルの友だちならば大歓迎する」と返事を送ってきた。事実、滝田君が旅行中に知り合った大学生とともにフィフィ家を訪ねると、半日かけての大食事会を開いて歓迎してくれたということだ。1988年秋に僕はブダペシュトに旅行する機会があった。そこでフィフィの家を訪ねていった。一家は別の場所に引っ越していたが、隣家の家族が、「あなたは13年前にここに訪ねてきたよね」と言って、フィフィ一家の引っ越した先まで案内してくれた。フィフィは農業技師としてブダペシュト郊外に勤務し、子どもが2人いる。奥さんは障害者学校の教師だ。何度か電話をしたがつながらなかったので、モスクワ土産のキャビアを置いて戻った。しばらくすると、フィフィからモスクワの日本大使館に長い手紙が届いていた。そこには「お互いにいろいろなことがあったが、幸せに生活しているのはいいことだ。１９７５年の夏のことを僕たちは忘れない」と書いてあった。

　ブダペシュトのマルギット島で知り合ったハイケとは頻繁に文通をした。僕が社青同に入ったという話を書いたら、彼女も「私も自由ドイツ青年団（FDJ, Freie Deutsche Jugend）の役員をしている。日本の社青同とＦＤＪは友好団体で交流しているので、また会えるかもしれない」と書いてきた。ハイケは医大に進んで学生結婚をした。彼女に頼まれて英文の医学書を何冊か送った。僕が神学部に入学したと連絡したら「あなたがマルクス主義者からプロテスタント教徒に転向したことに関心がある」という手紙とともに東ベルリンのディーツ出版社から出たマルクス／エンゲルス『共産党宣言』と同じく東ベルリンの福音主義出版局から出たマルティン・ルター『95箇条のテーゼ／キリスト者の自由』の小冊子を送ってきた。東ドイツでも神学書が出ていることを初めて知った。ハイケとの文通は続いたが、僕が外務省への入省が決まったときに「僕は日本の外務省で働くことになった。ロシア語を専攻するので、いずれモスクワに勤務することになる。外務省の内規で共産圏人との接触はすべて報告書を提出しなくてはならない。残念ながら、君との文通は打ち切らなくてはならない」と書いて送ると、ハイケから「各人には自分が置かれた社会的立場がある。私はＤＤＲ（東ドイツ）の人間だからそのことはよくわかる。マサルが外交官として成功することを祈る」という返事が来た。この手紙を含め、ソ連、東欧から来た手紙は、外務省に入った年の夏（1985年7月）にすべて処分した。

1998年頃、京都の元下宿から僕の実家にハイケの手紙が転送されてきた。手紙には「私たちの社会体制は大きく変わった。あなたとブダペシュトで会ったときのことを思い出したので、ふと手紙を書きたくなった」と近況について記してきた。夫婦共に医師で、東西ドイツ統一後もリストラにあわずに済んで、生まれ故郷のシュヴェリーン市の総合病院に勤務しているとのことだった。返事を出そうと思ったが、当時は北方領土交渉で忙殺されていたので、時間を見いだすことができなかった。

モスクワ・ドモジェードボ空港のターニャさんには写真を送ると、半年くらい経って礼状が来た。その後、2回ほど手紙を書いたが、返事は来なかった。1982年に滝田君がドモジェードボ空港を利用したときに、日本語に堪能なターニャさんという女性に親切にしてもらったという話を聞いた。

「日ソ友の会」の篠原さん、日下さんとは、帰国した後も親しくしていたが、僕が社青同に入ると言ったら2人とも猛烈に反対した。篠原さんからは、「若いうちの正義感はたいせつだ。しかし、人生経験が不足しているのでどうしても視野が狭くなる。佐藤君は頭がいいのだから、一生懸命に勉強して、いい大学に入って、新聞記者か総合商社員になってソ連との関係強化に努力した方がいい」と諭された。それ以降「日ソ友の会」の事務所には出入りしなくなった。モスクワ放送のレービン日本課長とはソ連崩壊後、モスクワで何度か一緒に仕事をした。国際会議の通訳として日本大使館が雇ったのである。ソ連崩壊後も既に年金受給年齢に達していたがモスクワ放送の日本課長をつとめていた。何度か話をしたが、「15の夏にモスクワ放送局を訪ね、あなたと会ったことがある」という事実は告げなかった。レービン課長も日本大使館の政務担当書記官が、かつてモスクワ放送の愛聴者で放送に出たことがあるとは夢にも思わなかったであろう。

YSトラベルの舟津素子さんとは、2〜3回、手紙のやりとりをした。仕事は面白くなく、彫金に凝っているとのことだった。僕が神学部に入学したということを報告すると「いい選択をしたわね。面白い人生になるわよ」という返事が来た。

職業作家になった今日も僕は神学の研究を続けているし、ロシアにも関心を持ち続けている。現在は同志社大学神学部の客員教授として後輩に神学を教えているが、授業中に15の夏のときのソ連、東欧旅行の話をときどきする。そして、若き神学生たちに「若いうちに外の世界を見ておくと、後でそれは必ず生きる。そのことをきっかけにして、自分がほんとうに好きなことが見つかるかもしれない。ほんとうに好きなことをしていて、食べていけない人を僕は一人も見たことはない。ただし、中途半端に好きなことではなく、ほんとうに好きなことでないとダメだよ。15の夏にソ連、東欧を旅行したことは、今になって振りかえると、僕が一生かけて追いかけることになるフロマートカという神学者と出会うため神様が準備してくださった道だったのだと思う」と話している。

文庫版あとがき

２０１８年に単行本を上梓した『十五の夏』は、私にとって忘れられない作品になった。文庫版のあとがきでは、その後、この本に関連して起きたことについて記したい。

２０１９年、この作品で私は「第8回梅棹忠夫・山と探検文学賞」を受賞した。そのときの受賞の言葉を紹介しておく。

〈本書で私は時間旅行という探検をした。21世紀の現在から、もはや存在しないソ連、東欧の社会主義国への探検だ。高校1年生の夏休みにこの旅行をしたときには気付かなかったが、40日間の経験によって、政治・社会体制を超えた人間に対する根源的な関心が私に芽生えた。この出来事がその後の人生に大きな影響を与えた。無神論を学ぶつもりで同志社大学神学部に進んだが、マルクス主義者にはならなかった。無神論を学ぶつもりで同志社大学神学部に進んだが、イエス・キリストに捕らわれて洗礼を受け、大学院まで進んだ。しかし、牧師にならず、外務省に入省した。それも外交官になりたかったからではない。科学的無神論を国是とする社会主義国で、何の得にもならないキリスト教を信じる人間に関心があったからだ。外交官の仕事、特に情報収集と分析に私は適性があったが、国益のために友情を利用するこの仕事を好きになれなかった。しかし、私は北方領土交渉から抜け出せなくなった。それは、この交渉に従事する人間たちが魅力的だったからだ。職業作家に転じてからも、私の好奇心は事件よりも人間に向けられている。１９７５年の夏を追体験することを通じ、この現実を私は認識することができた。

この時間旅行に伴走して下さった幻冬舎の大島加奈子さんも人間に対する関心の強い編集者だ。人間探検を大島さんの助けを借りながら、今後も続けていきたい。（２０１９年5月27日記）〉

この短い文書には『十五の夏』に描かれた出来事が私の人生に与えた影響が凝縮されて記されている。

次に少し詳しく説明したいことがある。本書に出てくる埼玉県立浦和高等学校（浦高）で同級生だった豊島昭彦君との出会いと別れだ。

高校時代、私は学校の勉強よりも応援団、文芸部、新聞部などの部活に熱中していた。豊島君は私と対照的な秀才で、雑誌部と写真部に所属していた。文芸部には、小説家や文芸批評家になることを夢みて受験勉強に背を向けた生徒が多かったのに対して、雑誌部には秀才型が多かった。文芸部には新左翼シンパの先輩が何人かいて、私はその影響を受けた。もっとも子どもの頃からキリスト教徒の母から「暴力は絶対にいけない」という教えを刷り込まれていたので、暴力革命を肯定する新左翼のセクトには生理的嫌悪を覚えた。平和革命を唱えていた社会党左派に共鳴し、高校2年生になってからは、学校よりも社青同（日本社会主義青年同盟、社会党系の青年組織）に入り浸るようになった。

浦和駅西口に「荒井書店」という小さな本屋があった。店主は右翼系という噂だったが、そこでは新左翼系過激派の新聞や書籍が売られていたので、ときどき買いに行った。教室で、私が「解放」（革マル派機関紙）、「前進」（中核派機関紙）を読んでいると、隣席の豊島君が心配して声をかけてきた。「佐藤君が恐い世界に足を踏み入れるんじゃないかと僕は心配だよ。気をつけてくれよ」「僕は臆病なんで君のような冒険はできない。ただ君を見ていると面白いんだ。きっと将来、規格外のことをするよ。僕はそれを見るのを楽しみにしている」「いつも佐藤君のことを思っているし、応援してるよ」というようなことを、さまざまな機会に言われた。

豊島君は現役で一橋大学法学部に合格し、卒業後は日本債券信用銀行（日債銀）に入った。

日債銀は１９９８年に経営破綻し、豊島君は2度転職した。高校卒業後、ずっと会わなかったが、同志社大学の神学館で神学書を読んでいるときや、外交官になってモスクワを走り回っているときにふと「今頃、豊島君は何をしているのだろうか」と考えた。

２０１８年5月、浦高同窓生が集まる機会があり、豊島君と再会した。豊島君は『十五の夏』に同君について記されていたことをとても喜んでいた。近況について話し、「これからときどき会おう」と約束したが、そのままになっていた。

その年の7月30日に医師から豊島君はステージ4の膵臓がんであると診断された。余命の中央値は２９１日だった。豊島君は、2カ月半、悩み考えた後、10月15日の深夜に、私に宛ててメールを送った。私はメールを受信した直後に電話して同月19日に会った。豊島君のがんは、肝臓とリンパ節に転移していて、手術や放射線治療は不可能で、抗がん剤による延命治療しか選択肢はなく、その抗がん剤もやがて効かなくなるので、最後は緩和ケアで死を待つことになるとの話だった。私は「それで豊島は、何がしたい」とあえてビジネスライクに尋ねた。しばらく沈黙した後、豊島君は「自分がこの世に生きた証を残したい」と答えた。そこで豊島君の半生を通じて、１９６０年前後に生まれた私たちが生きた時代の証言に関する本を作ることにした。

豊島君の意識がはっきりしているうちに本を刊行しなくてはならない。２０１８年内に豊島君に手記を書いてもらい、並行して3回ロングインタビューを行った。2019年1月2日に原稿を書き始め、2月8日に仕上がった。何度も推敲し、書き急いだテキストにならないように細心の注意を払った。その後、豊島君に内容をチェックしてもらった。そして、4月22日に講談社から『友情について 僕と豊島昭彦君の44年』というタイトルで上梓することができた。豊島君が元気なうちに本が出来てほっとした。職業作家になってから、これほど緊張した締め切りはなかった。本を上梓した5日後の27日に豊島君と東京駅そばの「八重洲ブックセンター」でトークショーとサイン会を行った。その時点で、豊島君は元気だった。トークショーの後、豊島君を食事に誘ったが、「これから家内と野球を見に行く約束をしている」と言って、神宮球場に広島―ヤクルト戦を見に行った。豊島夫妻は広島カープの熱心なファンだ。この時点で豊島君の死期が近づいているようには全く思えなかった。

しかし、5月1日に豊島君の体調が激変した。胸と背骨に痛みを感じ、その後は激痛に24時間苦しめられた。自宅療養が難しくなり、5月21日に都内の病院に入院した。がんが、肝臓、胸郭、脊椎などに転移し、もはや緩和ケアしか取る術はなかった。27日に病室で話をしたとき、豊島君は「神経の痛みは尋常じゃないよ。死んだ方がいいと思うくらいだ。痛み止めを打つと治まるけれども、意識が朦朧とする。僕の持ち時間はあまり残されていない。意識がはっきりしているうちに伝えておく」と言ってからこう続けた。「佐藤君は『友情について』のあとがきで〈常に悩んだのは、死期が迫った友人を、自分は作品の対象として利用しているのではないかという自責の念だ〉と書いているけれど、悩まないで欲しい。僕はもうすぐ死ぬ。でもこの本があるので僕についての記憶は永遠に生きることになる。心残りなのは浦高の後輩たちに僕の経験を話すという約束を果たせそうにないことだ。トークショーの翌日（4月28日）に浦高を訪ね、校庭を歩いた。昭和50（1975）年4月に1年9組の隣の席で佐藤君と出会ったときのことを思い出した。あのときに既に人生の最後の時間を君と過ごすことが決まっていたんだね。ありがとう」。

翌28日に病室を見舞ったときは「機会を見て、家内と娘と息子に伝えて欲しいことがある。家族には直接言いにくいんだ」と言った後、いくつかのメッセージを私に託した。

「仕事があるのに毎日、見舞いにきてくれて感謝している。若い頃、一緒に仏像や陶芸を見に行った頃のことを思い出す。ありがとう」（奥さん宛）

「入院するときに急遽、会社を休んでレンタカーを借りて病院まで送ってくれてありがとう。息子を誇りに思っている。たくましく生きて欲しい」（息子宛）

「結婚相手を紹介すると言われたとき、僕は雷に打たれたような衝撃を受けた。結婚式は父親にとって拷問だ。お前が家を出て行くのが辛かった。今、転居で慌ただしくしていると思うが、僕のことよりも自分の生活基盤を整えることを優先して欲しい。幸せになるんだよ」

（娘宛）

私から「このメッセージを御家族に必ず伝える」と約束した後で、こう続けた。「僕はキリスト教徒なので、復活を信じている。死は永遠の別れじゃない。また豊島君と会えると信じている」と言うと豊島君は「そう考える方がいいね。また会おう」と答えた。その後も数回豊島君を見舞ったが、意識の混濁が始まり、十分なコミュニケーションは取れなかった。6月6日朝、奥さんから「夫の状態がかなり悪い」という連絡を受け、病院に向かった。豊島君は話すことはできなかったが、意識はあり、話は聞こえているようだった。奥さん、娘さん、息子さんが集まったところで、「豊島君、預かっていたメッセージをご家族に伝えるよ」と言って、約束を果たした。

豊島君は、2019年6月7日に天国に向けて旅立った。

豊島君と親しく付き合った時間自体はそれほど長くない。高校1年生すなわち1975年4月から76年3月までの1年間と2018年10月半ばから、翌年6月7日に豊島君が旅立つまでの約8カ月、合計20カ月に過ぎない。しかし、友情と付き合った時間には、関係がないことを今回、実感した。最後の審判の後で、豊島君に再会することを私は楽しみにしている。

豊島君が長い旅に出てから2カ月くらい経ったときに幻冬舎に1通の手紙が届いた。差出人は酒匂宏氏だ。『十五の夏』に登場する酒匂さんとは、自分のことではないかという照会の手紙だった。手紙の文面から、44年前に会った酒匂さんの記憶が甦り、懐かしくなって電話をかけた。その後、何度か電話とメールのやりとりを通して、記憶が再整理された。私は酒匂氏を40歳前後と思っていたが、実際は当時、28歳の青年教師だった。日本に帰国した日が、1975年8月29日だったということも、酒匂氏が手許に保管しているパスポートから明らかになった。『十五の夏』は、1975年夏の旅行から40年近く経った時点で、記憶を頼りにして描いた当事者手記だ。記憶は変容し、物語になることは避けられない。しかし、新たな事実が判明したことによって、今まで眠っていた別の記憶が頭のそこから引き出されることもある。酒匂氏との再会をきっかけに記憶を再整理し、文庫版に加除修正を加えることができた。

本書を上梓するにあたっては、幻冬舎の相馬裕子氏、志儀保博氏にたいへんにお世話になりました。雑誌連載時と単行本化のときには、大島加奈子さんにとてもお世話になりました。どうもありがとうございます。

2020年6月27日　曙橋（東京都新宿区）の自宅にて

佐藤　優

この作品は二〇一八年三月小社より刊行されたものです。

十五の夏　下

佐藤優

令和2年8月10日　初版発行

発行人――石原正康
編集人――高部真人
発行所――株式会社幻冬舎
〒151-0051東京都渋谷区千駄ヶ谷4-9-7
電話　03(5411)6222(営業)
　　　03(5411)6211(編集)
　振替00120-8-767643
印刷・製本―図書印刷株式会社
装丁者――高橋雅之

幻冬舎文庫

ISBN978-4-344-43007-5　C0195　さ-38-3

幻冬舎ホームページアドレス　https://www.gentosha.co.jp/
この本に関するご意見・ご感想をメールでお寄せいただく場合は、
comment@gentosha.co.jpまで。